Boris Cyrulnik
Rette dich, das Leben ruft

Boris Cyrulnik

Rette dich, das Leben ruft

Aus dem Französischen
von Hainer Kober

Ullstein

Die Originalausgabe erschien 2012
unter dem Titel *Sauve-toi, la vie t'appelle*
bei Odile Jacob, Paris

6. Auflage 2014
ISBN 978-3-550-08039-5

© 2012 by Odile Jacob, Paris
© der deutschsprachigen Ausgabe
2013 by Ullstein Buchverlage GmbH, Berlin
Alle Rechte vorbehalten
Gesetzt aus der Dante
Satz: Pinkuin Satz und Datentechnik, Berlin
Druck und Bindearbeiten: Friedrich Pustet, Regensburg
Printed in Germany

*Florence,
für all das Glück,
das sie ermöglicht hat.
Meinen Kindern, meinen Enkeln,
für die Liebe und die Abenteuer,
die mein Leben verzaubern.
Meinen Freunden,
damit wir uns besser kennenlernen.*

Inhalt

Kapitel eins
Der Krieg mit sechs Jahren

Die Festnahme 11
Sinnstiftende Erinnerungen 14
Jean Bordes (oder Laborde) heißen? 18
Ungehorsam sein, um zu entkommen 24
Eine Scheune und ein Freund 28
Der Zusammenbruch der Übermenschen 32
Das Trauma der Erinnerung 38
Die Sterbende ist nicht tot 43
Gefängnis der Vergangenheit und Lebenslust 48
Seltsame Klarheit 54
Traumatisches Gedächtnis 57
Lebendiges Gedächtnis 62

Kapitel zwei
Ein schmerzlicher Friede

Schreiben als Trauerarbeit 67
Der Tanz und das Leben 71
Die Geschichte von Frau Lot 74
Der Krieg ist schön, sagen sie 78

Die Schönheit und die traurigen Zombies 82
Kleine Greise von zehn Jahren 87
Private Gottesurteile 93
Schwache Nähte, wiederholte Risse 97
Verletzlichkeit erwerben 105
Auf der Suche nach der Vergangenheit 109
Der Krieg ist aus 118

Kapitel drei
Verwundetes Gedächtnis

Die Teilung des bedrohten Ichs 127
Wein der Erinnerung 130
Die wiederhergestellte Vergangenheit 133
Das Recht, mit den anderen zu reden 139
Stille Prüfungen und kollektive Erzählungen 143
Wenn die Fiktion zur Wahrheit wird 149
Die Schönheit, der Krieg und das Leid 156
Schreiben, um Zeugnis abzulegen 160
Unstimmige Berichte 163

Kapitel vier
Der Einfluss der anderen

Trauma-Erzählung und gesellschaftlicher Kontext 171
Die Geschichte klärt sich im Licht der Gegenwart 175
Jazz und Widerstand 178
Liebe oder Ideologie 181
Sich in Utopien verlieren 185
Einen Glauben oder eine Weltanschauung teilen 192

Die Redeweise der zu früh gealterten Kinder 196
Eine proletarische Kultur 200
Lehrer und Schicksale 204

KAPITEL FÜNF
Gefrorene Worte

Der Einfluss der Vergangenheit prägt die Gegenwart 211
Einige Resilienzfaktoren 215
Kritische Phase, wenn der Wind sich dreht 220
*Beginn meiner politischen Laufbahn
mit vierzehn Jahren* 225
Ende meiner politischen Laufbahn mit sechzehn Jahren 229
Gefrorene Worte 235
*Das historische Gedächtnis ist
kein narratives Gedächtnis* 240
Auftauen der Worte 244
Gedächtnis und sozialer Kontext 248
Klimaveränderung 251
Weder Hass noch Vergebung 255

ANMERKUNGEN 259

Kapitel eins

Der Krieg mit sechs Jahren

Ich wurde zweimal geboren.

Bei meiner ersten Geburt war ich nicht dabei. Mein Körper kam am 26. Juli 1937 in Bordeaux zur Welt. Das wurde mir gesagt. Und ich muss es wohl glauben, denn ich habe keinerlei Erinnerung daran.

Meine zweite Geburt ist mir genau im Gedächtnis geblieben. Eines Nachts wurde ich von bewaffneten Männern festgenommen, die mein Bett umringten. Sie holten mich, um mich zu töten. In dieser Nacht beginnt meine Geschichte.

Die Festnahme

Mit sechs Jahren ist das Wort »Tod« noch nicht erwachsen. Es dauert noch ein oder zwei Jahre, bis die Vorstellung der Zeit den Zugang zum Begriff eines endgültigen, unwiderruflichen Halts gewährt.

Als Madame Farges sagte: »Wenn Sie ihn leben lassen, werden wir ihm nicht sagen, dass er Jude ist«, fand ich das sehr interessant. Diese Männer wollten also, dass ich nicht lebte. Dieser Satz machte mir begreiflich, warum sie ihre Revolver auf mich richteten, als sie mich weckten: Taschenlampe in der einen Hand, Revolver in der anderen, Filzhut, dunkle Brille, Kragen hochgeschlagen – welch ein Auftritt! So also kleiden sich Leute, wenn sie ein Kind töten wollen.

Mich faszinierte das Verhalten von Madame Farges: Im Nachthemd stopfte sie meine Kleidung in einen kleinen Koffer. Dabei sagte sie: »Wenn Sie ihn leben lassen, sagen wir ihm nicht, dass er Jude ist.« Ich wusste nicht, was es hieß, Jude zu sein, aber ich hatte gerade gehört, dass es genügte, es nicht zu sagen, um leben zu dürfen. Einfach!

Ein Mann, der offenbar der Chef war, antwortete: »Diese Kinder müssen verschwinden, sonst werden sie zu Feinden Hitlers.« Ich wurde also zum Tode verurteilt für ein Verbrechen, das ich eines Tages begehen würde.

Der Mensch, der in dieser Nacht in mir zur Welt kam, wurde mir durch diese denkwürdige Inszenierung in die Seele gepflanzt: Revolver, um mich zu töten, dunkle Brille in der Nacht, deutsche Soldaten mit geschultertem Gewehr auf dem Flur und vor allem dieser seltsame Satz, der mich als künftigen Verbrecher entlarvte.

Aus alldem schloss ich sogleich, dass man die Erwachsenen nicht ernst nehmen konnte und dass das Leben aufregend war.

Sie werden mir nicht glauben, wenn ich Ihnen sage, dass ich lange brauchte, um zu entdecken, dass ich in jener unsäglichen Nacht sechseinhalb Jahre alt war. Ich brauchte die Hilfe anderer, um zu begreifen, dass das Ereignis am 10. Januar 1944 stattfand, dem Tag, an dem die Juden in Bordeaux zusammengetrieben und deportiert wurden. Für diese zweite Geburt war ich darauf angewiesen, dass man meinem Gedächtnis äußere Anhaltspunkte gab,[1] damit ich besser verstand, was geschehen war.

2012 hatte mich RCF, ein christlicher Rundfunksender, zu

einer literarischen Sendung in Bordeaux eingeladen. Der Journalist, der mich zum Ausgang begleitete, sagte: »Gehen Sie die erste rechts, und Sie sehen am Ende der Straße die Straßenbahnhaltestelle, die sie zur Place des Quinconces im Stadtzentrum bringt.«

Die Sonne schien, die Sendung war angenehm gewesen, und ich fühlte mich leicht und beschwingt. Doch plötzlich stürmte eine Flut von Bildern auf mich ein: die nächtliche Straße, die Sperrkette der bewaffneten deutschen Soldaten, die Lastwagen mit ihren Planen entlang der Bürgersteige und der schwarze Wagen, in den sie mich stießen.

Die Sonne schien, ich wurde in der Buchhandlung Mollat zu einem weiteren Termin erwartet. Warum diese plötzliche Rückkehr einer fernen Vergangenheit?

Als ich zur Haltestelle kam, las ich, in den weißen Stein eines großen Gebäudes gemeißelt: Hôpital des Enfants malades. Unvermittelt fiel mir wieder das Verbot Margots ein, der Tochter von Madame Farges: »Geh nicht in die Rue de l'Hôpital des Enfants malades, da sind zu viele Leute, man könnte dich verraten.«

Verblüfft gehe ich denselben Weg zurück und entdecke, dass ich gerade durch die Rue Adrien-Baysselance gegangen bin. Ohne dass es mir klar wurde, bin ich an dem Haus von Madame Farges vorbeigekommen. Seit 1944 habe ich es nicht mehr wiedergesehen, aber ich glaube, dass irgendein Indiz, die Gräser zwischen den verrutschten Pflastersteinen oder die Form der Vortreppe, in meinem Gedächtnis die Rückkehr der Umstände meiner Festnahme ausgelöst hat.

Selbst wenn die äußeren Verhältnisse heiter und unbeschwert sind, kann ein Anhaltspunkt ausreichen, um eine Gedächtnisspur zu aktivieren. Unter alltäglichen Ereignissen, Begegnungen, Plänen wird das Drama im Gedächtnis verschüttet, aber die geringste Assoziation – ein Grashalm zwischen Pflastersteinen, eine schlecht gebaute Vortreppe – kann die Erinnerung wieder abrufen. Nichts wird ausgelöscht – wir glauben nur, vergessen zu haben, das ist alles.

Im Januar 1944 wusste ich nicht, dass ich mit dieser Geschichte würde leben müssen. Gewiss, ich bin nicht der Einzige, der mit der Unmittelbarkeit des Todes leben muss: »Ich war durch den Tod hindurchgegangen, er war eine Erfahrung meines Lebens gewesen ...«,² aber wenn man sechs ist, hinterlässt alles Spuren. Der Tod gräbt sich ins Gedächtnis und wird zu einem neuen Organisator der Entwicklung.

Sinnstiftende Erinnerungen

Der Tod meiner Eltern war kein Ereignis für mich. Erst waren sie da, und dann waren sie nicht mehr da. Ich habe keine Erinnerung an ihren Tod, aber ich bin geprägt von ihrem Verschwinden.³ Wie soll das gehen: erst mit ihnen leben und dann ohne sie? Nicht, dass ich gelitten hätte: Man leidet nicht in der Wüste, man stirbt, das ist alles.

An unser Familienleben vor dem Krieg habe ich sehr deutliche Erinnerungen. Auf das Abenteuer der Sprache ließ ich mich im Grunde erst mit zwei Jahren ein, aber ich habe Bilder bewahrt. Ich erinnere mich an meinen Vater, der am Küchentisch die Zeitung las. Ich erinnere mich an den Kohlehaufen mitten im Zimmer. Ich erinnere mich an die Nachbarn in derselben Etage, zu denen ich ging, um den Braten im Ofen zu bewundern. Ich erinnere mich an den Gummipfeil, den mir mein vierzehnjähriger Onkel Jacques mitten auf die Stirn schoss. Ich erinnere mich, dass ich sehr laut geschrien habe, damit er bestraft würde. Ich erinnere mich an die resignierte Geduld meiner Mutter, während sie darauf wartete, dass ich meine Schuhe allein anzog. Ich erinnere mich an die großen Schiffe im Hafen von Bordeaux. Ich erinnere mich an Männer, die mit riesigen Bananenbüscheln die Schiffe verließen, und ich erinnere mich an tausend andere solche Geschehnisse – Bilder ohne Worte –, die noch heute meine Erinnerungen an die Vorkriegszeit bestimmen.

Eines Tages erschien mein Vater in Uniform, und ich war sehr stolz. Aus den Archiven habe ich erfahren, dass er sich freiwillig beim *Régiment de marche des volontaires étrangers*, dem Infanterie-Fremdenregiment, gemeldet hatte, das aus ausländischen Juden und republikanischen Spaniern bestand. Sie kämpften bei Soissons und erlitten fürchterliche Verluste.[4] Damals konnte ich das nicht wissen. Heute würde ich sagen, dass ich stolz war, einen Vater bei den Soldaten zu haben, dass ich aber sein Käppi nicht mochte, weil mir dessen beiden Spitzen lächerlich erschienen.

Ich war zwei Jahre alt: Empfand ich das wirklich so, oder habe ich es nach dem Krieg auf einem Foto gesehen?

Die Verkettung der Tatsachen gibt dem Ereignis einen Sinn.

Erstes Bild: Die deutsche Wehrmacht marschiert durch eine große Avenue in der Nähe der Rue de la Rousselle. Ich finde das großartig. Die rhythmischen Tritte der Soldaten, die alle gleichzeitig auf den Boden treffen, vermitteln einen Eindruck von Stärke, der mich berauscht. Die Kapelle marschiert voran, und die großen Trommeln zu beiden Seiten eines Pferdes geben den Takt vor und veranstalten einen herrlichen Lärm. Ein Pferd rutscht aus und stürzt, die Soldaten stellen es wieder auf die Beine, die Ordnung ist wiederhergestellt. Ein wunderbares Schauspiel. Verwundert sehe ich, dass einige Erwachsene in meiner Nähe weinen.

Zweites Bild: Ich bin mit meiner Mutter auf der Post. Die deutschen Soldaten schlendern in kleinen Gruppen durch die Stadt, ohne Waffen, ohne Uniformmützen und sogar ohne Koppel. Ich finde, so sehen sie weniger kriegerisch aus. Einer greift in die Tasche und reicht mir eine Handvoll Bonbons. Meine Mutter reißt sie mir aus der Hand und gibt sie dem Soldaten zurück, wobei sie ihn beschimpft. Ich bewundere meine Mutter und bin traurig wegen der Bonbons. Sie sagt zu mir: »Du darfst nie mit einem Deutschen sprechen.«

Drittes Bild: Mein Vater ist auf Urlaub zu Hause. Wir gehen am Ufer der Garonne spazieren. Meine Eltern setzen sich auf eine Bank, ich spiele mit einem Ball, der in Richtung einer Bank rollt, auf der zwei Soldaten sitzen. Einer hebt den Ball auf und reicht ihn mir. Ich weigere mich zuerst, aber als er lächelt, nehme ich den Ball.

Wenig später zieht mein Vater wieder in den Krieg. Die Mutter wird ihn nie wiedersehen. Mein Gedächtnis erschlafft.

Erst später werden meine Erinnerungen wieder einsetzen, als Margot mich aus der Jugendfürsorge abholt. Meine Eltern sind verschwunden. Ich weiß noch, dass ich damals trotz des Verbots mit den Soldaten gesprochen habe, und diese Verkettung der Erinnerungen, lässt mich vermuten, dass meine Eltern wohl tot sind, weil ich im Gespräch mit ihnen unabsichtlich unsere Adresse preisgegeben haben muss.

Wie kann ein Kind das Verschwinden seiner Eltern realistisch erklären, wenn es nicht weiß, dass es antijüdische Gesetze gibt, und glaubt, dass der einzige mögliche Grund die Missachtung des Verbots ist: »Du darfst nie mit einem Deutschen sprechen.« Die Verkettung dieser Erinnerungsbruchstücke verleiht der Vorstellung von der Vergangenheit

Zusammenhang. So bin ich zu dem Schluss gekommen, dass sie meinetwegen gestorben sind.

In einem Trugbild ist alles wahr: der Bauch vom Stier, die Flügel vom Adler und der Kopf vom Löwen. Trotzdem existiert ein solches Tier nicht. Oder vielmehr: Es existiert nur in der Vorstellung. Alle Bilder, die im Gedächtnis abgelegt werden, sind wahr. Erst die Umgestaltung ordnet sie so an, dass daraus eine Geschichte wird. Jedes ins Gedächtnis eingespeicherte Ereignis ist ein Baustein für das Trugbild des Selbst.

Erinnerungen legte ich nur so lange ab, wie Leben um mich war. Mein Gedächtnis starb, als meine Mutter starb. Im Kindergarten in der Rue du Pas-Saint-Georges war das Leben intensiv. Die Erzieherin Margot Farges inszenierte mit ihren kleinen Schauspielern von drei Jahren die Fabel vom Raben und dem Fuchs. Ich erinnere mich noch an die Verwirrung, in die mich der Vers »Maître Corbeau, sur un arbre perché …« stürzte. Ich fragte mich, wie man einen Baum hocken (»perché«) und darauf einen Raben setzen könne, aber das hinderte mich nicht daran, mich ganz meiner Rolle als Meister Reinecke zu widmen.

Besonders empörte mich der Umstand, dass zwei kleine Mädchen Françoise hießen. Ich dachte, jedes Kind müsse durch einen Vornamen bezeichnet werden, der keinem anderen gleiche. Man würdige die Persönlichkeit kleiner Mädchen nicht hinreichend, wenn man mehreren von ihnen einen einzigen Vornamen gebe. Wie man sieht, begann ich schon damals mit meiner psychoanalytischen Ausbildung!

Jean Bordes (oder Laborde) heißen?

Zu Hause waren unsere Seelen von einem Nichtleben gelähmt. Wenn sich die Männer damals zum Kriegsdienst meldeten, konnten die Frauen nur auf die Familie zählen. 1940 gab es noch keine Sozialhilfe. Doch die Pariser Angehörigen meiner Mutter verschwanden. So war zum Beispiel ihre fünfzehnjährige Schwester Jeannette verschwunden. Kein Hinweis auf eine Festnahme, keine Razzia, plötzlich war sie nicht mehr da. »Verschwunden« ist das richtige Wort.

Es gab auch keine Möglichkeit zum Arbeiten, das war verboten. Ich meine, mich verschwommen zu erinnern, dass meine Mutter auf einer Bank im Park Sachen aus dem Haus verkaufte.

Zwischen 1940 und 1942 klaffte eine riesige Gedächtnislücke. Ich kannte die Daten nicht und lebte jahrelang mit einem chaotischen Zeitbegriff: »Ich war zwei Jahre, als ich festgenommen wurde ... nein, unmöglich, ich muss acht gewesen sein ... nein doch, der Krieg war vorbei.« Einige erstaunlich exakte Bilder blieben in meinem Gedächtnis erhalten, das aber außerstande war, sie zeitlich einzuordnen.

Kürzlich habe ich erfahren, dass meine Mutter mich am Tag vor ihrer Festnahme – dem 18. Juli 1942 – im Jugendamt abgegeben hat. Ich habe keine Lust, das zu überprüfen. Jemand muss sie gewarnt haben. Ich habe ihr nie unterstellt, sie hätte mich im Stich gelassen. Sie brachte mich dorthin, um mich zu retten. Dann ist sie nach Hause gegangen, in eine leere Wohnung, ohne Mann, ohne Kind. Im Morgengrauen hat man sie verhaftet. Ich habe keine Lust, darüber nachzudenken.

Ich muss wohl ein Jahr in Obhut der Jugendfürsorge geblieben sein, ich weiß es nicht. Nicht die geringste Erinnerung.

Mein Gedächtnis setzt erst an dem Tag wieder ein, an dem Margot mich holen kam. Um mein Vertrauen zu gewinnen, hatte sie mir eine Schachtel Würfelzucker mitgebracht, aus der sie mich regelmäßig versorgte, bis sie schließlich sagte: »Das reicht.« Das war, glaube ich, in einem Zug, der wer weiß woher kam und nach Bordeaux fuhr.

An Margots Familie habe ich wieder lebhafte Erinnerungen. Monsieur Farges war Schulrat und drohte damit, »rot vor Wut« zu werden. Ich tat so, als wäre ich beeindruckt. Madame Farges warf ihrer Tochter vor: »Du hättest uns warnen können, dass du das Kind aus der Fürsorge holst.«

Margots Schwester Suzanne, Lehrerin in Bayonne, brachte mir auf der großen Pendeluhr im Salon die Uhrzeiten bei und hielt mich dazu an, wie eine Katze zu essen, mit kleinen Zungenbewegungen, und nicht wie ein Hund, der alles auf einmal hinunterschlingt. Ich glaube, ich habe ihr gesagt, dass ich nicht einverstanden sei.

Manchmal versammelten sich die Farges um einen großen Rundfunkapparat und lauschten seltsamen Sätzen: »Die Weintrauben sind noch zu grün … ich wiederhole … die Weintrauben sind noch zu grün«, oder: »Der kleine Bär hat dem Schmetterling ein Geschenk geschickt … ich wiederhole …« Ein Geräusch wie von einer Kinderrassel lag über den Sätzen, weshalb sie manchmal schwer zu verstehen waren. Ich wusste nicht, dass der Sender Radio London hieß, aber ich fand es würdelos, dass sich eine Gruppe Erwachsener um ein Rundfunkgerät setzte und sich mit ernstem Gesicht komische Sätze anhörte.

Ich hatte in der Familie einige Aufgaben bekommen: ein kleines Stück des Gartens zu pflegen, beim Ausmisten des Hühnerstalls zu helfen und Milch zu holen, die in einer Toreinfahrt in der Nähe des Hôpital des Enfants malades ausgegeben wurde. So beschäftigte ich mich, bis Madame Farges eines Tages sagte: »Von heute an heißt du Jean Bordes. Wiederhole es!«

Wahrscheinlich habe ich es wiederholt, aber ich habe nicht verstanden, warum ich meinen Namen ändern musste. Eine Dame, die Madame Farges gelegentlich bei der Hausarbeit half, hat es mir schonend beigebracht: »Wenn du deinen Namen sagst, stirbst du. Und die, die dich lieben, müssen deinetwegen sterben.«

Sonntags kam Margots Bruder Camille zum Essen. Alles lachte, wenn er da war. Eines Tages erschien er in Pfadfinderkluft mit einem jungen Kameraden. Dieser Freund – höflich, zurückhaltend, mit Locken – blieb im Hintergrund und lächelte, wenn Camille seine Familie zum Lachen brachte, indem er mich *le petit j' aborde* nannte und mich fragte: »*Qu'est-ce que tu abordes, Jean?*«[5]

Nie habe ich mich an den Namen erinnern können, hinter dem ich mich verbarg: Bordes? ... Laborde? Ich wusste es nicht mehr. Viel später, als ich meine Facharztausbildung als Neurochirurg im Krankenhaus La Pitié in Paris absolvierte, war dort eine junge Ärztin, die Bordes hieß. Beinahe hätte ich ihr erzählt, dass sie den Namen trug, unter dem ich mich im Krieg versteckt hatte. Dann habe ich doch nichts gesagt. Ich dachte: Vielleicht war es auch Laborde? Außerdem hätte ich zu viel erklären müssen!

Zwei Jahre nach der Befreiung gab man mir meinen Namen zurück, das war für mich der Beweis, dass der Krieg zu Ende war.

Meine Tante Dora, die Schwester meiner Mutter, hatte mich aufgenommen. Das Land feierte. Die Amerikaner gaben den Ton an. Sie waren jung und schlank und, wo sie auftauchten, herrschte Fröhlichkeit. Ihr lautes Lachen, ihr lustiger Akzent, ihre Reisegeschichten, die Pläne, die sie für ihr Leben schmiedeten, faszinierten mich. Diese Männer verteilten Kaugummi und organisierten Jazzbands. Die Frauen legten großen Wert auf Nylonstrümpfe ohne Naht und auf Zigaretten, die Lucky Strike hießen. Ein junger Amerikaner, der eine Brille mit kleinen runden Gläsern trug, fand, Boris sei kein passender Vorname, er klinge viel zu russisch. Er taufte mich Bob. Dieser Vorname verbreite Hoffnung, er bedeute »Rückkehr zur Freiheit«. Alle klatschten Beifall, ich akzeptierte ihn ohne Begeisterung.

Erst als ich mit dem Medizinstudium begonnen hatte, nannte ich mich wieder Boris. Damals hatte ich den Eindruck, so fern von Doras Ohren dürfe der Name wieder genannt werden, ohne dass er sie verletzen könne. Für sie war es immer noch der Vorname der Gefahr, während Bob der der Wiedergeburt war, der Feier mit den Amerikanern, unseren Befreiern. Für die Überlebenden meiner Familie trug ich noch meinen Decknamen, aber fern von ihnen durfte ich wieder ich selbst werden und mich als der ausgeben, der ich war, mit meinem echten Vornamen.

Nach dem Besuch der beiden Pfadfinder erlosch das Leben auch bei den Farges. Eines Nachts wurde ich von Schreien und Lichtern geweckt. Monsieur Farges war im Schlaf gestorben. Madame Farges wurde trübselig, Suzanne fuhr nach Bayonne, um zu unterrichten, und Margot verschwand am Montagmorgen, um als Erzieherin in Lannemezan anzufangen, glaube ich. Das Haus wurde still, keine Geschäftigkeit mehr, keine lächerlichen Radiosendungen, keine Besuche. Kaum hieß ich Bordes (oder Laborde?), büßte ich das Recht ein, Milch zu holen, das wurde zu gefährlich. Ich lief Gefahr, dass man mich denunzierte ... Denunzierte?

Eines Tages kam eine Dame, die ich nicht kannte. Margot

sagte: »Sie wird dich zu deinem Vater bringen.« Meinem Vater? Ich dachte, er sei verschwunden. Ich empfand weder Freude noch Schmerz, ich war betäubt. Die Welt war ohne Zusammenhang. Auf ihrer linken Brust hatte die Dame einen glänzenden gelben Stern, der schwarz umrandet war und den ich sehr schön fand. Auf den Stern zeigend, fragte Margot: »Wie wollen Sie es damit schaffen?« – »Ich komm schon zurecht«, antwortete die Dame.

Unterwegs schwiegen wir, ein langer trauriger Weg, bis wir ins Lager Mérignac kamen. Als wir uns den Soldaten näherten, die den Eingang bewachten, entrollte die Dame ihren Schal und befestigte ihn so an ihrer Jacke, dass er den Stern verdeckte. Sie zeigte einige Papiere vor, und wir gingen auf eine Baracke zu. Ein Mann saß auf einer Holzpritsche und erwartete mich. Ich hatte Mühe, meinen Vater zu erkennen. Sicherlich wird er irgendetwas gesagt haben. Dann sind wir gegangen.

Lange nach dem Krieg erhielt ich sein Croix de Guerre mit einem Begleitschreiben von General Huntziger: »Mutiger Soldat ... vor Soissons verwundet.« Deswegen blieb mein Vater sitzen. Er war auf Befehl der Präfektur in seinem Lazarettbett festgenommen und ins Lager Mérignac gebracht worden, von wo die Häftlinge erst nach Drancy und von dort nach Auschwitz deportiert wurden.

Am folgenden Tag hörte ich, wie Margot mit leiser Stimme erzählte, die Apothekerin (das also war der Beruf der Dame) sei bei ihrer Rückkehr von der Gestapo erwartet worden. Sie sei aus dem Fenster gesprungen.

Sprechen war gefährlich, weil man den Tod riskierte. Schweigen war beängstigend, weil man nicht wusste, woher die dumpf empfundene Bedrohung kam. Wer würde mich denunzieren? Wie konnte ich mich schützen? Ich dachte, ich wäre schuld am Tod der Farges, da sie mich freundlich aufgenommen hatten.

Das Haus war düster und stumm geworden. Seit etlichen Monaten war dort kein Leben mehr. Ich war sechs Jahre alt, ich konnte weder lesen noch schreiben, es gab kein Radio, keine Musik, keine Freunde, niemanden, der sprach. Ich fing an, in dem Salon, in dem ich eingeschlossen war, den Tisch zu umkreisen. Der Schwindel beruhigte mich und vermittelte mir auf merkwürdige Weise ein Gefühl meiner Existenz. Wenn ich von dem langen Kreisen ermüdet war, legte ich mich auf die Chaiselongue und leckte mir die Knie. Als ich 1993 im Auftrag der Médecins du Monde in Bukarest war, habe ich das gleiche selbstzentrierte Verhalten an verwahrlosten und sensorisch deprivierten Kindern beobachtet.

Das ist wahrscheinlich der Grund, warum ich meine Festnahme als Fest erlebte. Die Rückkehr des Lebens! Die Sperrkette der Soldaten und die aufgereihten Lastwagen, die die Rue Adrien-Baysselance abriegelten, erschreckten mich nicht. Erst heute finde ich die Situation bizarr: eine Armee, um ein Kind festzunehmen!

Am beeindruckendsten fand ich, dass in dem Auto, in das man mich gestoßen hatte, ein Mann weinte. Sein Adamsapfel faszinierte mich, weil er weit vorsprang und sehr beweglich war.

Vor der Synagoge mussten wir uns aufstellen. Nachdem wir eingetreten waren, wurden wir an zwei Tische geschickt. Zwischen ihnen stand ein Offizier in Lederstiefeln mit gespreizten Beinen, wie aus einem schlechten Film. Ich meine, mich zu erinnern, dass er uns mit einem Stöckchen dem einen oder dem anderen Tisch zuwies. Was bedeutete diese Auswahl? Ich hörte jemand sagen:

»Du musst angeben, dass du krank bist. Dann schickt er

dich an den Tisch, an dem du fürs Krankenhaus eingeschrieben wirst.«

»Auf keinen Fall«, sagten andere Männer. »Du musst sagen, dass du gesund bist. Dann schicken sie dich zum STO[6], zur Arbeit in Deutschland.«

Als ich durch die Tür kam, sah ich hinter dem Tisch der linken Menschenschlange den Pfadfinder mit den Locken sitzen, den Freund von Camille. Ich verließ die Schlange und ging auf ihn zu. Als er mich sah, fuhr er zusammen, sein Stuhl fiel um, und er lief mit großen Schritten davon.

Da begriff ich, dass er mich denunziert hatte.

Ungehorsam sein, um zu entkommen

Die Synagoge war schwarz von Menschen. Ich erinnere mich an Leute, die auf der Erde lagen oder an den Wänden lehnten, um einen Weg freizulassen. Ich erinnere mich an eine dicke Dame, die die Kinder zusammensuchte, um sie auf eine Decke zu legen, die sie auf dem Fußboden ausgebreitet hatte. Heute meine ich, dass ich dieser Dame und ihrer Decke misstraute. Habe ich das in dieser Januarnacht des Jahrs 1944 wirklich empfunden? Auf der Decke versuchten einige Kinder zu schlafen. Daneben standen auf zwei Stühlen mehrere Dosen mit gezuckerter Kondensmilch. Das weiß ich noch, weil ich welche bekommen habe. Ich kann mich erinnern, dass ich um eine oder zwei Dosen bat und dann mit meinem Schatz geflohen bin, um mich auf einen roten Sessel zurückzuziehen, der weit weg an einer Wand stand.

Von Zeit zu Zeit öffnete sich die Tür, und mit einer Gruppe

Neuankömmlingen drangen Licht und Kälte in den Raum. Sie trugen sich an einem der beiden Tische ein und suchten sich dann eine Ecke, um sich hinzusetzen. Regelmäßig wurden wir geweckt und mussten uns zwischen zwei Reihen Stacheldraht in der Mitte der Synagoge anstellen. Nach Nennung unseres Namens bekamen wir einen Becher sehr heißen Kaffee. Jedes Mal verlangte ein Erwachsener meinen Becher.

Ein Soldat in schwarzer Uniform setzte sich neben mich. Er zeigte mir das Foto eines kleinen Jungen in meinem Alter, vermutlich sein Sohn. In seinen Erläuterungen zu diesem Bild gab mir der Mann zu verstehen, dass ich dem Jungen ähnelte. Ohne zu lächeln, ging er fort. Warum habe ich eine so deutliche Erinnerung an diese Szene? Weil sich die Verwunderung in meinem Gedächtnis festgesetzt hat? Warum habe ich noch immer den Eindruck, dass sie wichtig ist? Hatte ich, um nicht mit der Angst zu leben, das Bedürfnis, sogar bei meinen Verfolgern noch Reste von Menschlichkeit zu entdecken?

Ich brauchte mir die Dosen mit süßer Kondensmilch nicht mehr selbst zu holen, sie wurden mir von einer Krankenschwester gebracht. Wie war sie gekleidet? Wahrscheinlich wie eine Krankenschwester, denn ich erinnere mich deutlich, dass sie eine Krankenschwester war. Ich vergegenwärtige mir ihr Gesicht, das ich sehr schön fand, ihr blondes Haar und die Milchdose, die sie mir brachte. Ich meine, mich zu erinnern, dass ich die Arme um ihren Hals legte. Häufig verließ ich meinen Sessel, um die Synagoge zu erkunden. Ich folgte den jungen Leuten, die ausbrechen wollten. Ihre Absicht erriet ich, weil sie die Einzigen waren, die nach oben schauten, zu den Fenstern. Einer von ihnen sagte: »Im Pissoir ist das Fenster zu hoch, zu klein und vergittert.«

Zwei Männer an der Tür verhielten sich nicht wie Gefangene. Sie musterten die Menge. Derjenige, der Arbeitskleidung trug, sagte: »Wir haben den Befehl, die Kinder in die schmutzigen (*salés*) Waggons zu stecken.« Mit sechs Jahren wusste ich noch nicht, was das Wort »versiegelt« (*scellés*) bedeutete. Ich glaubte, man werde die Kinder in schmutzige Waggons bringen, was zweifellos eine grausame Folter war. Ich musste mich in Sicherheit bringen. Ich blickte nach oben – unmöglich, zu hoch. Also kehrte ich ins Pissoir zurück, um zu schauen, ob das Fenster tatsächlich unerreichbar war. In der Synagoge brach große Unruhe aus. Hinter der Tür einer Toilette waren einige Bretter zu einem Z zusammengenagelt. Es gelang mir, ohne große Schwierigkeiten hindurchzuklettern. Ich glaube, ich habe mich mit den Beinen an der einen Wand und mit dem Rücken an der anderen abgestützt. Überrascht stellte ich fest, dass ich mich mühelos halten konnte. Der Lärm in der Synagoge verstärkte sich. Ein Mann in Zivil trat ein und öffnete eine Toilettentür nach der anderen. Er blickte nicht nach oben. Langsam ebbte der Lärm ab. Dann kam ein Soldat herein und kontrollierte die Toiletten noch einmal. Hätte er den Kopf gehoben, hätte er ein Kind gesehen, das sich an die Decke zwängte. Ich wartete, bis es still war, dann ließ ich mich fallen. Jetzt war die Synagoge leer. Das große Tor stand offen und ließ die Sonne herein. Ich erinnere mich an den Staub, der im Licht tanzte. Das fand ich sehr schön. Männer in Zivil standen im Kreis und unterhielten sich. Ich ging dicht an ihnen vorbei und hatte den Eindruck, dass sie mich sahen. Da sie nichts sagten, ging ich hinaus.

Auf der Straße entfernen sich die Mannschaftswagen. Unten suchen einige verstreute Soldaten ihre Waffen zusammen. Die hübsche Krankenschwester steht in der Nähe einer Ambulanz und macht mir ein Zeichen. Ich stürze die Treppe hinab und krieche unter eine Matratze, auf der eine Frau im Begriff ist zu sterben. Ein deutscher Offizier klettert in die

Ambulanz und untersucht die Sterbende. Hat er mich unter der Matratze gesehen? Er gibt das Zeichen zur Abfahrt.

Wenn ich mich als Kind an diese Szene erinnerte, habe ich mir gesagt, dass er mich gesehen hatte. Sehr seltsam. Ich bin mir nicht sicher. Vielleicht brauchte ich diese Erinnerung, um mich davon zu überzeugen, dass das Böse nicht unerbittlich ist? Wie der Soldat in Schwarz, der mir das Foto seines Kindes zeigte? Das lässt hoffen, nicht wahr?

In der Verkettung meiner Erinnerungen sehe ich mich später in einem großen, fast leeren Speisesaal. Erwachsene stehen um mich herum, es kommt zu einem heftigen Streit mit dem Chefkoch. Woher wusste ich, dass es der Chef war? Vielleicht, weil ein Stück weiter im selben Saal andere Köche mit gesenkten Köpfen standen und nichts sagten? Der Chef brüllt: »Ich will das Kind hier nicht haben, das ist gefährlich.« Man fordert mich auf, in einen großen Kochtopf zu klettern. Ich darf ihn nicht verlassen. Ich bin gefährlich, nicht wahr?

Nachdem die Krankenschwester die Erlaubnis zur Abfahrt erhalten hatte, brachte sie mich zur Mensa der juristischen Fakultät, wo sie einen Studenten kannte, der sich bereit erklärt hatte, mich einige Tage zu verstecken.[7]

Ich sehe noch das Gesicht des Kochs vor mir. Ein untersetzter Mann, mit spärlichem schwarzen Haar, die Schürze über dem Bauch gefältelt. Er brüllt, dann erklärt er sich einverstanden, dass ich im Topf bleibe, aber nur ein paar Stunden.

Folgende Erinnerung: Der Lieferwagen fährt durch die Nacht … sie haben mich hinten in einem Sack Kartoffeln versteckt und andere Säcke davorgestellt … An einer Straßensperre überprüfen die Soldaten einige Säcke, aber meinen öffnen sie nicht … Der Wagen hält auf einem Dorfplatz … die Erwachsenen klopfen an ein großes Tor … Eine Nonne mit Flügelhaube streckt den Kopf heraus und sagt: »Nein, nein, kommt nicht in Frage, das Kind ist eine Gefahr.« Schreiend schließt sie das Tor.[8]

Ich bin auf einem Schulhof. Seit wann? Vier oder fünf Erwachsene – Lehrer, würde ich sagen – halten mich, legen mir einen Umhang um und fordern mich auf, mir die Kapuze über das Gesicht zu ziehen. Schreiend fordern sie die Schüler auf, in ihre Klassen zu gehen, sie umringen mich, damit ich nicht gesehen werde, sie begleiten mich zu einem wartenden Auto, sie sagen: »Schnell, die Deutschen kommen!«

Ich finde ihr Verhalten dumm. An allen Fenstern kleben Kindergesichter. Dieses übertriebene Bemühen, mich zu verstecken, lenkt die allgemeine Aufmerksamkeit auf mich und bringt sie in Gefahr. Die Erwachsenen sind nicht sehr schlau.

Ich sage nichts. Ich komme mir wie ein Ungeheuer vor.

Eine Scheune und ein Freund

In Pondaurat kam das Leben zurück. Ich erinnere mich an den Namen dieses Dorfs, denn als ich nach dem Krieg erfuhr, dass meine Tante Dora hieß, war ich erstaunt, dass eine Brücke ihren Namen trug[9]. Vielleicht hatte sie sie gekauft?

In diesem kleinen Dorf war ich nicht unglücklich. Ich schlief in einer Scheune auf einem Strohballen, neben einem anderen Fürsorgekind, einem großen Jungen von 14 Jahren. Er gab mir ein Gefühl der Sicherheit, indem er mir erklärte, wie man dem Esel auswich, der uns mit seinen großen gelben Zähnen beißen wollte, und wie man den Erwachsenen vorgaukeln konnte, man habe abends beim Heimkommen die Schafe gezählt: Man brauchte nur »vierundzwanzig« auszurufen, und die Sache war erledigt. Er konnte die Sense schärfen und einen kleinen Weg zur Scheune anlegen, um die Güllegrube zu vermeiden. Ich fühlte mich gut aufgehoben bei diesem großen Jungen.

Deutlich erinnere ich mich an den Brunnen, aus dem ich Wasser holen musste, und an seinen Rand, der mir Schrecken einflößte, weil man mir gesagt hatte, da seien schon viele Leute hineingefallen und man habe ihre Leichen nie herausholen können.

Ich liebte die Abende, wenn die Landarbeiter gemeinsam mit der Pächterin Marguerite aßen, die an der Stirnseite des Tischs thronte. Ich erinnere mich an die funzlige Lampe, die über dem Tisch hing, mit dem Leimstreifen, an dem die sterbenden Fliegen klebten. Ich erinnere mich an die Abende, an denen ich die Tischgesellschaft zum Lachen brachte, indem ich zu viel Pfeffer in meine Suppe tat und dann nach der Feuerwehr rief, um den Brand in meinem Mund mit dem Wein zu löschen, den man mir reichte. Alles lachte. So konnte man sich wieder einen Platz unter den Menschen erobern.

Die Pächterin war grob. Selten einmal kam sie an uns vorbei, ohne uns mit Stockschlägen zu drohen. Ein Schlag ist kein Trauma. Der Rücken tut weh, und damit ist gut. Dagegen sah ich noch häufig, gewissermaßen in einem inneren Film, wie ich bei Margot in Gefangenschaft geriet, in die Synagoge eingesperrt wurde, wie die Dame auf mir starb, wie ich in dem Kochtopf saß, die Nonne mich mitten in der Nacht draußen stehen ließ und schrie, ich sei eine Gefahr.

Neben dem »Großen« und mir, »dem Kleinen«, gab es noch ein weiteres Kind auf dem Bauernhof: Odette, die Bucklige. Sie arbeitete stumm, ging allen aus dem Weg und schlief in einem richtigen Zimmer, mit weißem Bettzeug und Spitzengardinen. Ich dachte, so würden Kinder eben schlafen: die

Mädchen in Betten, die Jungen im Stroh. Das machte mir nichts aus. Verstört war ich vielmehr von den kleinen Bosheiten, mit denen die Bucklige gedemütigt wurde. Wenn die Arbeiter heimkamen, musste sie ihnen beim Ausziehen der Stiefel helfen. Um keine Blasen zu bekommen, hatten sie das Schuhwerk mit Stroh gefüttert, das tagsüber vom Schweiß aufgequollen war. Nach dem Eintreten ließ der Mann sich auf einen Stuhl an der Tür fallen. Das Mädchen hockte sich vor ihn und zog an dem Stiefel. Oft drückte der Arbeiter mit dem anderen Fuß gegen die Brust der Buckligen, und wenn der Stiefel sich plötzlich löste, rollte die Bucklige kopfüber auf den Rücken, die Beine hoch in der Luft, sodass man ihren Schlüpfer sah, und alle lachten. Mir gefiel das Spiel nicht.

Ein Ereignis hat die Spur der Vergangenheit aktiviert. Eines Tages sagte der Große: »Komm, Kleiner, gehen wir angeln.« Ein Glücksgefühl mehr! Wir setzten uns auf einen Steinvorsprung, eine Art Damm, am Fuß einer Brücke und fingen an zu angeln. Das stille Wasser glitzerte. Ich schlief ein und erwachte, als ich im Begriff war, im Wasser zu versinken. Ich weiß noch, dass ich dachte: Schade, dass ich jetzt sterben muss, wo das Glück zurückgekehrt ist. Als ich wieder zu Bewusstsein kam, lag ich im Bett der Buckligen! Marguerite, die Grobe, hatte zu Odette gesagt: »Nach alldem überlass ihm heute Nacht mal dein Bett.« Beim Einschlafen in dem weißen Bettzeug bewunderte ich das Fenster mit seinen Spitzengardinen. Was für ein Glück!

Kurze Zeit später beschimpften mich auf dem Dorfplatz ein paar Jungen. Sie warfen mir scheele Blicke zu, ich spürte, wie wütend sie waren, dass sie schlecht über mich sprachen, wusste aber nicht warum. Einer von ihnen sagte so laut, dass ich es hören musste: »So sind die Juden. Die kennen keine Dankbarkeit.« Da begriff ich, dass sein Vater mich aus dem Wasser gezogen hatte. Aber woher sollte ich das wissen? Ich kannte ihn nicht, außerdem hatte ich das Bewusstsein verloren. Noch etwas begriff ich: Die Dorfkinder wussten, dass ich Jude war, aber woher? Woher wussten sie Dinge von mir, die ich selber nicht wusste?

In Castillon-la-Bataille muss ich sieben Jahre alt gewesen sein. Meine Erinnerung an diesen Lebensabschnitt erstreckt sich kontinuierlich durch die Zeit. Sie setzt sich nicht mehr aus kurzen Rückblenden zusammen wie diese kurzen Bilder aus der Vorkriegszeit, noch nicht einmal aus kleinen Szenen, sondern sie wird – in der theatralischen Bedeutung des Wortes – ein richtiger kleiner Film über mich. Ich sehe mich auf einem Feldbett schlafen, das im Haus des Schuldirektors auf dem Flur steht. Ich ging nicht zum Unterricht, sondern durfte nach dem Fortgang der Schüler auf dem Hof spielen. Ich lungerte im Dorf herum, wo ich meinem ersten Freund und meiner ersten Liebe begegnete.

Wie alle Mädchen hieß sie Françoise. Sie war brünett, hatte blaue Augen und eine Lücke zwischen den oberen Schneidezähnen – *dents du bonheur*, Glückszähne, wie man in Frankreich sagt. Es machte mir große Freude, mit ihr zusammen zu sein, sie einfach anzusehen und mit ihr zu sprechen. Seltsam verhält es sich mit der Heterosexualität: Schon in der Vorschule in der Rue du Pas-Saint-Georges in Bordeaux versuchte ich, mit den Mädchen zu sprechen. Tugendhaft wurde der Pausenhof durch ein Gitter in zwei Hälften geteilt, die Jungen auf der einen und die Mädchen auf der anderen Seite. Ich trat an das Gitter, um ein paar Worte mit ihnen zu wechseln.

Die Erinnerung ist nicht ganz schlüssig, weil ich mich in der Gruppe von Margot an einen kleinen Ali und zwei Françoise erinnere. Aber so ist das nun einmal in meinem Gedächtnis.

An den Vornamen meines Freundes von der Straße erinnere ich mich nicht mehr – unter Jungen zählen die Taten. Wir liefen in die Weinberge, um Muskatellertrauben zu stehlen, und verglichen sie mit den Gutedeltrauben.

Wir aßen, bis uns schlecht wurde. Wir bewarfen uns mit Steinen, um zu lernen, wie man ihnen ausweicht. Wir sammelten Nüsse und Schlehen, nahmen Vogeleier aus den Nestern, fingen Schmetterlinge, und trieben uns, frei wie die Vögel, überall herum. Ich war froh, dass er arm war, so war er mir näher. Ich holte ihn zu Hause ab, ein paar Schritte von der Schule entfernt. Er wohnte mit seiner Mutter in einem einzigen Zimmer, mit einem großen Haufen Kohle in der Mitte. Ich sehe sie dort noch sitzen, schwarz gekleidet und lächelnd. Diese Zeit mitten im Krieg ist mir als ein Leben voller Sonne, Freundlichkeit und vollkommener Freiheit in Erinnerung geblieben.

Der Zusammenbruch der Übermenschen

Eines Nachts wurde ich von einem hellen Licht geweckt. Zwei deutsche Offiziere standen mit Monsieur Lafaye, dem Schuldirektor, an meinem Bett und leuchteten mich mit einer Taschenlampe an. Ich empfand keine Angst, keinen Kummer, nur ein bedrückendes Gefühl: Es geht wieder los! Sie werden mich festnehmen und wahrscheinlich töten. Die drei Männer gingen fort, und ich schlief wieder ein.

Am folgenden Tag war der Schulhof voller Soldaten. Die Tische standen draußen. Mit nacktem Oberkörper oder im Unterhemd beschäftigten sich die Männer, sie wuschen sich oder reparierten ihre Ausrüstung. Wenn ich an ihnen vorbeiging, sprachen sie mich freundlich an oder spielten mit mir. Ich weiß noch, dass es einer von ihnen spaßig fand, mich hochzuheben, indem er mich nur am Kopf hielt. Ich versuchte, ihm aus dem Weg zu gehen. Oben auf der Schule gab es einen kleinen Wachturm, in dem ein bewaffneter Soldat Wache hielt. Der machte keine Späße. Als mein Freund und ich ihn einmal besuchen wollten, jagte er uns mit Fußtritten davon.

An jeder Straßensperre war ein Maschinengewehr. Es wurde von zwei Soldaten bedient. Um uns zu belustigen, feuerten sie mit Explosivgeschossen auf eine Mauer, die die Steine zertrümmern ließen. Das war sehr interessant.

Einige Tage später war die Schule plötzlich verlassen. Ich bedauerte, dass das lärmende Leben mit einem Mal verschwunden war. Ich hatte gehört, die Deutschen hätten sich in der Dorfmitte gesammelt, wo sie von den FFI – den Widerstandsgruppen der Gaullisten – unter Beschuss genommen worden wären. Die Widerstandskämpfer hätten die Deutschen umkreist und ihnen schwere Verluste beigebracht.

Wie ich mich erinnere, kam es nach der Schlacht zu einem Gespräch zwischen einem Dorfbewohner, den ich nicht kannte, und einem Widerstandskämpfer, der leicht zu erkennen war, weil er eine Waffe und eine Armbinde trug. Der Widerstandskämpfer sagte: »Wir haben einen Gefallenen und drei Schwerverwundete.«

Ich sagte: »Mehr nicht?« Das rutschte mir so raus, weil ich an die vielen Hundert Menschen dachte, die in der Synagoge eingepfercht und mit den Zügen deportiert worden waren. Der Widerstandskämpfer blickte mich zornig an, woraufhin ihm der Dorfbewohner erklärte: »Er hat seine ganze Familie verloren.« Der Widerstandskämpfer beruhigte sich, und ich fragte mich, woher der Unbekannte meine Geschichte kannte. Er hätte mich verraten können, als die Deutschen noch da waren.

Mein Freund kam herbeigelaufen: »Komm schnell, der Pfarrer will, dass wir die Glocken läuten.« Das Fest begann. Durch ein Loch im Dach hing das Glockenseil mitten in den Vorraum hinein, von dem man in die Kirche trat. Um die Glocke in Bewegung zu bringen, mussten wir daran ziehen, bis wir uns in der Hocke befanden. Dann wurden wir, wenn das Schwingungssystem sie zur anderen Seite neigte, von dem Seil in die Höhe getragen, sodass wir es rasch loslassen mussten. Einmal hatte sich ein Junge nicht getraut, das Seil loszulassen, woraufhin er bis zur Decke emporgerissen wurde, an der er sich den Kopf stieß. Auf diese Art haben wir die Glocken geläutet, die die Befreiung von Castillon verkündeten. Wir hatten also einen bedeutenden Auftrag.

In den folgenden Tagen hörte ich die Erwachsenen von der »Landung« sprechen. Die affektive Färbung, mit der sie das Wort aussprachen, vermittelte mir eine gewisse Freude. Fröhlich sagten sie »La Rochelle«, setzten aber eine finstere Miene auf, wenn sie von »Royan« sprachen. Deutlich spürte ich, dass bestimmte Wörter Hoffnung mit sich führten und andere Besorgnis. Als mich das Glück, von seltsamen Wörtern transportiert, umfing, fühlte ich mich befreit.

Mitten in einem Dorf (vielleicht Castillon?) sah ich zum ersten Mal deutsche Gefangene. Erschöpft, zerlumpt, regungslos saßen sie da und blickten stumm zu Boden. Diese Soldaten, die uns besiegt und tagtäglich unterdrückt und schikaniert hatten, diese »Kartoffelkäfer«[10], wie sie genannt wurden, erschienen nun ihrerseits wie betäubt von ihrem Unglück. Ich war nicht glücklich über ihren Zusammenbruch (fast hätte ich gesagt: »Sie haben mir nie etwas getan!«). Ich staunte über ihre Niederlage, konnte ich mich doch noch gut erinnern, wie sie im Triumphzug durch Bordeaux gezogen waren, mit ihren Waffen, ihren Pferden, ihren Militärkapellen und ihren Bonbons.

Ich kehrte zu Margot zurück. Auch die Familie Farges fing wieder an zu leben, mit großen Tischgesellschaften, Freunden und Radios ohne Rauschen. Sie sprachen jetzt laut und diskutierten über Zeitungsmeldungen.

Eines Tages kam Margot strahlend nach Hause. Wir liefen auf die Place des Quinconces. Vor dem Krieg war meine Mutter manchmal mit mir dorthin gegangen, damit ich an die frische Luft kam und ein wenig unter einer Gruppe riesiger Pferde spielte, die Wasser spien. Die Pferde waren verschwunden, aber es hatte sich dort eine riesige Menge versammelt. Alle sprachen, lachten und umarmten sich. Sehr erstaunt nahm ich zur Kenntnis, dass Unbekannte ihre Arme um Margot schlangen und sie sich lachend von ihnen küssen ließ. Ich vernahm fröhliche Worte: »Hiroshima … Kriegsende … zweihunderttausend Tote.« Irrwitzige Freude, der Krieg war vorbei! Man hatte mit mehreren Millionen Toten in Japan gerechnet, doch dank der Atombombe waren es nur zweihunderttausend: Wie schön, der Krieg war vorbei!

Damals traf ich auch meine hübsche Krankenschwester wieder, die junge Frau, die mir Kondensmilch gegeben und mir bedeutet hatte, um die Sterbende zu kriechen. Ich glaube, sie suchte Margot auf, um mich einzuladen, ein paar Tage bei ihr und ihrem Verlobten im Grand Hôtel von Bordeaux zu verbringen, gegenüber dem Theater. General de Gaulle sollte dort eine Rede halten, und sie hatte es fertiggebracht, dass ich ihm einen Blumenstrauß überreichte.

Der Verlobte gefiel mir, weil ich fand, dass er in seiner marineblauen Uniform elegant aussah. Besonders prächtig war seine goldbestickte Mütze. Er hatte sie mir geliehen, und ich spielte den Hanswurst, indem ich kriegerische Grimassen zog: großer Erfolg! Alles lachte, dann gingen die Verlobten beiseite, um ein privates Gespräch zu führen. Ich entdeckte die Vorhänge, die durch eine vergoldete Schnur zusammengehalten wurden, und verwendete sie augenblicklich, um mir daraus eine fiktive Mütze anzufertigen. Entsetzen bei dem jungen Paar, das zornig wurde, weil es glaubte, ich hätte die Schnüre von der Marinemütze des Verlobten abgerissen. Ich erinnere mich noch, dass ich traurig war, weil mir Unrecht widerfahren war, weil ich Menschen, die ich bewunderte, Kummer bereitet hatte und weil sie mich für fähig hielten, eine derartige Dummheit zu begehen: ein kleines Missverständnis zwischen den Generationen.

Am nächsten Tag war Margot verstimmt, weil die Verlobten mich an diesem Abend ins Theater mitgenommen hatten, zu einer Aufführung, die von federgeschmückten nackten Tänzerinnen bestritten worden war. Empört sagte Margot: »Das ist nichts für einen kleinen Jungen.« Ich hingegen hatte das schön gefunden: eine kleine Meinungsverschiedenheit zwischen den Generationen.

In der Nacht vor dem Festakt hörte ich lauten Lärm im Hotelflur. Ich trat aus meinem Zimmer hinaus und sah einen Mann, der weinend auf einem Stuhl saß. Er hielt sich den Kopf, Blut lief ihm übers Gesicht. Ein bewaffneter Widerstandskämpfer erklärte: »Das ist ein Milizionär[11], dem es gelungen ist, sich ins Hotel zu schleichen, um de Gaulle umzubringen.« Andere Bewaffnete, die neben dem Milizionär standen, versetzen ihm von Zeit zu Zeit einen Hieb mit dem Gewehrkolben, einen Faustschlag, einen Fußtritt. Der Mann blutete und weinte. Am Morgen fiel er der Länge nach hin und starb nach einem langen Todeskampf infolge der fortwährenden Schläge. Dieser Lynchakt war meine erste politische Enttäuschung. Ich muss sieben gewesen sein und hätte mir gewünscht, dass meine Befreier, die gerade die deutsche Armee besiegt hatten, ein bisschen mehr Edelmut bewiesen hätten. Meine Helden hatten sich wie Milizionäre verhalten. Ich hätte viel darum gegeben, wenn sie denen weniger ähnlich gewesen wären!

Nach Hiroshima war der Krieg vorbei. Die Menschen versuchten, wieder leben zu lernen. Für einige fiel die Bilanz düster aus. Meine Cousine Riquette sah ich wieder, als sie 13 war. Ich erinnerte mich an ihren Vater, den Bruder meines Vaters, der Ingenieur in einer Fabrik in Espiet bei Bordeaux war. Vor dem Krieg bin ich einige Male bei Tante Hélène gewesen, es waren glückliche Erinnerungen. Der Vater war während des Krieges verschwunden, die Mutter und die beiden Kinder wurden verfolgt. Ich weiß noch, wie das große Mädchen seiner Mutter auseinandersetzte: »Wir können nicht in einem Land bleiben, das uns das angetan hat. Wir müssen nach Palästina gehen.« Ich glaube, mich zu erinnern, dass ihre Mutter bleiben wollte. »Mir ist das nicht geheuer«, sagte sie immer wieder, ein Wort verwendend, das mir neu war. Riquette erklärte mir: »Es gibt dort Land ohne Menschen für ein Volk ohne Land. Wir werden die Wüste zum Blühen bringen.« Ich fand die Formulierung ganz hübsch, aber antwortete ihr mit dem Hochmut meiner acht Jahre: »Selbst wenn das Land eine Wüste ist, so ist es eine palästinensische Wüste. Ihr dürft dort nicht hingehen.« Riquette glaubte, Frankreich habe uns verfolgt. Dagegen war mein Eindruck, dass es uns beschützt hatte. Ich hatte keine Familie mehr, fand aber, dass Margot Farges, die Pächterin Marguerite, der Schuldirektor Monsieur Lafaye, die Krankenschwester und viele andere enorme Risiken auf sich genommen hatten, um ein Kind aufzunehmen und zu beschützen, das sie nicht kannten. Für mich waren die Franzosen, die kollaboriert hatten, nicht die echten Franzosen – sie hatten sich auf die Seite der Deutschen geschlagen.

Das Trauma der Erinnerung

Vierzig Jahre Schweigen.
Was nicht heißt, vierzig Jahre ohne stumme Erzählungen und Berichte. Denn ich selbst habe mir meine Geschichte oft erzählt, aber anderen nicht. Ich hätte gern davon gesprochen. Ich spielte darauf an, kam auf die Ereignisse von früher zu sprechen, aber jedes Mal, wenn ich ein Stückchen Erinnerung preisgab, ließ mich die Reaktion der anderen verstummen, weil sie verwirrt waren, skeptisch oder allzu fixiert auf mein Unglück. Ich hätte gern ganz einfach von meinen Erlebnissen gesprochen, aber kann man darüber einfach sprechen?
Durch glückliche Umstände ergab sich eine Situation, die mir das Sprechen ermöglichte. 1985 organisierte der Psychiater und Anthropologe Philippe Brenot ein Kolloquium zum Thema »Langages«[12] – Sprache. Es waren bedeutende Wissenschaftler anwesend, Leute, die ich bewunderte: Jacques Cosnier, ein Psychoanalytiker und Verhaltensforscher, der Physiologe Claude Bensch sowie Max de Ceccatty, ein Histologe und Spezialist für Zellkommunikation.
Zum ersten Mal seit 1945 kam ich nach Bordeaux zurück. Alles ließ sich prächtig an, die Menschen waren heiter, freundlich und interessant. Ich hielt einen Vortrag über die Zeichen, die Tiere ihrem eigenen Spiegelbild übermitteln. Claude Bensch machte mir Komplimente, was mich sehr freute.

Vor meinem Referat gab es jedoch eine kleine Aufregung. Auf den Fluren des Centre André-Malraux sprach mich eine junge Frau an: »Ich bin die Tochter von Suzanne Farges.« Suzanne war jene Schwester von Margot, die sonntags zu Besuch kam und mir beizubringen versuchte, wie eine Katze zu essen. Hätte sich die junge Frau von vorne genähert, hätte ich mich auf die übliche Weise vorgestellt. Da es jedoch sehr voll war, musste sie sich durch die Menge zwängen und stand neben mir, als sie mich ansprach. Da das Vorstellungsritual nicht auf konventionelle Weise vonstattenging, war ich etwas gehemmt, außerdem rief man mich gerade auf das Podium. Die Umstände hatten das Treffen verdorben. Was sollte ich einer Unbekannten sagen, die meine Kindheit kannte, die es zu verbergen galt? Die es zu verschweigen galt?

Nach dem Vortrag stellten die anwesenden Fachleute ihre Fragen. Ein kleiner Herr verlangte das Mikrofon, stand auf und sagte mit tränenerstickter Stimme: »Boris, ich habe dich während des Krieges versteckt.« Was sagen? Es sind fünfhundert Personen im Saal, der Mann weint, während er einen Vorfall aus meiner Kindheit erzählt, an den ich überhaupt keine Erinnerung habe. Ich verstehe ihn kaum, weil er so heftig schluchzt und Dinge erzählt, die von einem Kind berichten, das ich nicht kenne. Niemand wagt, ihm das Wort zu entziehen.

»Nächste Frage?« Ein Verhaltensforscher vom Centre national de la recherche scientifique stellt mir eine technische Frage, die mich mein Gleichgewicht wiederfinden lässt, weil sie emotional neutral ist.

Am Ende der Veranstaltung bleibt der Mann auf seinem Platz sitzen. Ich setze mich neben ihn. Er redet und redet, gibt mir eine Visitenkarte und erzählt mir, dass ich, als ich bei ihm war, immer wieder gesagt hätte: »Ich hatte früher auch eine Mama.« Er berichtet, dass er jetzt in einem Seniorenheim lebe, wir tauschen unsere Adressen aus, er wird abgeholt, ich stecke seine Visitenkarte zu Dutzenden anderen in meine Tasche, ich habe seinen Namen nicht verstanden, ich weiß nicht mehr, auf welcher Karte ich seine Adresse finde. Noch eine misslungene Begegnung.

Später wird Margot mir erzählen, dass dieser Mann 1944 sein Leben aufs Spiel gesetzt hat, um mich zu verstecken. Er hieß André Monzie. Ich habe nicht die geringste Erinnerung daran. Wir haben höflich miteinander korrespondiert: Was hätte ich schreiben sollen? Es gibt keine Worte, die genügen könnten.

1995 (glaube ich) lädt FR3 Aquitaine mich zur Präsentation eines meiner Bücher ein. Nach der Sendung reicht mir eine Journalistin ein Stück Papier: »Eine Dame hat angerufen, sie lässt fragen, ob Sie nicht der kleine Boris sind, dem sie bei der Flucht geholfen hat. Hier ist ihre Telefonnummer.«

Ein Taxi bringt mich zu ihr, sie bewohnt ein großes Haus in einem Vorort. Angesichts ihrer heiteren, schlichten Begrüßung kommt keine Befangenheit auf. Sie heißt Descoubès: Es ist die hübsche Krankenschwester, die mich mit Kondensmilch versorgte, die ich umarmte, als ich sechs Jahre alt war, und die mir das Zeichen gab, unter die Matratze der Sterbenden zu kriechen. Ihr Mann ist anwesend, offenbar der junge Marineoffizier, mit dem sie im Grand Hôtel war, an dem Abend, als der Milizionär gelyncht wurde. Er lächelt abwesend und wiederholt immer wieder, dass sein vorgesetzter Offizier ihn nicht erwartete, als sie in Syrien eintrafen.

Ich schildere Madame Descoubès, was ich noch weiß.

Angeregt vergleichen wir unsere Erinnerungen. Viele unserer Gedächtnisbilder gleichen sich bis ins Detail, und wir staunen über ihre Verlässlichkeit. Entzückt vergegenwärtigen wir uns die Begegnung in der Synagoge, unsere gemeinsame Vergangenheit während des Krieges in diesem improvisierten Gefängnis. Ich fände es amüsant, sage ich, dass mir mit sechs Jahren dank ihrer Hilfe die Flucht gelungen sei, aber es verwundere mich doch, dass die Deutschen eine Ambulanz am Fuß der Treppe vor der Synagoge geduldet hätten. »Das war keine Ambulanz«, verbesserte sie mich, »sondern ein Lieferwagen.« Daraufhin erzählte ich von dem Offizier, der in die »Ambulanz« gekommen sei, um die Sterbende zu untersuchen, höchstwahrscheinlich ein Arzt. Er habe eine Ecke der Matratze angehoben, mich erblickt und trotzdem das Zeichen zur Abfahrt gegeben.

»Das war Hauptmann Mayer«, sagte Madame Descoubès. Er habe die Matratze nicht hochgehoben, sondern beim Anblick der Sterbenden gesagt: »Egal, ob sie hier oder woanders krepiert, Hauptsache, sie krepiert.«

Ich hatte mir meine Erinnerungen zurechtgelegt, damit meine Vorstellungen von der Vergangenheit einen schlüssigen Zusammenhang aufwiesen. Da meine Bekannte Krankenschwester war und da die andere Frau starb, musste das Fahrzeug eine Ambulanz und der deutsche Offizier natürlich ein Arzt sein. Das war logisch, aber falsch. Der Lieferwagen war requiriert worden, denn die Frau, die den Kolbenstoß in den Bauch bekommen hatte, war im Begriff, auf dem Erdboden zu sterben. Schlecht für eine Armee, die den Auftrag hatte, die französische Bevölkerung freundlich zu stimmen. Die Menge auf dem Bürgersteig, hinter der Milizkette, beobachtete, wie Juden abtransportiert wurden, um sie zu vernichten. Es galt ihnen zu zeigen, dass das deutsche Heer seinen Auftrag korrekt ausführte.

Ich hatte mir meine Erinnerungen auch so zurechtgelegt, dass ich sie angstfrei ertragen konnte. In meiner Vorstellung der Ereignisse beruhigte mich der Gedanke, dass der deutsche Offizier mich gesehen und trotzdem das Zeichen zur Abfahrt in die Freiheit gegeben hatte. Ich war mir nicht wirklich sicher, es schien mir nur so zu sein ... diese unbewusste Absichtlichkeit ermöglichte mir, die Vorstellung der Ereignisse so umzugestalten, dass sie erträglich wurden und ich diese Erinnerung nicht als unausweichliche Verurteilung empfinden musste. Dank dieser Manipulation wurde ich kein Gefangener der Vergangenheit und entging einer Traumatisierung.

Ich wusste, dass der Vorname von Madame Descoubès Andrée oder Dédé war. Woher kam dieses Wissen? Vielleicht hatte ich am Abend der Ermordung des Milizionärs im Grand Hôtel gehört, dass ihr Verlobter sie so nannte? So können zwei verschiedene Quellen zusammenfließen, um eine einzige Erinnerung zu bilden!

Sie sagte: »Unablässig hast du wiederholt: ›Nein, so was! Einen Tag wie diesen werde ich nie vergessen!‹« Duzte sie mich, weil sie mich als Kind gekannt hatte? Ich weiß es nicht. Aber ich staunte: Da hatte ich also vergessen, dass ich gesagt hatte, ich würde es nie vergessen. Wie kam ich damals darauf, zu denken, ich würde in dem Leben, das mich erwartete, diese Ereignisse nie vergessen, obwohl ich doch wenige Minuten zuvor ganz eindeutig begriffen hatte, dass man mich töten wollte?

Am Abend dieses Wiedersehens mochte sie 75 Jahre alt sein. Sie war noch immer hübsch mit ihren weißen Haaren. Ich gestand ihr, dass ich sie, als sie mir die Milchdosen brachte, sehr hübsch gefunden hatte mit ihren blonden Haaren. Sie lächelte, stand auf und kam mit einem Foto zurück, eine junge Frau in der Schwesterntracht des Roten Kreuzes und wirklich schön mit ihren rabenschwarzen Haaren.

Ist das Leben nicht verrückt? Deshalb ist es so aufregend. Stellen Sie sich vor, wir würden ein friedliches Dasein in vollkommenem Gleichgewicht führen, ohne Ereignisse, ohne Krisen, ohne Traumata, die es zu überwinden gälte – nichts als Routine, nichts, was wir im Gedächtnis abspeichern müssten: Wir könnten noch nicht einmal feststellen, dass wir existieren. Keine Geschichte, keine Identität ohne Ereignisse. Wir könnten nicht sagen: »Das und das ist mir passiert, ich weiß, wer ich bin, weil ich weiß, was ich kann, wenn Schwierigkeiten auftreten.« Menschen sind faszinierend, weil ihr Dasein verrückt ist.

Die Sterbende ist nicht tot

Vor zwei Monaten war ich eingeladen, einen Vortrag beim Telekommunikationsunternehmen Orange in Montrouge zu halten. Perfekte Organisation, lächelndes Personal, eine Dame tritt zu mir und teilt mir in verschwörerischem Ton mit: »Nach dem Vortrag wartet eine schöne Überraschung auf Sie, Madame Blanché ist da.« Für solche Anlässe habe ich mir angewöhnt, eine ekstatische Miene aufzusetzen und ein langgezogenes »Aaaah …« ertönen zu lassen, denn ich habe keine Ahnung, wer Madame Blanché ist.

Nach dem Vortrag werde ich in einen kleinen Raum geführt, wo eine junge Frau zu mir sagt: »Ich heiße Valérie Blanché, ich bin die Enkelin der sterbenden Frau, unter der Sie sich bei Ihrer Flucht versteckt haben.« Staunend verfolgen Menschen, die ich nicht kenne, eine Begegnung, deren Sinn ich nicht verstehe. Schließlich erfahre ich, dass die Sterbende

Gilberte Blanché hieß und dass deren Enkelin vor mir steht. Ich bringe die Daten und Namen durcheinander, daraufhin beschließen wir ein erneutes Treffen an einem ruhigeren Ort.

Valérie gibt mir einen kleinen Aktenordner mit Fotos ihrer Großmutter, die aussieht wie der Prototyp einer spanischen Frau. Sie stammte aus Bordeaux und war 26 Jahre alt, als sie zur selben Zeit wie ich und weitere 227 Personen festgenommen wurde. Nach meiner Erinnerung hatte sie einen Kolbenhieb erhalten, der ihr die Milz zerriss, weshalb sie im Begriff war, an einer inneren Blutung zu sterben.

Was für eine merkwürdige Erinnerung! Mit sechs Jahren mochte ich verstanden haben, dass sie im Sterben lag, aber der Kolbenhieb, woher wusste ich von dem? Ich hatte ihn nicht gesehen. Und wie kam es zur Vorstellung von einem Milzriss, der eine innere Blutung verursachte?

Ein Bild hat sich meinem Gedächtnis jedoch unauslöschlich eingeprägt: Der Hintergrund des Fahrzeugs ist dunkel ... auf einer Matratze liegt eine Dame auf ihrer linken Seite, das Gesicht gegen die Wand gewendet ... Die Schwester lässt mich rasch in das Fahrzeug klettern ... Jemand hebt die Matratze hoch ... ich krieche darunter, die Matratze senkt sich wieder ... Ich rühre mich nicht ... Ich spüre das Gewicht der Frau auf mir. Dann sehe ich den deutschen Soldaten in den Lieferwagen klettern, um die Frau zu untersuchen. Ich kann ihn unmöglich gesehen haben. Sicherlich habe ich seine Schritte gehört, einige Bewegungen über mir gespürt, aber auf keinen Fall habe ich ihn gesehen.

Um diese Erinnerungen zusammenzusetzen, habe ich mich aus verschiedenen Quellen bedient: Exakte Erinnerungsbilder ergänzte ich durch andere Informationen – die Geräusche und Bewegungen des Soldaten, einige Wörter, die ich möglicherweise aufschnappte: »Können wir fahren? ... Wird sie sterben? ...«, und eine Vorstellung, die ich später erworben habe, als ich Medizinstudent war und erfuhr, dass ein heftiger Schlag auf den Bauch einen Milzriss und eine innere Blutung hervorrufen kann.

Indem ich mich aus diesen verschiedenen Quellen bediente, habe ich mir einen zusammenhängenden Gedächtnisinhalt zusammengebastelt.

Valérie erzählt mir, im Krankenhaus habe man festgestellt, dass die Bauchdecke ihrer Großmutter durch die Kolbenschläge gerissen war. Durch die Operation entkam sie Auschwitz! Sie berichtete ihrer Enkelin, dass sie sich oft gefragt habe, was aus dem Kleinen geworden sei, der sich unter ihr versteckt hatte. Vierzig Jahre lang hatte sie nach ihm gesucht. Als sie vier Jahre alt gewesen sei, erzählt Valérie, habe die Großmutter zu ihr gesagt: »Die Deutschen haben mir und dem Kleinen das Leben gerettet, als sie mich misshandelten und für tot hielten ...« Dann fügte die Großmutter noch einen Satz hinzu, der Valéries Leben stark beeinflusste: »Man darf kein Jude sein, denn wenn die Deutschen wiederkommen, stecken sie alle Kinder in einen Güterwagen und bringen die Eltern in ein Durchgangslager und deportieren sie ... nach Auschwitz, um sie umzubringen ...‹ Ich wusste noch nicht einmal, was es bedeutet, Jüdin zu sein ...«

In einem Alter, in dem die kleinen Mädchen Geschichten über Prinzessinnen lieben, hörte Valérie eine Schauergeschichte, ohne sie zu verstehen: »Was heißt es, Jüdin zu sein? Weshalb steckt man Kinder in Güterwagen, um sie zu töten?«[13]

Gilberte Blanché, die Überlebende, hätte lieber nicht darüber gesprochen, doch als ihre Enkelin eines Abends in das Zimmer der Großmutter platzte, sah sie deren Bauch, entstellt durch die Narben und chirurgischen Nähte. Das Mädchen dachte, ihr Großvater habe die Großmutter so zugerichtet. Daraufhin musste diese es dem Kind erklären.

Dieses gemeinsame »Geheimnis« schuf eine Art Komplizenschaft zwischen Großmutter und Enkelin, welche die Großmutter häufig von dem »Kleinen« erzählen hörte: »Ich habe ihn mit meinem Blut beschmutzt«, sagte Gilberte. »Aber nein, du hast ihn mit deinem Blut gerettet«, erwiderte ihr die kleine Valérie.

Später interessierte sich Valérie für die Bücher über Resilienz – seelische Widerstandskraft –, ohne zu wissen, dass ihr Autor eben dieser »Kleine« war. Bis zu dem Tag, an dem sie mein Buch *Je me souviens*[14] las, das den überraschenden Zusammenhang herstellen konnte: Der Kleine war endlich wiedergefunden, aber Gilberte verließ die Welt genau zu diesem Zeitpunkt, ohne dass sie ihm noch einmal begegnen konnte.

Ich habe keine Erinnerung daran, dass ich mit Blut befleckt war, keine Erinnerung daran, wie ich aus dem Lieferwagen kam. Mein nächstes Erinnerungsbild ist der Kochtopf und die Verwünschung des Kochs: »Dieses Kind ist gefährlich!«

In einem gesunden Gedächtnis bildet sich eine zusammenhängende und beruhigende Ich-Vorstellung aus: »Jeden Sommer kommt die Familie in einem Landhaus ohne jeden Komfort zusammen, wo wir unsere Tage damit verbringen, Mahlzeiten zuzubereiten, spazieren zu gehen und mit den Cousins und Cousinen zu spielen.« Der Umstand, dass ich mich an die Menschen erinnere, die ich liebe, und an die, über die ich mich ärgere, die Vergegenwärtigung der Spiele, in denen ich gut bin, und der Spiele, die ich nicht beherrsche, ermöglicht mir, mein künftiges Verhalten zu planen. Diese zusammenhängende Vorstellung von mir, gibt mir Zuversicht, weil ich fortan weiß, was ich tun muss, um mich wohl zu fühlen: Ich werde mit Cousine Berthe ausreiten, mit Angèle Tischtennis spielen und Onkel Alfred aus dem Weg gehen, weil mir seine Neckerei auf die Nerven geht. Indem ich diese Erinnerungen miteinander verbinde, schaffe ich mir eine klare Vorstellung, auf die ich mich verlassen kann. Wer ein gesundes Gedächtnis hat, rückt einige Objekte, einige Wörter, einige Ereignisse in den Blick, die sich zu einer klaren Vorstellung zusammenfügen.

Ein traumatisches Gedächtnis kann keine Sicherheit vermittelnde Ich-Vorstellung schaffen, da seine Aktivierung das Bild des Schocks ins Bewusstsein ruft. Das plötzliche Eintreten eines unerklärlichen Ereignisses: Wie wollen Sie ein Todesurteil einordnen, das plötzlich in der Nacht verhängt wird, an das sich eine lange Zeit der Verfolgung anschließt und das zur Folge hat, dass ein einziges Wort, unbedacht ausgesprochen, das Leben erneut gefährdet? Eine Geste, die Sie verrät, macht Feinde aus Menschen, die Ihnen noch vor einer Sekunde ihre Zuneigung bekundeten und die plötzlich erstarren. Es genügt, das Wort »Jude« auszusprechen, um allgemeine Bestürzung hervorzurufen. Es genügt zu schweigen, um das Recht auf Leben zu erwerben.

Im gesunden Gedächtnis gibt die Ich-Vorstellung vor, was für ein Leben wir führen müssen, um glücklich zu sein. Im traumatischen Gedächtnis lässt ein unerklärlicher Riss das Gedächtnis erstarren und verwirrt das Denken.

Wir können versuchen, um den Preis eines Redeverbots zu leben oder um den einer Verstümmelung des Selbst. Das Schweigegelübde betrifft nur ein bestimmtes Thema, der Rest der Person äußert sich ohne Vorbehalt. Ein solcher Beziehungsstil vermittelt einen rätselhaften Eindruck vom Selbst, der unserer Umgebung nicht verborgen bleibt und sie amüsiert oder befremdet.

Womit lässt sich das Gedächtnis füttern, wenn es keine Ereignisse gibt? Bei verlassenen Kindern, die ihr Leben erzählen, entsprechen die langen Gedächtnislücken den Zeiträumen ihrer Isolation. Die private Welt lässt sich nur mit dem füllen, was andere beisteuern: den Festen, den Auseinandersetzungen, den unvorhergesehenen Ereignissen. Keine zwei Menschen verleihen einer und derselben Tatsache die gleiche Bedeutung. Welche Emotion dem im Gedächtnis abgespeicherten Szenario zugeschrieben wird, hängt von der Geschichte der Person ab. Mit anderen Worten, in derselben Situation konstruiert sich jeder verschiedene Erinnerungen.

Gefängnis der Vergangenheit und Lebenslust

Als ich festgenommen wurde, erwachte ich wieder zum Leben, weil ich vor diesem Bruch in einer schützenden Isolation lebte. In dem Auto, in das ich gestoßen wurde, weinte ein Mann: Auf ihn wartete das Ende seines Lebens.

Hätte mich meine Festnahme nicht aufgemuntert, hätte ich nicht auf die Unterhaltungen der Erwachsenen geachtet, wäre ich den jungen Leuten nicht gefolgt, die nach einer Fluchtmöglichkeit suchten, wäre ich nicht auf die ausgefallene Idee gekommen, mich an die Zimmerdecke zu schmiegen. Niedergeschlagen hätte ich mich in den Schutz der Frau begeben, die die Kinder mit gezuckerter Kondensmilch anlockte, auf die Decke legte und so ihre Deportation in den Tod erleichterte.

Ein gegenwärtiges Ereignis erhält seine Bedeutung durch den Kontext. So erzählt der kleine Maurice, ein Überlebender des Lodzer Gettos: »Ich bin mit dem Zug gefahren, es war das erste Mal, ich war glücklich. Er fuhr mich in den Tod.«[15]

Ohne äußeres Ereignis gibt es nichts, was sich in die innere Welt übernehmen ließe. Bei einem gesunden Gedächtnis ermöglicht uns die klare Vorstellung unseres Selbst, unser künftiges Verhalten zu planen. Wenn eine Katastrophe über uns hereinbricht, gelingt es der Routine nicht mehr, das unvorhergesehene Problem zu bewältigen. Wir müssen eine andere Lösung suchen. Geht der Riss jedoch über unsere Kräfte, weil er zu tief ist oder weil wir vorgeschädigt sind, leiden wir unter tiefer Verstörung, Betäubung und seelischer Qual.

Klinisches Merkmal des Traumas ist ein spezielles Gedächtnis: Zudringlich bemächtigt es sich mit seinen schmerzlichen Szenarien unserer Seele. Als Gefangene der Vergangenheit sind wir unablässig den unerträglichen Bildern ausgesetzt, die nachts unsere Albträume bevölkern. Ganz banale Vorfälle des Alltags reaktivieren den Riss: »Der Schnee, der andere an die Weihnachtsferien in den Bergen denken lässt, ruft bei mir das Bild der gefrorenen Leichen in Auschwitz hervor…«, sagt der Überlebende.

»Der blaue Himmel und die Hitze beschwören unabänderlich das japanische Lager, in dem ich fast gestorben wäre«, erinnert sich Sidney Stewart.[16]

Das traumatische Gedächtnis versetzt ein betroffenes Kind in einen ständigen Alarmzustand: Wird es misshandelt, erwirbt es eine lähmende Wachsamkeit, hat es in seiner Heimat Krieg erlebt, fährt es auch weiterhin beim geringsten Geräusch zusammen, selbst wenn längst wieder Frieden herrscht. Gebannt von den Schreckensbildern, die sich in seinem Gedächtnis eingenistet haben, entfernt sich das traumatisierte Kind von der Welt, die es umgibt. Es erscheint gleichgültig, abgestumpft, lethargisch. Seine Seele, die von dem erlebten Unglück in Beschlag genommen wird, erlaubt ihm nicht, sich für die Menschen und Ereignisse in seiner Umgebung zu interessieren. Er wirkt distanziert und abweisend, obwohl die private Welt in seinem Inneren in Aufruhr ist.

Diese Auswirkungen des traumatischen Gedächtnisses rufen in der Umgebung des Betroffenen Reaktionen hervor, die seine Beziehungen verändern. Um sein Leiden zu lindern, vermeidet er die Orte, an denen er das Trauma erlitten hat, und alle Situationen oder Orte, die ihn daran erinnern könnten. Vor allem aber hütet er sich vor den Wörtern, die die Wunde wieder aufreißen könnten. Schwierig ist es, eine Beziehung zu ihm herzustellen, denn er ist verletzt und stumm und sucht von sich aus die Rolle des Unbeteiligten. Der Umstand, dass er sich so defensiv verhält, sein Leiden abkapselt, hindert ihn daran, seine Gefühle mitzuteilen. Als Gefangener seines Über-Gedächtnisses, im Bann einer schrecklichen Bilderwelt, ist der traumatisierte Mensch für andere nicht erreichbar. Er ist nicht mehr frei für den Versuch, zu verstehen und sich verständlich zu machen. Von den anderen isoliert, fühlt er sich allein, aus der menschlichen Gesellschaft ausgestoßen: »Ich bin nicht wie die anderen ... Bin ich vielleicht ein Monstrum?«

Ich frage mich, warum ich nicht unter dieser Gedächtnisform gelitten habe. Vielleicht weil ich begriffen habe, dass es genügt zu schweigen, um ungehemmt sprechen zu können. Lassen Sie mich erklären: Man braucht nur das Wort »Jude« nicht auszusprechen. Kein Problem, ich wusste ja nicht, was das Wort bedeutete. Ich hatte nie einen Juden in meiner Umgebung gesehen. Ich habe Erinnerungen an »Mutter«: an den Tag, an dem sie stand und wartete, bis ich meine Schuhbänder geschnürt hatte; an den Tag, als sie mich nötigte, die kleine Puppe zurückzubringen, die ich im Spielwarengeschäft gestohlen hatte; den Tag, als wir auf die Jagd nach Flöhen gingen und kreischend vor Lachen aufs Bett fielen. Und an viele ähnliche Szenen.

Ich habe Erinnerungen an »Vater«, wenn er in seine Tischlerwerkstatt ging, um zu arbeiten, wenn er mich um den Tisch jagte, um mich für ich weiß nicht was zu bestrafen, wenn er die Zeitung las und sagte: »Oi, Oi, Oi.«

Zum ersten Mal hörte ich das Wort »Jude« in der Nacht meiner Festnahme, als der Polizist Madame Farges erklärte, man müsse mich ins Gefängnis stecken, weil ich eines Tages ein Verbrechen begehen würde.

Bei der Befreiung Castillons hatte mich ein winziges Vorkommnis verunsichert. Als der Widerstandskämpfer sagte: »Wir haben einen Toten und drei Verwundete«, und ich erwiderte, das seien doch nicht viele, erklärte ihm der Unbekannte, der sich mit ihm unterhielt, man dürfe mir meine Antwort nicht übelnehmen, denn ich hätte meine Familie verloren. Dann hatte er mich gefragt, ob ich Albträume oder plötzliche Wutanfälle hätte. Folglich wusste er von meiner Festnahme, meiner Flucht und davon, dass mich Monsieur Lafaye in seiner Schule versteckt hatte. Da konnte ich so viel schweigen, wie ich wollte, dieser Unbekannte war darüber informiert, dass ich mich verstecken musste, um ein Recht auf Leben zu haben! Er wollte sogar in meine Seele eindringen, um in Erfahrung zu bringen, ob diese Ereignisfolge Albträume bei mir auslöste.

Ich meine, mich zu erinnern, dass ich dachte: Man versteckt sich nie gut genug. Ich muss fort von hier, irgendwohin, in ein Land, in dem niemand meine Geschichte kennt. Erst dann werde ich frei sein. Je besser ich zu schweigen lerne, desto freier kann ich sprechen. Jedenfalls denke ich heute, dass ich damals so gedacht habe. Wahrscheinlich habe ich in meiner kindlichen Sprache nicht diese Wörter verwendet, aber ich muss so empfunden haben.

Es hieß, ich sei geschwätzig wie eine Elster, würde ständig Geschichten erzählen und Fremde auf der Straße ansprechen. Wer wäre auf die Idee gekommen, dass ich redete, um zu schweigen? Die Wörter, die ich sagte, dienten dazu, die, die ich nicht sagen durfte, zu verbergen. Meine Beziehungsstrategie war klar: mit den anderen schwatzen, um sie zu amüsieren, zu unterhalten und mich hinter den ausgetauschten Wörtern zu verbergen. Dieser Schutz gab mir die Möglichkeit, mir selbst andere Geschichten zu erzählen, die das Fundament meines geistigen Lebens bildeten. Ich erzählte mir, was ich nicht sagen konnte. Durch die ständigen Wiederholungen vereinfachte sich mein Bericht. Während sich bestimmte Erinnerungen deutlicher abzeichneten, traten andere in den Schatten zurück. Ich erzählte mir die Flucht, oder vielmehr sah ich sie vor mir, wie im Kino. In allen Einzelheiten malte ich mir die Freundlichkeit des Soldaten in der schwarzen Uniform aus, wie er mir die Fotos von seinem kleinen Jungen gezeigt hatte, und staunte über den Stabsarzt, der das Zeichen gegeben hatte, auf das hin ich unter der sterbenden Frau meiner Befreiung entgegenfuhr: Ich gab mir Mühe, mich zu täuschen, und legte mir meine Erinnerungen so zurecht, dass sie erträglich wurden!

Am Ende redete ich mir gar den Schrecken schön: die Freundlichkeit des Soldaten in Schwarz, die Nachsicht des Militärarztes, die Schönheit der Krankenschwester, der Schutz durch den großen Jungen, der mich »Kleiner« nannte, das Lachen der Landarbeiter, die mir zu viel Wein einflößten, die Kameradschaft meines Freundes, des Straßenjungen, mit dem ich Steine warf und Muskatellertrauben stahl – alle diese echten, aber vorteilhaft arrangierten Erinnerungen halfen mir, die Vergangenheit nicht als leidvoll zu erleben.

Am Ende ergab sich ein Bild, das gar nicht so schlecht war. Was störte, ließ ich beiseite: den Pfadfinder, der mich verraten hatte, den Koch, der vor Wut brüllte, als er mich sah, die Nonne, die das Tor schloss und mich draußen stehen ließ, weil ich ein gefährliches Kind war.

Ein wenig ärgerlich war ich auf die Lehrer: Um mir bei der Flucht zu helfen, hatten sie mir eine Kapuze übergestülpt, vorzeitig zum Ende der Pause gepfiffen und einen dichten Ring um mich gebildet. So wollten sie mich vor den Blicken der Kinder schützen, die an den Fenstern standen und ganz aufgeregt waren bei dem Gedanken, einer Rettungsaktion beizuwohnen. Indem die Lehrer mich so abschirmten, machten sie einen eventuellen Denunzianten erst auf mich aufmerksam! Natürlich gingen sie ein Risiko ein, aber ich glaube, sie gefielen sich auch in der Rolle der Retter. Ich mochte ihr Getue nicht.

Dieses Arrangement mit meinem Gedächtnis verlieh dem Aberwitz Zusammenhang, machte den Schrecken erträglich und verwandelte ihn sogar in eine Abenteuergeschichte. Ich hatte meine Verfolger an der Nase herumgeführt, ich war gerissener gewesen als die deutsche Armee und die Gestapo zusammen. Fast empfand ich ein Gefühl der Stärke: Um frei zu sein, brauchte man nur zu schweigen und zu handeln, ohne Erklärungen abzugeben.

So hatte ich mir einen Beziehungsstil zugelegt, der kennzeichnend für mein künftiges Leben werden sollte. Dieses ganz private Erzählprojekt verlieh meinem Gedächtnis eine Struktur, die das Unerträgliche verschönte. Ich war kein Spielball des Schicksals mehr, sondern wurde das Subjekt der Geschichte, die ich erzählte, vielleicht sogar ihr Held!

Seltsame Klarheit

Mir war nicht bewusst, dass ich den anderen durch mein Schweigen einen seltsamen Eindruck von mir vermittelte: »Während er sich klar und verständlich äußert, hört man wie ein Echo das Murmeln seiner Phantome.« Nach dem Krieg müssen viele meiner Schulfreunde so etwas Ähnliches empfunden haben, denn sie brachten mir eine bemühte Freundlichkeit entgegen, die ihre Verwirrung verriet.

Ich denke an Max, der mich mit seltsamen Geschenken überschüttete. Er war elf oder zwölf, als er mir Taschen voll Wäsche von seinem Vater in die Schule brachte, von seiner Mutter sorgfältig geplättet. Dann stellte er mir viele Fragen über meine Familie. Meine Antwort bestand darin, dass ich meine Gastfamilie mächtig herausstrich: »Mein [Gast-] Vater organisiert Stadtteilfeste. Meine [Gast-] Mutter spricht mehrere Sprachen.« Ich log nicht, wenn ich »mein Vater« sagte, aber Max muss das »Gast-« wie eine murmelnde Begleitung herausgehört haben. Und wenn ich behauptete, meine Mutter spreche mehrere Sprachen, ermöglichte mir diese Wahrheit, unerwähnt zu lassen, dass sie Französisch mit Akzent, ein wenig Polnisch und fließend Jiddisch sprach.

Dank dieser sprachlichen Unschärfe konnte ich meine Gastfamilie schützen und sie in einem günstigen Licht präsentieren, um mich als normales Kind darzustellen, als jemanden, der wie alle anderen war.

Ich wusste, dass Max seinen Eltern von mir erzählte, denn sie gaben ihm kleine Geschenke für mich mit: eine Zeichenmappe, einen Tuschkasten, zwei lange Unterhosen, drei Hemden. Seltsam, oder? Wie gesagt, er stellte mir viele Fragen über meine Familie.

Wenn die Phantome ihr Echo zu unseren Äußerungen erzeugen, sind sie oft als leises Nuscheln vernehmbar: Er hat eine merkwürdige Art »meine Mutter« zu sagen. Es ist komisch, wenn er von seiner Familie spricht, muss Max gedacht haben. In seinem Bestreben, mir zu helfen, hat er sicherlich nicht geahnt, dass er mir damit Verdruss bereitete. Indem er mich zwang, ans Licht zu holen, was ich lieber im Dunkeln gelassen hätte, wurde er zum Aggressor, ohne es zu wollen. Ich sagte »meine Mutter«, ohne es wirklich zu glauben, aber hätte ich »meine Tante« gesagt, hätte ich damit Tür und Tor geöffnet für eine Flut von Fragen über einen chaotischen, gefährlichen, bedrückenden Abschnitt meines Lebens, in dem der Tod allgegenwärtig war. Hätte ich das einfach sagen können? Wenn Max mich in seiner bemühten Freundlichkeit aufforderte, eine Geschichte zu erzählen, die ich mir unaufhörlich vorsagte, aber für nicht mitteilbar hielt, verursachte er bei mir Unbehagen.

Dieses beunruhigende Freundschaftsverhältnis ist wunderbar in Louis Malles Film *Auf Wiedersehen, Kinder* dargestellt. Am 15. Januar 1944 umstellen deutsche Soldaten das Internat *Couvent des Carmes* in der Nähe von Fontainebleau. Drei Schüler werden vor den Augen ihrer schreckensstarren Kameraden im Unterricht verhaftet. »Die Festnahmen werden von Gestapo-Angehörigen in Zivil vorgenommen. Sie sind gut informiert: Sie gehen direkt in die jeweiligen Klassen der Juden, ›eine detaillierte Denunziation hatte der Gestapo die Namen der Kinder, die räumlichen Verhältnisse und den Stundenplan der Schule bekanntgegeben.‹«[17]

Im Oktober 1943 kommt Jean Bonnet an die Schule und macht Louis Malle den Rang des Klassenbesten streitig.[18] Sie werden gute Freunde. Die Schlafsäle sind riesig, die Mahlzeiten spärlich, aber die Warmherzigkeit der Priester prägt die

Erziehung und die menschlichen Beziehungen. Louis schließt sich Jean an, den er bewundert, der ihn aber auch mit seiner Mischung aus Reife und Zurückhaltung verwirrt. Wie alle Kinder erzählt Louis von seiner Familie, ist aber befremdet, als Jean, der gewöhnlich sehr klar in seinen Äußerungen ist, stockend und ausweichend antwortet, als er von seiner Mutter berichtet.

An einem Wintermorgen »traten zwei Deutsche in Zivil in die Klasse und unterbrachen den Unterricht ... zweimal riefen sie Bonnet auf. Das erste Mal bedeutete ihm der Lehrer, sich nicht zu rühren, beim zweiten Mal stand Bonnet heiter auf und gab uns allen die Hand. Der Lehrer weinte. Wir verstanden nichts.«[19]

Plötzlich fällt es Louis Malle wie Schuppen von den Augen, das Rätsel ist gelöst: Jean Bonnet ist Jude! Das erklärt sein seltsames Verhalten: Dieser ausgezeichnete Schüler und gute Kamerad ist immer in Begleitung eines Phantoms, das verantwortlich ist dafür, dass er ins Stocken gerät und ausweichend antwortet, wenn man ihn nach seiner Familie fragt oder wissen möchte, aus welchem Ort er kommt.

Vierzig Jahre lang haben die Kinder aus dieser fünften Klasse ihr Leben gelebt und die Erinnerung an dieses unbegreifliche Ereignis im Gedächtnis bewahrt: »Unsere Kameraden sind verschwunden. Wir kennen weder ihren Namen noch ihre Geschichte oder die ihrer Familie. Die Operation *Nacht und Nebel* war erfolgreich.«[20]

Später erfuhr Louis Malle, dass sein junger Freund Hans-Helmut Michel, ein gebürtiger Frankfurter, am 6. Februar 1944 eine der Gaskammern in Auschwitz betrat.[21] Pater Jacques, der Direktor des Internats, hingegen starb während der Deportation nach Mauthausen.

Sein Leben lang hat Louis Malle sich gefragt, ob nicht eines der Kinder den Kameraden an die Gestapo verraten hat, indem es ihm unwillkürlich einen Blick zuwarf, als es plötzlich erfuhr, welches Geheimnis sein Kamerad verbarg. Vernünftig betrachtet, ist der Gedanke eher unwahrscheinlich, aber leider ein hartnäckiges Phantasma![22]

Traumatisches Gedächtnis

Wenn man Derartiges erlebt hat, wird eine Gedächtnisspur, ein kleiner Schaltkreis, in unserem Gehirn angelegt. Wir werden hypersensibel für eine bestimmte Informationsart, für die unser Bewusstsein fortan weitaus geschärfter ist. So entsteht die »verschlossene Welt des impliziten Gedächtnisses … – der nichtbewußten Beeinflussung unserer Wahrnehmungen, Gedanken und Handlungen durch frühere Erlebnisse«.[23]

Die Welt, die ich mit meiner erworbenen Sensibilität wahrnehme, bestätigt die Spur, die die Vergangenheit in meinem Gedächtnis hinterlassen hat: Wenn ich schon einmal in Gefahr gewesen bin, kann ich die Zeichen leichter erkennen. Kinder, die misshandelt wurden, nehmen das kleinste Indiz wahr, das auf Misshandlung hindeutet: Wenn die Kiefer sich kaum wahrnehmbar zusammenpressen, der Blick plötzlich starr wird, sich ein Stirnrunzeln andeutet, weiß das Kind, dass ein Gewaltakt bevorsteht. Ein Erwachsener, dem diese Erfahrung erspart blieb, würde vielleicht sagen, das Kind bilde sich das ein, es übertreibe.

Die Erinnerung fußt auf einem anderen Gedächtnis: Ich suche mir aus meiner Vergangenheit die Bilder und Wörter heraus, aus denen ich eine Szene zusammensetzen kann, die mich repräsentiert. Für meine Gedächtnisspuren brauche ich keine Erinnerungen. Das Gedächtnis meines Körpers ist nicht auf Szenen angewiesen, um Rad zu fahren. Meine Muskeln und Gleichgewichtsorgane haben eine körperliche Gewandtheit erlangt, die ohne Erinnerungen auskommt. Doch als Louis Malle sich an seine seltsame Freundschaft mit Jean Bonnet erinnerte und einen Film daraus machte, organisierte er die Repräsentation dessen, was sich zugetragen hatte. Deshalb kann er glauben, er habe der Gestapo vielleicht seinen Freund verraten, genauso wie er entscheiden kann, einen Film zur Erinnerung an seinen Freund zu machen. Er lässt die Vergangenheit nicht wieder aufleben, sondern rekonstruiert ihre Repräsentation.

Die Vorgehensweise des traumatischen Gedächtnisses weist eine gewisse Ähnlichkeit auf: ein klares, erstaunlich genaues Vorstellungsbild, umgeben von verschwommenen Wahrnehmungen, eine Gewissheit, umhüllt von Annahmen. Diese Gedächtnisart, die einer biologischen Prägung weitgehend ähnelt, ist nicht unauslöschlich, obwohl sie im Gehirn als Spur angelegt ist. Sie entwickelt sich entsprechend der biografischen Ereignisse, die das Gehirn veranlassen, unterschiedlich zu reagieren. Wenn sich das Milieu wandelt, schüttet das Gehirn unter dem Einfluss veränderter Reize nicht mehr die gleichen Substanzen aus. Jedes Trauma verändert die zerebralen Funktionen: Die DNA-Methylierung und das Auftreten von Histonen sind die häufigsten Modifikationen. Fortan wird das Gen nicht mehr wie vorher exprimiert, und wir schenken den gleichen Signalen keine Beachtung mehr. Die epigenetischen Veränderungen treten sehr früh auf[24]: Neueste Untersuchungen zeigen, wie nachhaltig sich pränatale Belastungen und Beeinträchtigungen der affektiven Nische Neugeborener auswirken. Auch wenn die Mutter in erster Linie für die Organisation dieser sensorischen Nische zuständig ist, kann man sie nicht für den Krieg verantwortlich machen, der die Familie zerstört, für die wirtschaftliche Notlage, die zum Verfall des Wohnraums führt, oder für die häusliche Gewalt, die von einem alkoholkranken Vater ausgeht! Unter all diesen Fällen leidet das emotionale Umfeld des Babys, sodass die Reize, die auf sein Gehirn einwirken, nicht mehr gleichmäßig und ausgewogen sind.

Die widrigen Bedingungen schaffen ein Milieu, das die Entwicklung des Kindes stören kann. Die Folge kleiner täglicher Traumata reißt immer wieder Wunden auf, die zwar weniger spektakulär sind als die Folgen einer Naturkatastrophe oder einer Festnahme durch die Gestapo, die aber trotzdem die Entwicklung schädigen. Solche epigenetischen Probleme verstärken die seelische Anfälligkeit des Kindes. Fortan kann eine Nichtigkeit eine Verletzung hervorrufen.

Wenn es gelingt, jene Störungen im sozialen Umfeld des Kindes zu beseitigen, die die Verarmung seines emotionalen Umfelds bewirken, indem wir Beziehungen verändern oder eine Ersatzumwelt vermitteln, kann die erworbene neurologische Verletzlichkeit verschwinden.[25]

Dies bedeutet, dass nicht alle Gehirne gleich reagieren, sondern in Abhängigkeit von ihrer Struktur vor dem traumatischen Erlebnis. Ein Kind, das während seiner ersten Lebensmonate in einer sicheren Bindung gelebt hat,[26] ist nicht so anfällig für seelische Verletzungen wie ein Kind, das schon Leid erfahren hat, weil es krank war oder weil sein frühkindliches Umfeld durch eine Existenzkrise aus dem Gleichgewicht geraten ist.

Die Wirkung eines verstörenden Ereignisses ist weniger traumatisch, wenn das bindungssichere Kind zuvor ein wichtiges Instrument der emotionalen Bewältigung erworben hat: die Fähigkeit, sich sprachlich zu äußern.

Mit Hilfe bestimmter natürlicher Situationen lässt sich dieser Schutzfaktor analysieren. Wenn ein Zwillingspaar beim Militär ist, kann es vorkommen, dass einer der beiden Brüder in die Schlacht geschickt wird und traumatisiert zurückkehrt. Es gibt validierte Tests zur Bewertung des visuellen und sprachlichen Gedächtnisses. Dabei stellt sich heraus, dass der traumatisierte Zwilling beim sprachlichen Gedächtnis sehr schlecht abschneidet.[27] Man könnte sogar sagen, dass er ein zu ausgeprägtes visuelles Gedächtnis besitzt, denn er leidet unter einer posttraumatischen Belastungsstörung (PTBS), bei der seine innere Bilderwelt immer wieder von sogenannten Flashbacks, grauenvollen visuellen Gedächtnisinhalten, überflutet wird.

Unterziehen wir jedoch den nicht traumatisierten Zwilling dem gleichen Test, stellen wir fest, dass auch er eine niedrige Punktzahl beim sprachlichen Gedächtnis erzielt. Folglich ist der Schluss erlaubt, dass es auch bei ihm, wäre er den gleichen schrecklichen Ereignissen ausgesetzt gewesen, zu einer PTBS gekommen wäre.

Andere Studien zeigen, dass Soldaten, die besser mit dem Instrument der Sprache umgehen können, seltener unter der PTBS leiden.[28] Daraus können wir schließen, dass die beiden wertvollsten Schutzfaktoren die sichere Bindung und die Fähigkeit der Verbalisierung sind. Der Umstand, dass wir in der Lage sind, uns von dem, was uns zugestoßen ist, eine sprachliche Vorstellung zu machen, und jemanden zu finden, dem wir von ihr berichten können, erleichtert die emotionale Bewältigung. Das Gefühl der Sicherheit hindert also das visuelle Gedächtnis daran, sich unserer inneren Welt zu bemächtigen und ihr seine Schreckensbilder aufzuzwingen. Alle PTBS-Opfer haben ein klares visuelles Gedächtnis und ein schlechtes sprachliches Gedächtnis.[29]

zu anderen erleichterte. So war ich in der Lage, die Hilfe von vielen Menschen anzunehmen – von Margot Farges, Andrée Descoubès, André Monzie, André Lafaye, der Pächterin Marguerite, einem Gendarmen, dessen Namen ich nicht kenne, und tausend anderen Unbekannten, die ich noch nicht einmal wiedererkennen würde. Sie alle waren Teil meiner Geschichte ohne Worte.

Naiv habe ich geglaubt, die Ereignisse des Krieges hätten genügt, um das ganze Ausmaß meines Traumas zu bestimmen. Heute frage ich mich, ob nicht der Umstand, dass ich mich auch noch im Frieden zum Schweigen gezwungen sah, eine viel größere seelische Verletzung hervorgerufen hat.

Kapitel zwei

Ein schmerzlicher Friede

Die Erwachsenen sprachen von »Kapitulation«, Bombenangriffen auf Berlin und der Besetzung Deutschlands. Dank der Lebensmittelkarten konnte man jetzt ein wenig Schwarzbrot mit Kartoffeln essen und nicht mehr nur Topinambur und Steckrüben. Als Jugendlicher bekam man sogar zusätzliche Marken für Schokolade. Das war klasse!

Schreiben als Trauerarbeit

Ich war zu Margot zurückgekehrt, deren Familie wieder zusammenfand, und hatte mich unter dem Küchentisch niedergelassen, wo ich gewissermaßen meine eigene Hütte hatte. Als Madame Farges sagte: »Verstehst du denn nicht, dass seine Eltern nie, nie wiederkommen?«, wandte sie sich an Margot, von der mir mein Aufenthaltsort unter dem Tisch nur einen Blick auf die Beine freigab. Keine andere Erinnerung als diese kurze Szene, doch diese Worte fraßen sich in meine Seele, noch heute höre ich sie. Genau genommen, höre ich sie nicht, aber ich weiß, dass sie ausgesprochen wurden.

Logischerweise muss diese Szene 1945 stattgefunden haben. Mein Vater hatte seit 1939 in der Fremdenlegion gedient; ich hatte ihn bei einem Heimaturlaub in Uniform gesehen und ein anderes Mal im Lager Mérignac, wo er still und stumm auf einer Holzpritsche saß. Dann war er verschwunden. Meine Mutter muss 1942 festgenommen worden sein.[1] Ich habe sie nie wiedergesehen.

Der Satz, den ich dort unter dem Tisch gehört hatte, diente mir als Trauerritual. Madame Farges hatte ihn mit lauter Stimme gesprochen, weil sie böse war. Zwar war ich schon lange Waise, aber dank dieser unwillkürlichen Zeremonie vernahm ich die Ankündigung, dass ich ein anderes Leben würde führen müssen, ohne sie.

Ich erinnere mich, dass ich daraufhin eine Zeitung hinter dem Tisch ergriff und sie auf dem Boden ausbreitete, wobei ich mir sagte: »Da muss es doch ein paar Zeilen von meinen Eltern oder ein Foto von ihnen geben. Man kann nicht so einfach verschwinden. Ich muss unbedingt lesen lernen, um festzustellen, wer sie waren.«

Heute staune ich über die Ähnlichkeit mit dem Schicksal Georges Perecs. 1939 ging sein Vater wie alle neu angekommenen polnischen Juden und spanischen Republikaner zur Fremdenlegion. Er verschwand. Vielleicht war er ein Freund meines Vaters?

Seine Mutter brachte ihn zur Gare de Lyon. Sie verschwand. Kein erkennbares Trauma, keine Gewalt, nur eine plötzliche Leere. Isoliert, verfällt der kleine Georges zunehmend in einen Zustand seelischer Starrheit. Er kommt in ein Heim in Villard-de-Lans und verlegt sich verstört aufs Warten.

Mit acht Jahren, als der Krieg zu Ende ist, begreift er, dass seine Eltern nicht wiederkommen werden. Daraufhin beschließt er, Schriftsteller zu werden, um ihr Leben in einem Buch zu erzählen, das ihnen als Grabstätte dienen soll.[2] Von diesem Plan beflügelt, wird er ein guter Schüler und stellt sich feierlich vor: »Ich heiße Georges Perec, ich bin acht Jahre und Schriftsteller.«

Ich habe ihn viel später kennengelernt, als er Archivar am Krankenhaus Saint-Antoine war, aber ich wusste nicht, dass ich ihm vielleicht schon in Villard-de-Lans begegnet war, wo er im Gai Logis hinter der Kirche untergebracht war. Bilder von verschneiten Feldern, Erinnerungen an Gebirgsjäger. Ich bewunderte sie sehr mit ihren blauen Uniformen und den großen Baskenmützen, die große Ähnlichkeit mit den Kopfbedeckungen hatten, die man mich tragen ließ. Als ich sah, wie schlecht sie Ski liefen, war ich etwas enttäuscht und erzählte deshalb, dass ich gesehen hätte, wie sie von einer hundert Meter hohen Sprungschanze gesprungen seien. Zwar glaubte man mir nicht, aber das machte nichts, weil ich die Erinnerung an sie gerettet hatte. Ich durfte sie weiterhin bewundern.

Ich weiß nicht, warum ich da war. Mit anderen Internatsschülern ging ich durch den Schnee, trug einen blauen Mantel, kam an einem großen Heim voller Kinder vorbei, die in einem Park umherliefen. War Georges Perec im Gai Logis oder in diesem großen Haus?

Die beiden herausragenden Ereignisse dieser Zeit waren die Ausflüge im Schnee, die der Charakterbildung dienten, und die Messen. Ich fand großen Gefallen an der Zeremonie – den komischen Gewändern der Priester, der Musik, dem Weihrauch und dem Theater, an dem wir teilhatten, indem wir aufstanden, niederknieten oder fremde Wörter murmelten. Das war schön.

Am tiefsten beeindruckten mich die Stiefel eines kleinen Kameraden. Wir trugen alle ziemlich lädiertes Schuhwerk, vielfach mit Löchern versehen und undicht, während seine Stiefel aus Leder waren und bis zur halben Wade reichten.

Wenn wir zum Beten niederknieten, setzte er einen Fuß nach vorn, wie ein kniender Schütze, wie der Bleisoldat, den ich geschenkt bekommen hatte. Das war schön!

Ich musste nicht lange im Gai Logis bleiben, weil ich nicht lesen lernen konnte. Es war nicht schlecht in dem Heim: der Schnee, die Gebirgsjäger, die Lederstiefel, die Ruhe.

Bis zu dem Tag, an dem eine »Betreuerin« zu mir sagte: »Geh auf den Flur, dort wartet deine Mutter auf dich.« Meine Mutter? Tatsächlich wartete dort eine schöne Dame, groß und elegant, und betrachtete mich, während ich näher kam. Ich erinnere mich an ihr blaues Kleid mit weißem Besatz und an ihren ausgefallenen Hut. Sie beugte sich herab und sagte: »Ich bin deine Patentante, die Schwester deiner Mutter, ich heiße Dora.« Was wir dann noch sprachen, weiß ich nicht mehr.

Am nächsten Tag kam sie wieder. Zur Andachtsstunde. Ich sah, dass sie der Betreuerin etwas ins Ohr flüsterte, die daraufhin zu mir trat und sagte: »Stell dich hinten in die Klasse. Du wirst in Zukunft nicht mehr mit uns beten. Du bist Jude.«

Noch immer wusste ich nicht, was es bedeutete, ein Jude zu sein, aber ich stellte fest, dass es genügte, dieses Wort auszusprechen, um ausgeschlossen zu werden, sogar in Friedenszeiten.

Beim Fortgehen sagte Dora, sie werde wiederkommen und mich holen. Lange Zeit danach besuchte mich ein sympathischer junger Mann. Er sagte: »Ich heiße Jacques, ich bin dein Onkel.« Er schenkte mir eine Holzburg und ein paar Bleisoldaten. Ich tat so, als würde mir das Spielen mit ihnen Spaß machen. Er ging. Ich habe die Sachen verloren.

Danach war nichts mehr wie vorher. Ich hatte zwei Überlebende meiner Familie wiedergefunden, und zum ersten Mal in meinem Leben fühlte ich mich allein und unglücklich.

Ich glaube, während des Krieges war der Tod so nah, dass ich erstarrt und betäubt war. Ein unbedachtes Wort, die Denunziation eines Nachbarn, ein Nichts hätten genügt, um mir das Leben zu nehmen. Die Ungeschicklichkeit der Lehrer, ein Koch, der sich aufregte, eine erschreckte Nonne – sie alle brachten mich in Lebensgefahr. Ich empfand weder Traurigkeit noch Angst, es war eher ein Nicht-Leben vor dem Tod. Wenn man sich seinem Schicksal fügte, dachte ich, litt man nicht mehr so sehr. Es war auch keine Verzweiflung, weil die bloße Tatsache, nicht zu sterben, ein Sieg für mich war.

Der Tanz und das Leben

Das Leben stellte sich wieder ein, als ich zu Margot zurückkam, als Andrée Descoubès mich ins Grand Théâtre de Bordeaux mitnahm, wo ich die nackten Frauen sah, als die Passanten sich auf der Place des Quinconces küssten, weil die Atombombe in Hiroshima explodiert war: ein Tag zum Feiern! Das Glück, das mich umgab und langsam erfüllte, brachte mir die Lebensfreude zurück.

Dieser Funken erlosch, als ich den winzigen Rest meiner Familie wiederfand. Sicherlich konnten sie nicht anders handeln. Sie mussten einfach zu viel Trauer bewältigen: Nadia, meine Mutter, Rose, meine Tante, viele Cousins, entfernte Verwandte und vor allem Jeannette, die mit 15 Jahren verschwunden war. Nicht verhaftet, nicht deportiert, nicht getötet, einfach verschwunden. Sie mussten sich Arbeit und eine Wohnung besorgen und Berge von Papieren ausfüllen, um mich aufnehmen zu dürfen. In der Zwischenzeit fühlte ich mich ausgeschlossen, weil ich nicht beten und nicht in die Kirche gehen durfte, weil ich nicht wusste, dass es Synagogen gab. Ich konnte nicht mehr mit meinen kleinen Kameraden spielen, sie mieden mich fortan.

Der Umstand, dass ich keiner Gruppe mehr angehörte und auf diese beiden Menschen wartete, die ich nicht kannte, rief mir wieder die Einsamkeit ins Gedächtnis und die Erinnerungen an die Zeit, als ich mich im Salon in der Rue Adrien-Baysselance versteckte. Nach der Isolation während des Krieges fühlte ich mich jetzt nach dem Krieg verlassen, was eine andere Form des Leidens war. Dann begann mich ein merkwürdiges Phänomen zu beschäftigen: Ich fing wieder an zu träumen, ich sei in ein Aquarium eingeschlossen! Ich sah die Außenwelt, aber ich konnte mich weder rühren noch schreien. Manchmal füllte sich das Aquarium mit Kugeln, die anschwollen und auf mich zurollten, um mich zu zerquetschen. Manchmal sah ich eine hübsche, kleine Prinzessin, die in einem anderen Aquarium gefangen saß. Sie gab mir durch Zeichen zu verstehen, ich solle zu ihr kommen, aber ich konnte mich nicht bewegen, und die Glaswände waren undurchdringlich.

Bei Menschen, die unter »traumatischer Einschließung«[3] gelitten haben, kommt es häufig zu solchen Träumen.[4] Von Wänden umgeben, im Schweigen erstarrt, sehen wir die anderen leben und verspüren den Wunsch, hinauszugehen und die eigene Existenz zu spüren, indem wir uns zu ihnen gesellen. Doch das ist unmöglich, denn wir sind eingezwängt in eine durchsichtige Gallertmasse, die uns an jeder Bewegung hindert, wir sind eingeschlossen in ein Aquarium, in dem wir alles sehen, aber uns nicht rühren und nichts sagen können.

»Das Ganze spielte sich so lautlos wie in einem Aquarium oder wie in gewissen Traumbildern ab.«[5] Kein Mensch darf so leben. Er braucht ein Heim, Eltern, Kameraden, eine Schule und Träume. Kein Mensch kann in einem Aquarium leben, er braucht Raum und Wörter.

Wie versprochen, kam Dora mich holen. Ich fand sie freundlich, warmherzig und sehr schön. Sie lebte allein in einem winzigen Zimmer in der Rue de Rochechouart, unweit der Place Pigalle: kein Wasser, keine Heizung, ein Bett, das ich mit ihr teilte, ein kleiner Tisch und einige Regale auf höchstens zehn Quadratmetern. In den Nachkriegsjahren genügte das, um glücklich zu sein. Das Zimmer hatte den Vorteil, in der Nähe ihres Arbeitsplatzes zu liegen – dem Roxy, wo sie Tänzerin war. Hin und wieder durfte ich sie an diesen märchenhaften Ort begleiten. Die breiten Treppen, die Spiegel, das blaue Licht, der Teppichboden und die Musik schufen ein luxuriöses, festliches Ambiente. Ich war hingerissen. Noch nie hatte ich einen so prächtigen Palast gesehen. Dora lachte die ganze Zeit, es war wahrhaft ein Augenblick gemeinsamen Glücks.

Zwischen dem Roxy und der Rue Rochechouart wohnte ich im Paradies. Doch selbst im Himmel gibt es Schatten. Dora kam erst um drei Uhr morgens von der Arbeit zurück, während ich allein in dem winzigen Zimmer blieb. Kaum war ich wieder isoliert, begannen das Schwanken und Kreisen erneut. Ich verfiel wieder in die selbstzentrierten Bewegungen, die ich mir während des Krieges angeeignet hatte, als ich völlig abgeschottet in der Rue Adrien-Baysselance in Bordeaux lebte. Mein einziger Anderer war ich selbst. Alle Kinder, die unter Sinnesentzug leiden, zeigen diese Reaktion, die ein Symptom für eine Entwicklungsstörung ist. Zum Glück genügte die Anwesenheit einer anderen Person und meine Hinwendung zu ihr, um meinen stereotypen Bewegungen Einhalt zu gebieten. Niemand konnte sie sehen, weil sie nur auftraten, wenn ich isoliert war.

Tagsüber schlief Dora, doch ich konnte in die Schule in der Rue Turgot gehen. Fast hätte ich »glücklicherweise« geschrieben, aber das sage ich nicht, denn dort war es höchst unangenehm. Ich habe eine überfüllte und schlecht beleuchtete Klasse im Gedächtnis. Ganz übel ist meine Erinnerung an eine Lehrerin mit Knoten. Ich war in eine Stufe gesteckt worden, in der ich bei einer normal verlaufenden Schullaufbahn gewesen wäre.

Ich hinkte im Stoff hinterher. Mit dem Lesen und Schreiben ging es so einigermaßen, aber ich wusste nicht, dass man nicht aus dem Schulbuch abschreiben durfte, das ich vor mir auf den Tisch gelegt hatte. Die Lehrerin hat sich herangeschlichen und mich zur Freude meiner Klassenkameraden an den Haaren gepackt.

Die Geschichte von Frau Lot

Ich verstand gar nichts. Ich war schlecht in der Schule und gehörte in den Pausen nicht dazu. Dora tanzte nachts und schlief tagsüber. Ich war allein. Zum Glück besaß sie zwei riesige Bücher, deren Bilder ich bewunderte. Es war eine Bibel mit Illustrationen von Gustave Doré. Mit diesem Buch lernte ich zu lesen. Dort fand ich schreckliche und wunderbare Geschichten, Tempel, die einstürzten und Tausende unter sich begruben, Kinder, die in der Wüste ausgesetzt oder in ihrem Bett ermordet wurden, große Brüder, die das Nesthäkchen verkauften, ganze Heere, die samt ihren Pferden ertränkt wurden. Wunderbar. Schrecklich. Das ganz normale Leben halt.

Von all den schönen Bildern und den Texten, die ich zu entziffern suchte, hat sich mir Lots Geschichte besonders eingeprägt. Noch heute sehe ich deutlich die linke Seite des dunklen Bilds vor mir, auf der Gustave Doré kunstvoll Lot und seine Töchter abbildet, wie sie in wilder Flucht davonstürmen, ohne nach links und rechts zu schauen. Auf der rechten Seite ist Lots Weib zu erkennen, angestrahlt von einer gewaltigen Feuersbrunst – sicherlich Sodom und Gomorrha –, wie sie sich umwendet, flehentlich die Hände ausstreckt und zur Salzsäule erstarrt.

Immer wieder betrachtete ich diesen Stich, der für mich eine klare Botschaft hatte: Siehe, was geschieht, wenn du an die Vergangenheit denkst. Das Salz unserer Tränen verwandelt uns in eine starre Säule, und das Leben kommt zum Stillstand. Dreh dich nicht um, wenn du leben willst. Sieh nach vorn, immer nur nach vorn!

Diese erbauliche Geschichte hat mir während vieler Jahre als wichtige Lebensstrategie gedient. Vorwärts, dreh dich nicht um, denk nicht an die Vergangenheit, das bringt nur Tränen. Die Zukunft ist rosarot. Vorwärts!

Hat man mir die Geschichte von Lot so erzählt, oder habe ich sie selbst zum Sprechen gebracht? Ich hätte auch eine andere Moral daraus ziehen können. »Jeder kennt die offizielle Version von Kapitel 19 der Genesis. In Sodom und Gomorrha, tief im Süden des Toten Meers [...], war die Korruption weit verbreitet und die Sexualität zügellos.«[6] In diesem Meer von Laster war die Familie Lot tugendhaft geblieben, sie hatte sogar zwei Fremde in ihr Haus aufgenommen! Daraufhin erlaubte Gott ihr, aus dieser Stätte des Lasters und der Unzucht zu fliehen. Vielleicht dachte Madame Lot wehmütig an das Glück, das sie dort erlebt hatte, und drehte sich noch ein letztes Mal um!

So hätte ich es interpretieren können. Kürzlich habe ich mir Dorés Stich über Lots Geschichte noch einmal angeschaut. Die beiden Bücher sind noch in meinem Besitz.[7] Aufmerksam habe ich sie durchgeblättert. Alle diese Stiche habe ich bis in alle Einzelheiten exakt in meinem Gedächtnis wiedergefunden. In meinem Inneren war das Bild von Isaak aufbewahrt, der das Holz für das Opfer trägt, von Josef, der von seinen Brüdern verkauft wird, von Moses, der aus dem Fluss gerettet wird, von Saul, dem das eigene Schwert die Brust durchbohrt, und von Samson, der die Säulen des Tempels zum Einsturz bringt – Bilder, die meine kindliche Seele gefangen nahmen.

All das ist mit einer erstaunlichen Genauigkeit in meinem Gedächtnis eingeprägt. Alles, bis auf die Abbildung von Lots Flucht, die ich nicht wiederfinde! Der Stich, der ihn zeigt, wie er die sündigen Städte verlässt, ist nicht vorhanden! Und doch sehe ich ihn – wirklich und wahrhaftig –, ich sehe ihn in diesem Buch mit den vergilbten Seiten. Daran gibt es keinen Zweifel, aber er ist nicht da. Ich muss ihn woanders gesehen haben, und da ich diese Bibel häufig durchblätterte, habe ich ihn dorthin verlegt, wo er logischerweise hingehörte. Logisch, aber falsch!

Ich maß dieser falschen Erinnerung große Bedeutung bei (ich hätte sagen sollen: »dieser aus verschiedenen Quellen zusammengesetzten Erinnerung«), weil dieses Bild zu mir sprach. Auf ansprechende Weise sagte es mir: »Du wirst leben können, wenn du es möchtest, vorausgesetzt, du drehst dich nicht nach deiner Vergangenheit um.«

Kein Problem!

Indem ich die beunruhigende Vorstellung der Vergangenheit vermied, ersparte ich mir Angst, Grübelei und Depression. Doch da ich dadurch eine falsche Vorstellung von mir selbst entwickelte, war meine Beziehung zu anderen Menschen gestört. Ich war fröhlich und umgänglich, doch plötzlich, wenn ein Wort oder ein Ereignis das Verhängnis meiner Kindheit beschwor, verfiel ich in Schweigen.

In Friedenszeiten hätte ich erzählen können, was sich zugetragen hatte. Es war nicht »unaussprechlich«, wie heute behauptet wird. Vielleicht hätte ich, wenn ich in ein sicheres Milieu gekommen wäre, ganz banal vom Krieg erzählen können. »Banal vom Krieg«, können Sie sich das vorstellen? Lässt sich der mörderische Wahnsinn »banal« erzählen? Diese Formulierung stimmt nicht. Das war kein mörderischer Wahnsinn: ein einfaches Wort, das einem entschlüpfte, ein Dokument, das man unterzeichnete, der Blick eines Nachbarn ... genügte, um die Festnahme zu bewirken, ein gelber Stern unter einem Tuch verborgen, kurz vor dem Sprung aus dem Fenster. Der Schrecken äußerte sich im Banalen, wie sollte man das verstehen?

Durch mein Schweigen ließ ich die Menschen im Glauben, ich hätte den Krieg unbeschadet überstanden. Ist das möglich? Ist es normal, nach dem täglichen Albtraum normal zu erscheinen? Nichts über die Verfolgung zu erzählen, brachte mir einen Vorteil: »Sieh nach vorn, immer nur nach vorn« – die Worte, die ich Lot in den Mund legte. Das war adaptiv, aber nicht normal. Die Menschen in meiner Umgebung wurden zu Komplizen dieser Leugnung. Die seelisch Verletzten waren glücklich, dass sie nach den verstörenden Ereignissen stark und glücklich erschienen, und die Angehörigen waren erleichtert, dass sie sich nicht den Fragen stellen mussten, die durch die Verfolgung aufgeworfen wurden.

Zu der Zeit, als ich Doras Zuneigung genoss und in die luxuriöse Atmosphäre des Roxy eintauchte, war ich verzweifelt über meine kläglichen Leistungen in der Schule. Meine miserablen Noten bestätigten die Minderwertigkeit, die mir von den Deutschen und ihren Kollaborateuren nachgesagt worden war. Da ich nichts begriff, hatten sie recht, mich zu verachten, und vielleicht sogar mit ihrer Absicht, mich zu vernichten.

Der Krieg ist schön, sagen sie

Damals führten wir Kinder auf dem Hügel von Montmartre ein unglaublich freies Leben. Ich hatte einen kleinen Kameraden gewonnen, mit dem ich mich kreuz und quer in dem Viertel herumtrieb. Der Squares d'Anvers, de la Trinité, Montholon und der Park von Sacré-Cœur waren ideale Spielplätze. Wir verabredeten uns morgens und kehrten abends zurück. Niemand machte sich Sorgen. Mitten auf der Straße spielten wir Fußball, weil es 1948 praktisch keine Autos gab. Wir gingen in die Cafés und baten um ein Glas Wasser oder ein Stück Brot. Es war ein Leben voller Freiheit und Spaß!

Ich erinnere mich an einen Morgen, an dem dieser kleine Kamerad sehr freundlich sagte: »Meine Mutter möchte nicht, dass ich mit dir spiele, weil du Jude bist.« Zum Abschied gaben wir uns die Hand.

Ich glaube, ich war nicht traurig. Nur ein Gefühl der Leere hatte ich. So eine staunende Leere, wie ein unvorhergesehener Schatten auf einem hellen Bild: plötzlich ein Rätsel! Die Welt war einfach, bis sich unvermutet eine Frage ohne Antwort stellte. Sein Vater war im Krieg ums Leben gekommen wie der meine. Seine Mutter war so arm wie Dora. Mein Freund bewohnte mit ihr ein winziges, sehr schlichtes Zimmer, genau wie wir. Ich war ein Wort, das ein gewisses

Etwas bezeichnete, das mir die Freundschaft und die Tage der Freiheit nahm.

Die anderen kannten dieses »gewisse Etwas«, das mich kennzeichnete. Eines Abends holte mich ein Kamerad aus dem Viertel ab, damit ich meine Geschichte seinem Vater erzählte. Ich nahm nur zu gerne an, weil ich mich darauf freute, endlich jemand zu sein, der nichts mehr zu verbergen hatte, der war wie alle anderen. Als ich den Juwelierladen dieses Vaters betrat, waren dort drei oder vier andere Erwachsene, von denen einer saß – sicherlich eine sehr bedeutende Persönlichkeit. Der Vater – ich erinnere mich an seine große Nase und den grauen Kittel – sagte zu mir: »Erzähl dem Herrn, was dir passiert ist.« Ich musste meine Geschichte ausschmücken, weil es mir vorkam, als hätte ich einen Auftritt vor vier Zuschauern, von denen einer eine bedeutende Persönlichkeit war und saß. Ich weiß nicht mehr, was ich sagte, aber da mir diese Inszenierung ein Gefühl der Wichtigkeit vermittelte, habe ich wohl die Wahrheit gesagt, aber sie ein wenig zu gut erzählt.

Der bedeutenden Persönlichkeit, die saß, missfiel wohl mein ausweichendes Verhalten. Der Mann stellte noch einige ergänzende Fragen, auf die ich meiner Meinung nach klar antwortete. Daraufhin gab er mir ein durchlöchertes Geldstück, wahrscheinlich fünfzig Centime, und sagte: »Du erzählst schöne Geschichten, geh dir eine Tüte Bonbons kaufen.«

Schöne Geschichten? Das war nicht falsch.

Die dramatischen Ereignisse meiner Kindheit brachten mich in eine Ausnahmesituation. Hätte ich während des Krieges gesprochen, wäre das mein Tod gewesen. Als ich in Friedenszeiten sprach, glaubte man mir nicht.

Wenn wir unser Leben erzählen, berichten wir nicht einfach über eine Verkettung von Ereignissen, sondern wir organisieren unsere Erinnerungen, um die Vorstellung von dem, was uns zugestoßen ist, zu ordnen und um gleichzeitig die geistige Welt des Zuhörers zu verändern. Das Gefühl, das wir nach einer Selbsterzählung haben, hängt von den Reaktionen des anderen ab: Was wird er mit den Dingen anfangen, die ich ihm erzählt habe? Wird er mich umbringen, verspotten, unterstützen oder bewundern? Derjenige, der schweigt, nimmt teil an der Erzählung desjenigen, der spricht.

Warum hatten sie mich aufgefordert, von den außergewöhnlichen Ereignissen zu erzählen, über die ich lieber geschwiegen hätte? Wenn ich davon erzählte, fühlte ich mich unnormal: stolz oder beschämt, je nach dem Blick des anderen. Ich wurde ruhiger, wenn ich nichts mehr zu verbergen hatte, aber alles in allem veranlasste mich die Reaktion meiner Umgebung eher dazu, den Mund zu halten. Wenn ein Erwachsener mir nicht glaubte, wenn er über meine »Erfindungsgabe« lachte oder wenn ein kleiner Kamerad sich weigerte, mit mir zu spielen, zog ich mich ins Schweigen zurück.

Damals war ich neun Jahre alt, und ich hätte erklären können, dass ich mitten im Unglück des Krieges Glücksmomente erlebt hatte. Ich trug einige zärtliche und fröhliche Erinnerungen an meine Mutter in meinem Gedächtnis, und ich war stolz darauf, dass mein Vater in der Fremdenlegion gekämpft hatte. Ich hätte von den fröhlichen Familienmahlzeiten bei den Farges erzählen können, von Suzanne, die mir beibringen wollte, wie eine Katze zu essen, von Margot, die behauptete, ich würde die Kaninchenköpfe lieben (obwohl ich sie grausig fand), das seltsame Radio London, die Herzlichkeit dieser Familie, bis zu dem Tag, da ich in einem Zimmer isoliert werden musste.

Ich hatte schöne Augenblicke erlebt, als ich auf dem Stroh in der Scheune in Pondaurat schlief, gemeinsam mit dem Großen, der mich »Kleiner« nannte, und als die Landarbeiter mich betrunken machten, weil sie das drollig fanden. Das interessierte niemanden. Stattdessen ließen sie mich vom Güllegraben erzählen, durch den wir waten mussten, von der Grobheit der Pächterin und von der Angelpartie, bei der ich fast ertrunken wäre. Das Unglück der anderen ist interessanter.

Eine angenehme Erinnerung sind auch die wenigen Tage, an denen ich dank meines Pseudonyms Jean Laborde (oder Bordes) zur Schule gehen durfte. Der Tag begann großartig mit dem Lied *Maréchal, nous voilà*. Ich war glücklich, dass ein Marschall mich erwartete, und hoffte, ich würde für den Ruhm Frankreichs arbeiten.[8]

In Castillon war ich glücklich, wenn ich mit meinem armen Gefährten die Gegend durchstreifte und Muskatellertrauben aß, bis mir schlecht wurde.

Wunderbare Abende habe ich im Roxy erlebt, wenn ich zuschaute, wie Dora mit Amerikanern tanzte, fröhlich mit den Akrobaten plauderte oder Maurice applaudierte, der, wie es hieß, besser tanzte als Fred Astaire.

Was für ein Glück! Ganz aufrichtig, diese Erlebnisse waren herrlich. Doch auf meiner Seele lastete eine andere Erzählung – von einer Folge tragischer Ereignisse, die zu erwähnen mir unmöglich war, weil meine Umgebung sie nicht hören wollte. Unsere Wiedervereinigung war nicht nur eitel Sonnenschein. Dora warf mir zwar nicht vor, dass ich ein schlechter Schüler war, aber es schmerzte sie, dass ich nicht vor Freude übersprudelte und ihren Freunden um den Hals fiel. Meine Zurückhaltung enttäuschte sie. In ihrer Großzügigkeit hatte sie davon geträumt, den Sohn ihrer Lieblingsschwester aufzunehmen. Das bedeutete für sie Rückkehr der Friedenszeit, wiedergefundenes Glück, Fortsetzung des Familienlebens. Sie wollte für einen kleinen Jungen sorgen, der glücklich und liebevoll war. Und sie bekam einen kleinen Greis von neun Jahren.

Sie hatte viele Freunde unter den Tänzern. Wenn einer von ihnen kam, gab sie mir einen kleinen Schubs in den Rücken und sagte: »Komm, geh und küss ihn!« Ich wusste nicht, wie ich es anstellen sollte, selbst wenn es mir große Freude machte, »Fred Astaire« zu sehen oder den »akrobatischen Korsen«, dessen Fotos ich an den Wänden der Nachtlokale von Pigalle bewunderte. »Kinder hüpfen fröhlich herum«, sagte sie enttäuscht zu mir. Ich war schon seit langer Zeit kein Kind mehr.

Zu dieser Zeit wollte Margot mich adoptieren. Ihre Aussichten waren gut, weil sie einen Beruf hatte, einen Ehemann und aus einer angesehenen Familie stammte. So kam es zu einem Konflikt zwischen meinen beiden Ersatzmüttern. Wenn das soziale Umfeld eines Kindes zerfällt, ist die erste Folge, dass es nicht mehr in der Lage ist, seine Zeitvorstellung zu ordnen. Noch heute erlebe ich die Erinnerung an diese Zeit in Form von unvermittelt auftretenden und zusammenhanglosen Gedächtnisbildern, vergleichbar mit überbelichteten Fotos, die in unregelmäßige Schatten übergehen.

Die Schönheit und die traurigen Zombies

Ich sehe mich in einer Lehranstalt, deren Namen ich nicht kenne.[9] Sie ist groß, sauber und leer. Die Kinder sind noch nicht eingetroffen. Offenbar bin ich der Erste. Die beiden Betreuer sagen kein Wort, nichts ist organisiert, keine Schule, kein Unterricht, keine Freizeit, nichts. Das Haus liegt inmitten einer Gebirgslandschaft. Eine gewaltige Felswand auf der einen Seite der Straße und weiter unten ein Fluss, der, wie ich höre, »die Bourne« heißt. Ich weiß nicht, wo ich bin. Ganz allein schlendere ich umher, versuche, mich zu beschäftigen. Nichts macht mir Spaß. Ich verfalle wieder in die Dreh- und Schaukelbewegungen, bis die Ameisen mich retten.

In der Nähe der Eingangspforte, im Garten, auf der linken Seite, bemerkte ich einen Felsen, der zitterte. Beim Nähertreten erkannte ich, dass es sich um eine Burg für geflügelte Ameisen handelte. Ich sah die geschäftigen Insekten in Tunneln, an der Oberfläche, auf Flugfeldern, von wo aus sich Geschwader von großen kupferfarbenen Ameisen in die Luft erhoben. Es war wie ein Blitzschlag: Da gab es in meiner unmittelbaren Nähe, in meiner affektiven Wüste, eine faszinierende Welt! Am folgenden Tag kam es – wie in einem Monumentalfilm – zu einer gewaltigen Schlacht: Kleine schwarze Ameisen griffen das Lager der fliegenden Ameisen an, um ihnen die Eier zu rauben! Ich beobachtete, wie sie in die Tunnel eindrangen und wieder auftauchten, wobei sie riesige weiße Eier vor sich herrollten, die sie weit fortschleppten. Umgehungsbewegung der geflügelten Ameisen, neuer Angriff der schwarzen Ameisen, Lagerung der Eier, Kampf und Flucht. Noch nie hatte ich ein so mitreißendes Schauspiel gesehen. Noch nie hatte ich mir so viele, die menschlichen Verhältnisse betreffenden Fragen gestellt wie beim Anblick dieser Ameisen: Brauchte man nur zu leben, um sich in Gesellschaften zu organisieren? Warum raubten die schwarzen Ameisen die Kinder ihrer kupferfarbenen Verwandten? Kann man stark sein, auch wenn man klein ist? Mit den Ameisen begann meine Ausbildung als Fragesteller, und ich entdeckte eine Welt, die gelegentlich verzaubert ist.

Nach und nach trafen die Kinder in dem Haus ein. Kleine, traurige Zombies, denen ich mich nicht anschloss. In dieser tristen Anstalt war weniger Leben als mitten im Krieg, als in der Scheune von Pondaurat, als auf den Feldern von Castillon und – nach der Befreiung – auf den Straßen von Paris. Es lässt sich schwer leben, wenn alles wie erstarrt ist.

Dieses schleppende Einerlei wurde von zwei Ereignissen unterbrochen: Ich entdeckte die phantastische Schönheit der Sonnenaufgänge und die verblüffende Befriedigung, die es mir bereitete, auf alles zu klettern, was sich besteigen ließ.

Ich stand sehr früh auf, kletterte auf eine Toilette und klammerte mich an einem kleinen Fenster fest, wo ich den Tagesanbruch erwartete. In dieser Haltung verharrte ich lange Zeit, denn ich erinnere mich an die Schmerzen in den Knien, mit denen ich mich auf der Fensterbank abstützte, und an die Ermüdung meiner Hände, die den Fenstergriff umklammerten. Endlich ging die Sonne auf. Ich sog jeden Schimmer auf, bis ich trunken wieder zu Bett ging.

Warum musste ich überall klettern? In diesem Internat hatte ich einen schmalen Flur entdeckt, der zu den Toiletten führte. Indem ich die Füße an die eine Wand stemmte und den Rücken an die andere presste, schaffte ich es, bis zur Decke zu gelangen, wo ich mich mühelos hielt. Diese Leistung rief in mir ein erstaunliches Gefühl der Sicherheit hervor. Ich frage mich, ob ich nicht gedacht habe: Solange ich klettern kann, bin ich in der Lage, mich zu befreien. Ich habe das sicherlich nicht mit diesen Worten gedacht, aber das Klettern nahm für mich eine Bedeutung an, der ich heute diese sprachliche Form gebe.

Auf jeden Fall dachte ich beim Klettern an meine Flucht. Mit wem hätte ich auch darüber reden sollen? Mit den gleichgültigen Erwachsenen? Mit meinen stumpfen Mitschülern? Das Klettern nahm für mich die Bedeutung einer jederzeit möglichen Flucht an, als hätte ich mir ohne Worte versichert: Fürchte dich nicht, es gibt kein ausbruchsicheres Gefängnis.

Also kletterte ich, im Toilettenflur, aber auch an Mauern

und an Steinsäulen, die so dick waren, dass ich sie nicht umklammern konnte. Trotzdem kam ich nach oben, unter großen Gefahren und von Kameraden umstanden, die stumm vor Bewunderung waren.

Als ich vom Oignon hörte, einer Felswand, die sich derart wölbte, dass sie nur von guten Bergsteigern zu bezwingen war, beschloss ich, mich an ihr zu versuchen. Zwar war das Tor des Internats verschlossen, aber man konnte leicht hinausgelangen, indem man den Maschendraht anhob, der den Garten umgab. Zu diesem Ausflug nahm ich einen kleinen Gefährten mit, um dessen Freundschaft ich buhlte, weil seine Mutter ihn von Zeit zu Zeit besuchte. Da ihn eine Mutter liebte, hatte ich den Eindruck, er sei mehr wert als ich. Das bloße Zusammensein mit ihm verlieh unserer Freundschaft Bedeutung.

Ich glaube, er hieß Capitaine. Eigentlich zu schön. Aber wer weiß, vielleicht stimmte es.

Wir folgten dem Pfad, der uns zum Fels führte. Aber an der ersten Wand blieb er verstört auf einem Vorsprung stehen, unfähig, auf- oder abzusteigen. Ich riet ihm, seine Schuhe auszuziehen, damit er den Fels besser unter den Füßen spürte. Da er nicht klettern konnte, wenn er sie in der Hand hielt, wollte er sie mir zuwerfen. Ich erinnere mich noch an meine Bestürzung, als ich die Schuhe verfehlte und sie tief unten in die Büsche fallen sah. Für ihn war das eine Tragödie, die er durch Schluchzen und Tränen zum Ausdruck brachte. Ich muss bis zum Gipfel aufgestiegen sein. Dann bin ich auf dem kleinen Weg hinter dem Oignon hinabgelaufen und habe die Erwachsenen alarmiert. Niemand hat mir den geringsten Vorwurf gemacht.

Was für eine merkwürdige Idee, diese Erinnerung zu erzählen! Vielleicht wollte ich zeigen, dass die Bedeutung, die man der Gegenwart zuschreibt, in einem vergangenen Ereignis verankert ist. Wegen meiner Flucht bedeutete Klettern für mich: »Es ist immer eine Befreiung möglich.« Für meinen kleinen Gefährten war die Bedeutung ganz anders: »Mama wird böse sein, ich habe meine Schuhe verloren. Dieses Ereignis ist ein Unglück für mich.«

Das Leiden an der Wirklichkeit hat keineswegs die gleiche Wirkung wie das Leiden an der Vorstellung von dieser Wirklichkeit. Während des Krieges hielt mich die Dramatik der Umstände gefangen. Ich lebte in einer unmittelbaren Welt, die mir nicht genügend Abstand ließ, um mir eine Vorstellung von ihr zu machen. Bei der Mentalisierung fertigen wir uns Vorstellungen mithilfe von Bildern und Wörtern an, das heißt, wir lassen in unserem inneren Kino Szenen ablaufen, die wir im Gedächtnis gespeichert haben. Weil uns diese Filme unsere eigene Geschichte erzählen, sind sie an der Konstruktion unserer Identität beteiligt.

In Kriegszeiten ist dieser Gedächtnisprozess nicht möglich. Da müssen wir schnell begreifen und entscheiden – handeln und nicht mentalisieren. Diese Anpassung ermöglicht uns das Überleben, nicht das Vorstellen des Ereignisses. Wir nehmen eine beunruhigende Information auf und reagieren umgehend auf sie. Wir können ein Problem lösen, ohne es zu verstehen – genau so, wie wir es beim Radfahren machen. Dabei verarbeiten wir die Informationen, ohne dass sie uns bewusst werden. Keine Emotionen, keine Mentalisierung – die Affektlosigkeit und die Tat genügen, um uns stark zu machen. Außerdem empfinden wir nach der Handlung ein Gefühl der Euphorie, der Freude, weil wir dem Tod ein Schnippchen geschlagen haben. Welche seltsame Verbindung zwischen der Affektlosigkeit des Handelns und der darauf folgenden Euphorie.

Während des Krieges fand in meinem Gefühlsleben ein Wechsel zwischen dem betäubenden Eindruck des bevorstehenden Todes und der Freude über das wiedergefundene Leben statt. Ich empfand das Glück, auf Stroh zu schlafen, nachdem ich fast in einem Kochtopf gestorben wäre, die Freude, mir Alkohol eintrichtern zu lassen, um mit anderen zu feiern, nachdem mir alle menschlichen Beziehungen geraubt worden waren, das Vergnügen, von bewaffneten Männern festgenommen zu werden, nachdem ich monatelang völlig isoliert gelebt hatte.

Kleine Greise von zehn Jahren

Als der Frieden kam, veränderte sich das Wesen dieser Transaktionen. Fortan musste ich die Idee, die ich mir von mir selbst machte, mit der Vorstellung, die andere von mir hatten, in Einklang bringen. Die Wirklichkeit wurde zur Nebensache, es zählte nur noch ihre Bedeutung. Das Gefühl der Betäubung oder der Freude wurde nicht mehr durch die Wahrnehmung einer Situation hervorgerufen, sondern durch die Erzählung, die ich mir von ihr anfertigte. Fortan hatte ich Gefühle, das heißt, Emotionen, die durch Vorstellungen hervorgerufen wurden.

In allen Kriegsländern beobachten wir diese paradoxe Reaktion: Während des Krieges erscheinen die Kinder stark, hinterher brechen sie zusammen. Die Libanesen können ein Lied davon singen: »Im Juli 2006 befindet sich der vierjährige Ali während eines israelischen Bombenangriffs in Cana. Das Gebäude, in das er sich mit seinen Eltern und seiner Schwester

Zeinab geflüchtet hat, stürzt ein.«[10] Die Mutter Roula kann sich aus den Trümmern befreien, aber Zeinab ist tot, und Ali liegt mit einer Kopfverletzung im Koma. Ein Nachbar, der ihn für tot hält, trägt ihn in ein Haus, in dem man die Leichen gelagert hat. Als das Kind wieder zu Bewusstsein kommt, liegt es allein unter den zerrissenen Kadavern und den Hunden, die um die Toten herumstreichen.

Vierzehn Tage später ist der Kleine fröhlich und lebhaft. Er sagt, seine Schwester sei glücklich im Paradies. Er schläft gut, spricht freundlich und zeichnet israelische Panzer, die von libanesischen Kämpfern angegriffen und zerstört werden. In der Schule zeigt er gute Leistungen und ist stolz, Märtyrer in der Familie zu haben. Wenn er groß ist, will er Soldat werden. Seine bewundernde Umgebung spricht von Resilienz.

Zwei Jahre später herrscht wieder Frieden, die Libanesen sind schon wieder mit dem Aufbau beschäftigt. Alis Mutter bringt den Kleinen ins medizinisch-psychologische Zentrum in Tyros. Das Kind bleibt nicht an seinem Platz, läuft hin und her, zerreißt alle Zeichnungen – seine und die seiner kleinen Kameraden –, es zerbricht Gegenstände und reagiert aggressiv. Es hat Angst, dass seine Mutter getötet wird.

Diese bei Kriegskindern häufige Entwicklung legt den Gedanken nahe, dass Bewältigungsstrategie (Coping) nicht mit Resilienz verwechselt werden darf. Bewältigen heißt, dass das Kind sich der Katastrophe stellt, während sie geschieht. Es trotzt dem Unglück mit seiner jungen, aber bereits eigenständigen Persönlichkeit. Es wehrt sich gegen das, was von außen kommt, mit dem, was es in sich trägt.

Resilienz stellt sich erst später ein, in der Folgezeit, wenn das Kind sich mit seinem Gedächtnis auseinandersetzen muss, mit der Vorstellung, von dem, was ihm zugestoßen ist. Bewältigung ist synchron, Resilienz diachron.

Das Kind stellt sich der Katastrophe, so wie es ist, unmittelbar. Wenn es später darüber nachdenkt, versucht es zu verstehen, was geschehen ist, um seine Verstörung zu überwinden, um seiner Vorstellung Herr zu werden. Das tragische Erlebnis wird in die Selbsterzählung eingebaut, um ihm einen Sinn und dem Leben eine neue Richtung zu geben. Erst dann können wir von Resilienz sprechen.

Während des Bombenangriffs fand Ali Sicherheit bei seiner Familie, den Freunden und der Vertrautheit des Viertels. Er war zu Hause. Die Schule, der Markt, die Nachbarn – das alles gab ihm Sicherheit. Mit vier Jahren ist die Vorstellung vom Tod noch nicht erwachsen, der Begriff der Unwiederbringlichkeit noch nicht erworben. Deshalb kann Ali noch nicht unter dem Tod seiner Schwester leiden, aber sie selbst und die Spiele mit ihr können ihm fehlen.

Zwei Jahre nach den Bombenangriffen, als wieder Frieden herrscht, bricht in Alis affektiver Nische alles zusammen. Sein Vater ist verwundet und kann nicht mehr arbeiten. Die Mutter, erschöpft und deprimiert, kommt über den Tod der Tochter nicht hinweg. Alis Heim ist trist und freudlos. Im zerstörten Viertel hört er von den Erwachsenen nichts als Hasstiraden. Alis emotionales Umfeld ist bedrückend und nicht geeignet, seinen Resilienzprozess zu fördern.

Unablässig wiederholen Elissar und Khalil: »Ich hasse dieses Land [den Libanon]. Du bekommst nichts von ihm, wenn deine Familie nicht mehr existiert ... Es gibt keine Liebe ... Ich ersticke ... Die Libanesen können nur im Krieg leben. Sie sind mit sich selbst im Krieg. Ich will fort.«[11]

Kinder im Krieg sind nicht Kinder des Krieges. Während der Schlacht nehmen sie teil an dem Geschehen, wenn sich ihrem Gedächtnis eine sichere Bindung eingeprägt hat, die ihnen Vertrauen gibt, und ihre Eltern ihnen ein sicheres Umfeld bieten. Die meisten Londoner Kinder fanden Gefallen an den Bombenangriffen während des Zweiten Weltkriegs. Sie wurden nachts geweckt, fürsorglich in Decken gepackt und in eine U-Bahn-Station gebracht, wo sie sich von den Menschen, die sie liebten, beschützt fühlten. Sie begegneten Unbekannten, die ihre Kinder ebenfalls schützten und sie freundlich anlächelten. Wenn der ferne Lärm der Bomben weit über ihnen verklungen war, schliefen sie ein. Was für ein schönes Erlebnis!

Ich glaube sogar, dass diese Form der Aggression die Beziehung verstärkt. Man knüpft die Bindung zu einem Kind nicht, indem man es mit Leckereien vollstopft. Damit weckt man nur seinen Widerwillen. Die Bindung kommt zustande, wenn Eltern dem Kind Sicherheit geben und mit ihm spielen. Dazu muss sich aber auch die Mutter oder der Vater sicher fühlen und ohne Angst sein, wie es die Engländer während der Bombardierung von London waren, als sie lächelnd in die U-Bahn-Schächte gingen. Damit Eltern diese Sicherheit vermitteln können, muss es im Umfeld eine beunruhigende Aggression geben! Durch die Wechselwirkung zwischen der beruhigenden Wirkung der Eltern und der Aggression des Milieus wird die Bindung verstärkt.[12]

Wir schwärmten für die Luftkämpfe. Sobald wir hörten, dass die Flugzeuge zu ihren kühnen Manövern und atemberaubenden Kurven am Himmel ansetzten, stürzten wir nach draußen, um uns das Geschehen anzusehen. Wenn dann einer der beiden Jäger getroffen war, der schwarze Rauch ausströmte, kurz darauf die Flammen folgten und die Maschine trudelnd abstürzte, waren wir entzückt! Was für ein prachtvolles Schauspiel! Die Wirklichkeit war gefährlich, aber sie beunruhigte uns nicht, weil man uns erklärt hatte, dass man nur das Pfeifen der Bomben zu hören brauchte, um zu wissen, dass sie weit entfernt einschlagen würden. Wir hatten keine Angst!

Als die Amerikaner die schönen bretonischen Städte bombardierten, um uns vom Nationalsozialismus zu befreien, applaudierten die Eltern, und die Kinder machten Freudensprünge, als sie Feuer vom Himmel fallen sahen. Daraufhin mussten sie in Sicherheit gebracht und zu weit entfernten Familienangehörigen geschickt werden. Da waren sie zwar physisch geschützt, aber ihrer elterlichen Sicherheitsbasis beraubt. Wenn sie jetzt die Flugzeuge hörten, reagierten sie mit Angstkrisen. In der Gegenwart eines Sicherheit bietenden Elternteils bedeutete der »Fliegeralarm [dagegen], dass mich meine Mutter schützend an sich zog, ich die rituelle Süßigkeit bekam, den Lärm der Explosionen und grellen Lichterscheinungen mit einer gewissen Faszination verfolgte ... und schließlich teilhatte an einer Art kollektiver Freude ..., die wie ein triumphierendes Spruchband verkündete: Sie haben uns nicht gekriegt.«[13]

Die Struktur der Aggression strukturiert die traumatische Reaktion. Wir können nicht sagen: »Das Bombardement bewirkt psychische Störungen«, sondern nur: »Das Bombardement bewirkt Tod, Verstümmelung, Zerstörung.« Psychische Störungen treten erst auf, wenn familiäre und soziale Desorganisation hinzukommen.

Erwachsene, die Kinder im Krieg erlebt haben, sind erstaunt über die Genauigkeit ihrer Beobachtungen. Wenn die Erwachsenen Fotos machen und die Kinder anschließend auffordern, »den Krieg zu malen«,[14] sind sie verblüfft, wie genau die Bilder sind: »Die Objektivität mancher Zeichnungen hat uns erstaunt ... Das Kind, das zum Augenzeugen wird, befindet sich wahrscheinlich in einer Art Schwebezustand, als würde sich das Geschehen, das es beobachtet, in weiter Ferne abspielen.«[15]

Dieser Zustand entspricht dem traumatischen Gedächtnis: Von dem Ereignis fasziniert, enkodiert das Kind das Bild in seinem Gedächtnis. Kontextelemente ohne Interesse werden nicht gespeichert. Diese Erinnerung, die nur einen winzigen Teil des Geschehens erfasst, besteht aus einem detaillierten Bildausschnitt, der an den Rändern verschwimmt und unscharf wird. Wenn das Geschehen in eine sichere Bindungssituation eingebettet ist, wirkt es nicht traumatisch. Ist es dagegen von einem Zerfall der familiären und sozialen Bindungen begleitet, nimmt das Bild eine verstörende und furchterregende Bedeutung an. Tagsüber drängt es sich dem Kind auf, und nachts kehrt es in Albträumen zurück, die es noch tiefer im Gedächtnis verankern.

Ein Teil meiner Entwicklung in einer kritischen Phase wurde vom Krieg geprägt. Habe ich wirklich den Tod verdient? Wer bin ich, dass ich überleben darf? Bin ich stärker als der Tod? Habe ich verraten, um das Recht auf Leben zu haben? Wie soll ich jetzt leben, wo ich das, was mir zugestoßen ist, nicht mitteilen kann? Soll ich trotzdem reden und Reaktionen hervorrufen, die mich verstören? Warum lachen sie? Warum glauben sie mir nicht? Warum werden sie böse? Warum sagen sie, ich soll den Mund halten? Warum sagen sie: »Das ist doch gar nichts ... Das Leben geht weiter ... woher hat er das alles ... wir haben auch gelitten, wir waren auch nicht auf Rosen gebettet.«

Private Gottesurteile

Diese Diskrepanz zwischen dem Opfer, das von seiner Geschichte heimgesucht wird, und dem Umfeld, das davon nichts hören will, ist der Normalfall, unabhängig von der Kultur. Wenn nach dem Autogenozid unter Pol Pot in Kambodscha einer der Überlebenden zu erzählen versuchte, wie seine Leidensgenossen an Hunger, Erschöpfung und Trostlosigkeit starben, zuckten die anderen mit den Achseln und erklärten von oben herab: »Hör auf, dich zu beklagen, auch wir haben gelitten, wir mussten das Schwein schwarz schlachten!«[16]

Wenn das Unglück der anderen unvorstellbar ist, vergleichen wir es mit unseren kleinen Nöten. Diese Reaktion, die das Umfeld schützt, isoliert den Unglücklichen. Ich hätte besser sagen sollen: »… isoliert in ihm die nicht mitteilbaren Elemente seiner Geschichte.« Die individuelle »Krypta«,[17] die sich in die Seele des traumatisierten Kindes einkapselt, entsteht durch die unangemessene Reaktion des Umfelds und der Gesellschaft.

Fasziniert von dem stummen Trauma, muss das Kind die Lösung seines Problems in sich selbst suchen. Deshalb stellte ich mich auf die Probe, um mir zu beweisen, dass ich das Recht zu leben hatte. Irgendwann begriff ich, dass ich mich nach der Befreiung kleinen Gottesurteilen unterzog, um mich zu vergewissern, dass ich nicht zum Unglück verurteilt war. Ich begab mich in Gefahr, damit ich mir beweisen konnte, dass der Tod nicht unausweichlich sei. Ich war in ein Heim in Tarnos gekommen, unweit der Bucht von Arcachon. Diese Anstalt habe ich in sehr schlechter Erinnerung. Die Schlafsäle waren riesig, vier Reihen zu zwanzig Betten, die Speisesäle noch größer. Dort veranstalteten mehrere Hundert Kinder einen solchen Lärm, dass die Erzieher nur mit äußerster Strenge für ein wenig Ruhe sorgen konnten.

Die große Zahl führte zur Anonymität. In kleinen Gruppen vergnügten wir uns mit Messerspielen oder Bandenschlägereien, wodurch es fern der Erwachsenen zu einigen Blessuren und Allianzen kam. Bei diesen Auseinandersetzungen hatte ich mir eine Spezialität zugelegt: Ich kletterte auf einen Baum, um nach den Gegnern Ausschau zu halten, doch statt mich am Stamm herunterzulassen, wenn sie kamen, rutschte ich an die äußerste Spitze der Äste, bis sie sich unter meinem Gewicht herunterbogen. Daraufhin ließ ich mich fallen, wobei ich den Sturz abbremste, indem ich mich an den Astspitzen festhielt. Das machte großen Eindruck. Sogar die Erzieher schauten sich das Kunststück an, das mir Kraft gab, da ich meine Kletterfertigkeiten dazu nutzte, mich bewundern zu lassen und mir zu beweisen, dass sich jede Situation, selbst die gefährlichste meistern lässt.

Während des Krieges war ich depersonalisiert worden. Ich hatte meine Eltern verloren, war festgenommen, eingesperrt, zum Tode verurteilt worden, man hatte mich versteckt, um mich zu beschützen, zu Leuten gebracht, die ich nicht kannte. Egal, ob es geschah, um mich zu vernichten oder zu beschützen – ich war nicht mehr Herr meines Lebens. Wenn ich jetzt den Tod herausforderte, so war es ein Akt der Repersonalisierung.

Von Zeit zu Zeit brachte man uns zum Baden nach Capbreton. Die Erwachsenen hatten uns vor der Ebbe und den dabei entstehenden Strudeln gewarnt. Daher hatte ich beschlossen, ein guter Schwimmer zu werden und in die Strudel zu tauchen, um ... mich aus ihnen zu befreien!

In Castillon erzählte ich unbekannten Erwachsenen, wie ich mich unter die Zimmerdecke der Toilette gezwängt hatte und dann unter die Matratze einer sterbenden Frau gekrochen war. Einer von ihnen sagte: »Ein Glück, dass du nicht geniest hast. Der deutsche Soldat hätte dich umgebracht.« Augenblicklich beschloss ich, mir Grashalme in die Nase zu stecken, um einen Niesreiz auszulösen und ihn zu unterdrücken. Das funktionierte ausgezeichnet! Zwar hatte ich die Augen voller Tränen und die Nase manchmal voller Blut, aber ich nieste nicht. So bewies ich mir, dass ich stärker war als die Umstände. Ich konnte frei sein, wenn ich es wollte. Ich brauchte mich nur auf dieses Spiel mit dem Tod einzulassen. Den Erwachsenen mochten diese privaten Gottesurteile absurd erscheinen. Doch in meinem vom Krieg zerstörten kindlichen Leben halfen mir diese kleinen Ordalien, von meiner Welt wieder Besitz zu ergreifen.

Lange Zeit blieb ich diesen riskanten Verhaltensweisen treu, die nur für mich persönlich Bedeutung hatten. Ich glaube, die Tatsache, dass ich mich später an ein Studium wagte, verdanke ich diesen morbiden Mutproben. Wäre mein seelisches Gleichgewicht größer gewesen, hätte ich mich der Existenz des in seinen Möglichkeiten eingeschränkten Kindes gefügt, die mir mein Umfeld einreden wollte: »Mein armer Kleiner, wie willst du angesichts dessen, was dir zugestoßen ist, Journalist oder Arzt werden?« Mitleid kann ein Handicap sein.

»Wovon erzählen die Tränen?«[18] Ich habe nie geweint, weder über den Tod meiner Eltern noch über meine verlorene Kindheit. Es gab nichts zu sagen. Ich war zu klein, um zu trauern. Die wunden Stellen schmerzen nicht, das Gewebe ist tot, das ist alles. Erst später stellten sich die Tränen wieder ein, bei Dora, weil sie mir ein Heim bot und das Leben wieder in mich zurückkehrte.

»Vergiß nicht, daß jeder Geist durch die banalsten Erfahrungen geformt wird. Daß ein Faktum *banal* ist, heißt, daß es zu denen gehört, die an der Entstehung deiner wesentlichen Gedanken stärksten Anteil gehabt haben.«[19] Als die Eltern von Gabrielle 1943 verschwanden, wurde das kleine Mädchen in das sogenannte »Kinder-Depot Denfert-Rochereau« gebracht. Einige Zeit danach, im August 1945, kam sie mit anderen Fürsorgekindern auf einen Bauernhof im Morvan. »Eine Bäuerin kam«, so Gabrielle, und der Direktor habe gesagt: »Sie haben die Wahl, es sind vier Jungen und ein Mädchen.«[20] Bei Schulbeginn trugen die Fürsorgekinder blauweiß karierte Kittelschürzen. Ein kleines Mädchen näherte sich und sagte: »Spiel nicht mit ihr, sie kommt von der Fürsorge.«

Die traumatisierende Wirkung geht hier von einer banalen Zurückweisung aus – von der Bedeutung der Handlung, nicht von dieser selbst. Ein Kind abzulehnen, weil sein Kittel blau und weiß ist, kann als ärgerlich oder komisch empfunden werden. Doch wenn die Farben des Kittels zum Ausdruck bringen: »Du bist weniger wert, weil du keine Familie hast«, wiegt die Zurückweisung viel schwerer.

Kleidung transportiert eine Bedeutung, die sich aus unserer Geschichte erklärt. Als Amélie, die in einem sehr gläubigen Umfeld aufwuchs, von einem Familienmitglied missbraucht wurde, war sie zu klein, um zu verstehen, was ihr zugestoßen war. Trotzdem hatte sie das vage Gefühl von etwas Bedrückendem. Als sie mit vierzehn Jahren zum ersten Mal das Wort »Inzest« hörte, sah sie keinen Zusammenhang mit dem, was ihr widerfahren war. Erst als sie mit 18 den Zusammenhang wirklich begriff, brach sie zusammen. Als erwachsene Frau sagt sie heute: »Wenn ich mich zum Sport ankleide, fühle ich mich selbstbewusst. Wenn ich mich als Frau kleide, fühle ich mich in Gefahr.«[21] Das Gefühl der Gefährdung erwächst natürlich nicht aus der Kleidung, sondern aus der Erinnerung, die sie heraufbeschwört: Sich als Frau zu kleiden, heißt, ein Verlangen zu wecken, das den Übergriff provoziert.

Der Schandkittel bedeutete für ein Fürsorgekind: »Ich bin weniger wert als die anderen.« Die hochhackigen Schuhe sind beängstigend, weil sie die Möglichkeit eines sexuellen Übergriffs signalisieren. Unser Gedächtnis versieht die gegenwärtigen Objekte und Ereignisse mit angst- oder lustbesetzten Konnotationen, die aus unserer Vergangenheit stammen.

Ich kann die Reaktion von Jean, einem jungen Auschwitz-Überlebenden, nur zu gut verstehen. Er berichtet, wie er, nur noch Haut und Knochen und zehn Jahrhunderte Erinnerung im Gepäck, nach Hause kam: »Meine Mutter machte mir ein normales Bett mit Matratze, Bettdecke und Kopfkissen. Natürlich konnte ich die Weichheit eines solchen Lagers nicht ertragen und legte mich auf den Fußboden.«[22] Das Gewicht der Vergangenheit verzerrt die Gegenwart. Wenn man aus einer Agonie von mehreren Jahren erwacht, kann man nicht gleich Freudensprünge machen. Man braucht Zeit, um das Leben wieder zu lernen und sich an das Glück zu gewöhnen.

Schwache Nähte, wiederholte Risse

Seit meinem zweiten Lebensjahr hatte ich nichts als Brüche, Risse und Bedrohungen erlebt. Daher habe ich große Gedächtnislücken, die sich zeitlich mit der Erstarrung des Lebens in meiner Umgebung decken. Die mutmaßliche Depression meiner Mutter, die Perioden sensorischer Isolation, der Reizentzug – all das hinterließ keine Einträge in meinem Gedächtnis!

Nach dem Krieg verhinderten die immer neuen Heimplätze, der ständige Wechsel, dass ich neue Bindungen herstellen konnte. Jeder Ansatz wurde sofort erstickt, weil ich in irgendein neues anonymes Heim kam. Eine Folge von Heimunterbringungen an unbekannten Orten, bei Leuten, an die ich mich nicht erinnere, ließ die Bildung einer zusammenhängenden Vorstellung nicht zu.

Aus Gründen, die ich nicht kenne, kam ich nach Oloron-Sainte-Marie. Da war ein ziemlich steiler Hang. Ich weiß nicht mehr, wohin er führte: zu einem Pensionat? Einem Waisenhaus? Einem Ferienlager? Ein paar glückliche Erinnerungen inmitten dieser unzusammenhängenden Bilder, eine schöne Terrasse mit Blick auf das Tal, einige fröhliche Streiche – etwa als wir die Stiele von Heidekraut rauchten, was uns gar nicht bekam – und vor allem ein bunter Abend, wo wir *Tout va très bien Madame la marquise* lernten. Bei diesem pantomimischen Lied entdeckte ich meine Begabung zum Hanswurst wieder. Den Hanswurst zu spielen ist eine ernste Sache: Ihre Lebensgeister erwachen, man applaudiert Ihnen, man liebt Sie. Das Leben kehrt langsam zurück.

Aus ebenso unbekannten Gründen kam ich nach Tarnos, nach Hossegor, nach Saint-Jean-Royan und in andere Heime, wo ich eine Weile blieb. Wie lange und mit wem – ich weiß es nicht.

Eine absurde Erinnerung an Hossegor: Ein »Vorgesetzter« ruft einen »Erzieher«[23] an, um ihm mitzuteilen, er habe einen Gutschein zum Kleiderkauf in Paris für mich. Wir fuhren mit dem Zug, eine lange, schweigsame Fahrt, weil sich der Erzieher mit mir langweilte und ich es ihm mit gleicher Münze heimzahlte. Wir sind in der Nähe der Bastille angekommen, eine Treppe mitten auf einer Straße hochgestiegen, der Erzieher gab meinen Gutschein ab, und ich erhielt einen ärmellosen Pullover mit gelben und grünen Streifen von beispielloser Hässlichkeit. Dann stiegen wir wieder in den Zug, um eine lange, schweigsame Heimfahrt anzutreten.

Ich hatte viele glückliche Augenblicke mit anderen Kindern. Wir bauten eine Hütte, übten uns im Messerwerfen und ließen uns zum Tischdienst einteilen, um beim Abräumen und Abwischen ein paar zusätzliche Brotkrümel zu ergattern.

Unsere Beziehungen zu den Erwachsenen beschränkten sich auf Strenge und Erniedrigung. In dem riesigen Schlafsaal schlief ein Erzieher bei uns; sein »Schlafzimmer« war einfach durch Wände aus aufgehängten Tüchern abgeteilt. Eines Nachts rief einer von ihnen mich zu sich und forderte mich auf, den Kopf in ein Becken zu tauchen, in dem er ein Fußbad genommen hatte. Habe ich es getan? Zum Glück kam ein anderer Erzieher rechtzeitig ins »Zimmer« und sagte etwas zu ihm, was ihn anderen Sinnes werden ließ.

Ein anderer Betreuer wurde wegen seiner Strenge gefürchtet. Auf dem großen Platz zwischen den Gebäuden durften wir nur im Gleichschritt gehen. Um nicht das Wort an uns richten zu müssen, schnalzte Moric – so hieß er – lediglich mit der Zunge, dann mussten wir alle gleichzeitig mit dem linken Fuß beginnen. Ich habe die Deutschen nie gehasst, nur die Soldaten gefürchtet, aber an diesem Tag beschloss ich, groß und stark zu werden, damit ich Moric umbringen konnte. Übrigens bin ich neulich beim Spazierengehen in einem Provence-Dorf am Schild eines Krankengymnasten vorbeigekommen, auf dem dieser Name stand. Ich hätte fast geklingelt.

Dass die Deutschen meinen Tod wollten, erschien mir nicht so schlimm wie Morics Verachtung. Außerdem hatten sie sich seit Kriegsende unglaublich verändert. Auf den Bauernhöfen waren Kriegsgefangene, die keine Uniformen mehr trugen.

Häufig arbeiteten sie mit nacktem Oberkörper und riefen uns freundlich an. Kaum waren die deutschen Soldaten besiegt, wurden sie wieder zu Menschen. Die Uniform hatte sie in Roboter verwandelt. Die Freundlichkeit dieser Kriegsgefangenen beruhigte mich. Ich glaube, mir war damals schon klar, dass diese Männer von einem bösen Einfluss besessen waren. Heute würde ich sagen »psychisch gestört durch ihre Unterwerfung unter eine Ideologie, fehlgeleitet durch ihre Überzeugungen«.

Meine Erinnerungen sind klar, wenn es um die Kriegsjahre geht, verwirren sich aber mit Friedensbeginn. Paradoxerweise gab mir die Flucht vor den Verfolgern eindeutige Verhaltensmaßregeln und Zielvorgaben. Außerdem verdanke ich dieser Überlebensstrategie eine einfache Einteilung meiner Welt in freundliche und schlechte Menschen. Ich war stolz, dass ich entkommen konnte und dass es mir gelungen war, einer ganzen Armee, die mir nach dem Leben trachtete, ein Schnippchen zu schlagen. Diese Welt war für mich vollkommen klar. Ich hatte Vertrauen zu den freundlichen Menschen, mit denen ich mich mühelos unterhalten konnte. Sie waren fröhlich, warmherzig, wohlwollend und sahen mir meine kindlichen Dummheiten nach. In dem Maße, wie die deutschen Truppen vorrückten, kam ich von einer freundlichen Bezugsperson zur anderen, aber bei ihnen allen fand ich stets emotionale Sicherheit. Sie bildeten in ihrer Gesamtheit eine einzige tröstliche Bindungsfigur. Selbst wenn ich nachts plötzlich in einem Lieferwagen fliehen musste, hinter ein paar Kartoffelsäcken versteckt, um unbeschadet durch eine Straßensperre zu kommen, war da immer ein Erwachsener, der mir lächelnd Mut zusprach.

Das war nicht sehr beängstigend, sogar eher unterhaltsam. Wenn wir in das neue Versteck kamen, genossen wir – die

Erwachsenen und ich – gemeinsam die Euphorie des Sieges. Die Bösen hatten das Nachsehen! Ich suchte die Bindung zu meinen unbekannten Komplizen. Während des Krieges gab es einige kurze Augenblicke der Angst und lange Phasen des Glücks.

Ich empfand ein Gefühl der Befreiung, als ich sah, wie die Leute nach Hiroshima Freudentänze aufführten, als die hübsche Krankenschwester mich ins Grand Théâtre von Bordeaux führte, wo ich die nackten Tänzerinnen erblickte, und als ich Pierre Saint-Picq begleitete, einen Freund von Margot, FFI-Leutnant beim Angriff auf Bègles bei Bordeaux. Als der Citroën der Widerstandskämpfer in die Ortschaft fuhr, wurde noch hier und da ein wenig geschossen, aber kaum war Saint-Picq mit seiner FFI-Armbinde und dem Gewehr in der Hand aus dem Auto gestiegen, verstummten die Waffen. Der unsichtbare Feind war geflohen, und die Widerstandskämpfer umringten meinen großen Freund. Es war wunderbar. Alle diese freundlichen Männer brachten Frieden und Freiheit. Der Krieg war vorüber, sie kehrten nach Hause zurück, wir waren die Sieger.

Meine Erinnerungen an die Vorkriegszeit, als ich noch keine drei Jahre alt war, waren klar. Während des Krieges wurden sie lückenhaft, als es in meinem Leben nichts gab, was sie hätte ergänzen können. Chaotisch und unzusammenhängend wurden sie nach dem Krieg, als die Richter mich abwechselnd in die Obhut von Dora in Paris und von Margot in Bordeaux gaben, bis ich schließlich in ein Dutzend verschiedene anonyme Heime gesteckt wurde, wo es weder freundliche noch schlechte Menschen gab, sondern nichts und niemanden.

Unter dem Verlust meiner Eltern habe ich nicht gelitten, weil ich zum Zeitpunkt ihres Verschwindens zu klein war, um eine Vorstellung von der Unwiderruflichkeit des Todes zu haben. Außerdem waren sie nicht tot, sondern verschwunden. Erst als ich unter dem Tisch die Enthüllungen von Madame Farges hörte, wurde mit klar, dass sie nicht wiederkommen würden. Der Umstand, dass ich nicht unter ihrem Tod gelitten hatte, bedeutete jedoch nicht, dass er keine Spuren in meinem Gedächtnis hinterlassen hatte. Aber in dieser Entwicklungsphase hatte ich bereits einige Schutzfaktoren erworben: Vor den Kriegswirren hatte ich im Zusammenleben mit meiner Mutter Selbstvertrauen entwickelt. Die Leute sagten, ich sei geschwätzig wie eine Elster. Ich konnte also mentalisieren und Worte finden, die eine Verbindung der privaten, inneren Welten herstellten. Außerdem schlossen sich all die Gerechten, die mir im Krieg Beistand leisteten, in ihrer Gesamtheit zu einer sicheren Bindungsfigur zusammen und wurden so zu einem weiteren Schutzfaktor. Ich fühlte mich wohl in ihrer Nähe. Und nicht zuletzt haben wir den Krieg gewonnen!

Hätte ich meine Eltern vor meinem zweiten Lebensjahr verloren, wäre ich extrem verletzlich geworden. Dann hätte ich nämlich noch nicht über das emotionale Regulativ meiner Sprachfähigkeit verfügt. Ich wäre meinen Gefühlen ausgeliefert gewesen, hätte meine Beziehungen nicht steuern und die Belastungen der Folgezeit nicht ertragen können.

In den Phasen der Isolierung konnte ich keine Erinnerungen anlegen. Was bleibt denn für die Gedächtnisspeicherung, wenn die Welt leer ist? Trotzdem hinterlässt der Verlust seine Spur in der Ich-Vorstellung. Und wenn es in der Folge zu einer weiteren Trennung kommt, ruft sie diese leere Erinnerung ab.

Trennungen sind im Lauf des Lebens unvermeidlich und helfen uns bei der Vorbereitung auf die Selbständigkeit. Doch wenn ein Verlust, der vor dem Spracherwerb eintritt, im Gedächtnis eine Neigung zu Verlustängsten verankert, besteht bei der kleinsten künftigen Trennung die Gefahr, dass eine Depression ausgelöst wird. Schon die räumliche Entfernung von der Bindungsfigur wird von einem Kind als schmerzlich empfunden, »wenn es im Vorfeld durch eine Trennung traumatisiert wurde«.[24] Sogar ein symbolischer Verlust genügt, um diese frühkindlich erworbene Gedächtnisspur zu aktivieren: das Scheitern in einem Examen, eine geplatzte Verabredung, der Bruch einer Liebesbeziehung. Auch wer frühzeitig einen sicheren Bindungsstil erworben hat, leidet unter diesen Verlusten, versucht sie aber sehr rasch durch andere Projekte zu kompensieren. Doch für jemanden, der schon in ganz jungen Jahren – noch vor dem Spracherwerb – unter Isolation gelitten und dadurch eine besondere emotionale Verletzlichkeit erworben hat, werden diese unvermeidlichen Unglücksfälle zu unüberwindlichen Verlusterlebnissen.

Diese frühkindlich erworbene Verletzlichkeit erklärt die merkwürdigen Bindungstrategien verlassener oder ausgesetzter Kinder. In einer ersten Phase protestieren und weinen sie, weil sie wütend sind, dass man ihnen die Bindung vorenthält, die ihnen zusteht. Dann tritt Entmutigung ein. Sie empfinden den Entzug als ein Nichts, in dem es keinen Zweck hat, nach Zuwendung zu verlangen. Solange sie noch die Kraft zum Hoffen besitzen, stürzen sie sich auf jede emotionale Ersatzfigur, die sich anbietet, und klammern sich an ihr fest. Diese ängstliche Überbindung erfolgt undifferenziert.

Solche Kinder versuchen, sich an alle Personen zu binden, die in ihre Reichweite kommen. Sie klammern sich an jeden Erwachsenen, greifen wie Ertrinkende nach allem, was vorbeischwimmt. Das rettet die Kinder natürlich, aber der Preis für eine solche Entwicklung ist sehr hoch. Ein Kind, das einen sicheren Bindungsstil erworben hat, orientiert sich an

Bindungsfiguren, die ihm zusagen. Es nähert sich, lächelt und spricht mit diesem Erwachsenen. Ein Kind dagegen, das unter seelischer Verletzlichkeit leidet, wendet sich jedem Erwachsenen zu, auch wenn er nicht lächelt, und sogar, wenn er sich ablehnend zeigt. Es bleibt in seiner Nähe, weil es das braucht, und lässt sich auch nicht dadurch beirren, dass er es zurückstößt. Ein solches Kind fühlt sich besser, aber da es seine Autonomie verloren hat, ist es auch bereit, mit jemandem zusammenzuleben, der sich nicht für es interessiert. Als Erwachsener verleiht es dieser in der Kindheit erworbenen Empfindung eine sprachliche Form: »Schau, woher ich komme, wie soll man mich lieben können? Schau, wer ich bin, ich danke dir, dass du mich bei dir duldest. Danke, dass du bereit warst, mich zu heiraten.« Das ist der Grund, warum wir manchmal Kindern und jungen Leuten begegnen, die verzweifelt an Eltern oder Partnern festhalten, die sie unglücklich machen. Dieser Beziehungsstil leitet eine schwierige Entwicklung ein, die zur Depression führen kann. Wenn solche Kinder in der Adoleszenz vor der Aufgabe stehen, autonom zu werden, haben sie nicht genügend Selbstvertrauen und bleiben lieber bei denen, die sie vernachlässigen oder misshandeln, bis zu dem Tag, wo die Zwänge und täglichen Frustrationen eine Depression hervorrufen.

Bei Kindern mit einem undifferenziertem Bindungsstil findet man in der Adoleszenz vier Mal so viele Depressionen wie in der allgemeinen Bevölkerung.[25] Wenn die vielen Frustrationen und Traumata zu einer sozial prekären Situation hinzukommen, treten bei 68 Prozent dieser Erwachsenen, die nach seelischen Verletzungen in der Kindheit unzureichend sozialisiert sind, Depressionen auf.[26]

Folglich können wir nicht sagen, dass »ein Schulabbruch oder die Auflösung einer Verlobung eine Depression bewirkt«. Aber wir dürfen davon ausgehen, dass bei einem Menschen, der durch frühe Verlusterlebnisse eine emotionale Verletzlichkeit erworben hat, ein späterer Verlust – egal, ob real oder symbolisch – mit hoher Wahrscheinlichkeit eine Depression auslöst.

Wenn es in einer sensiblen Entwicklungsphase zu einem frühen Verlust kommt und wenn das Umfeld keinen emotionalen Ersatz bietet, entsteht eine Situation sensorischer Isolierung, in der überhaupt keine Reize auf das Kind einwirken – weder auf sein Gehirn noch sein Gedächtnis, noch seine Geschichte. Dauert diese Isolierung zu lange, verkümmert das Gehirn, erlischt das Gedächtnis, entwickelt sich die Persönlichkeit nicht mehr. In diesen Fällen nimmt auch die Resilienz ab.

Verletzlichkeit erwerben

Dies bedeutet jedoch nicht, dass ein früher Verlust unter allen Umständen irreversible Schäden anrichtet. Häufig findet ein seelisch verletztes Kind eine familiäre Ersatzfigur, die sich seiner mit Freuden annimmt. In diesem Fall bringt die seelische Verletzlichkeit des Kindes, seine Schwierigkeit, Trennungen zu ertragen, seine Überbindung eine emotionale Stabilität hervor, die andere Entwicklungen fördert: Das Kind erweist sich als guter Schüler, als aufmerksam und ein wenig zu ernst. Alle sind voller Lob und merken nicht, dass dieser Eifer und liebenswürdige Charakter in der Angst vor Trennung und Verlust wurzeln.

Möglicherweise hat sich bei mir dieser Bindungsstil eingestellt, denn während des Krieges, näherte ich mich jedem Erwachsenen, der Sicherheit versprach, und erzählte ihm eine Menge Geschichten. Die vielen Gerechten, die mich in diesem gefährlichen Kontext umgaben, bildeten für mich eine Sicherheitsbasis. Trotzdem habe ich keine festen Bindungen zu ihnen hergestellt, weil ich sie schon bald wieder verlassen musste. Ich habe ihre Namen und Gesichter vergessen, aber sie hinterließen Spuren in mir. Ich wusste, dass diese Menschen bewundernswert waren, und fühlte mich wohl bei ihnen. Aber da sie nicht meine Eltern waren, verspürte ich nicht den Wunsch, mich mit ihnen zu identifizieren. Wenn die Umstände mir eine andere Sicherheitsbasis an einem anderen Ort anboten, stellte ich in gleicher Weise eine Bindung zu ihnen her.

Dieser Anpassung verdankte ich während des Krieges meine Rettung und vermutlich neue Lebensfreude. Als der Frieden kam und ich einige Überlebende meiner Familie wiederfand, fühlte ich mich verlassen, weil ich eine echte emotionale Nische zu finden hoffte, die mir aber von den Richtern bei jeder neuen Unterbringung zerstört wurde.

Die Gefühle, die wir empfinden, werden durch Vorstellungen in der theatralischen Bedeutung des Wortes hervorgerufen. Während des Krieges verfolgten mich die Bösen, während die Guten mich umgaben und mir halfen, die Deutschen zum Narren zu halten. Diese Vorstellungen setzen sich aus Bruchstücken der Wahrheit zusammen, die für die Inszenierung des Ich-Schauspiels arrangiert werden. Ich log nicht, ich beschrieb einfach meine Ich-Schimäre.

Kürzlich fragte ich mich, ob dieses Ich-Theater, diese Privatvorstellung, über die ich mit niemanden sprechen konnte, auch wirklich den Tatsachen entsprach. Musste ich an die Originalschauplätze zurückkehren, um es zu überprüfen? Musste ich Zeugen finden, die die Ereignisse mit mir zusammen erlebt hatten?

Ich habe nie den Mut zu dieser Überprüfung aufgebracht, als hätte ich Angst, ich könnte die Vergangenheit zurückholen. Diese Reaktion beweist, dass die posttraumatische Störung nicht weit ist. Das war keine Verdrängung, die an der sensibelsten Stelle meines Gedächtnisses zu einer Amnesie führte. Ich dachte die ganze Zeit an den Krieg, ließ aber die Gefühle, die mit dieser Vorstellung verknüpft waren, nicht zu. Alles, was ich in meinem Kontext wahrnahm, ergab einen Sinn, indem es sich auf das bezog, was mir zugestoßen war. Ich war auf der Seite der Algerier und Vietnamesen … die gegen die französische Armee kämpften, die Streitkräfte meines Landes. Ich identifizierte mich mit den schwarzen Sklaven, an deren Befreiung ich gerne teilgenommen hätte. Ich verstand, dass man gegen eine Armee kämpft, um ihre Freiheit zu erringen, und ich hätte mir gewünscht, dass die Streitkräfte meines Landes keine Ähnlichkeit mit der deutschen Besatzungsarmee gehabt hätten, die ich erlebt hatte.

Alles war mir ganz genau im Gedächtnis geblieben, aber ich redete mir ein, ich sei nicht traumatisiert, weil ich am Leben geblieben war. Fragten mich die Erwachsenen, ob ich Albträume hätte, kam ich mir stark vor, wenn ich es verneinte. Ich trat die Flucht nach vorn an, in Gestalt von Aktivismus, Träumerei, extremer Kontaktfreudigkeit und einem Wortschwall, der verbergen sollte, was nicht gesagt werden durfte. Es tritt ein »Vorgang ein, den ich als Verleugnung bezeichnen möchte, der im kindlichen Seelenleben weder selten noch sehr gefährlich zu sein scheint …«[27] Die Verleugnung schützt die traumatische Störung, verändert aber die Erinnerung, indem sie das Gefühl ausblendet, das mit der Vorstellung des Ereignisses verknüpft ist. Noch heute bin ich versucht zu sagen, dass ich nicht unter dem Krieg gelitten habe, aber ich muss mich doch fragen, ob es wirklich normal war, in einem leeren Zimmer stundenlang um einen Tisch herumzulaufen oder wie betäubt Situationen über mich ergehen zu lassen, die mich eigentlich in Angst und Schrecken hätten versetzen müssen.

Mit zunehmendem Alter und wachsendem zeitlichen Abstand fand ich ein wenig mehr Kraft und empfand das Bedürfnis, meine Erinnerungen zu überprüfen. Ich konnte nicht einfach an die Orte zurückkehren, um sie in Augenschein zu nehmen, das hätte die Gedächtnisspuren ungefiltert reaktiviert. Ich brauchte einen Anlass, ein Projekt, um die Gefühle zu verwandeln, die durch den Anblick der Schauplätze ausgelöst würden. Also beschloss ich, in einer Studie zu untersuchen, ob die Vorstellung meiner Vergangenheit den Tatsachen entsprach.

Die Absicht verändert den Eindruck, den Fakten in uns hervorrufen. Ich erinnere mich an ein Experiment, in dem wir das Mienenspiel einer Versuchsperson beobachteten, während wir eingeweihte Mitwirkende vorbeigehen ließen, die Traurigkeit, Fröhlichkeit oder helle Aufregung imitieren mussten. Wenn dem Versuchsteilnehmer Leute mit traurigem Gesichtsausdruck präsentiert wurden, war seine Miene unbeweglich und wirkte fasziniert. Erschien ein fröhlicher Mitwirkender, lächelte der Proband und hob die Augenbrauen. Wenn der Mitwirkende Aufregung simulierte, indem er herumfuchtelte und erregte Laute ausstieß, runzelte die Versuchsperson die Stirn und presste nervös die Lippen zusammen. Daraufhin sagten wir: »Der hat Amphetamine genommen.«[28] Augenblicklich veränderte sich das Mienenspiel und ließ auf einen entsprechenden Wandel der Gefühle schließen. Die beobachtete Person runzelte die Stirn, kniff die Lippen zusammen und nickte skeptisch mit dem Kopf. So erhielten wir den Beweis, dass infolge einer einfachen sprachlichen

Aufforderung, die die Vorstellungen veränderte, die Fakten anders empfunden wurden.

Auf der Suche nach der Vergangenheit

Diese Aufforderung erhielt ich eines Sonntags in Bordeaux von einem Freund.[29] Die Konferenz endete gegen 12 Uhr, mein Flugzeug startete gegen 19 Uhr. Ohne näher auf die Einzelheiten einzugehen, hatte ich ihm erzählt, dass ich während des Krieges auf einem Bauernhof in Pondaurat gelebt hatte. Er sagte: »Ich habe in dem Dorf gespielt, das ist nicht weit. Wollen wir hinfahren?«

Natürlich habe ich nichts wiedererkannt. Trotzdem war alles deutlich in meinem Gedächtnis vorhanden. Ich erinnerte mich an die Mahlzeiten der Arbeiter in dem Raum neben dem Stall, in dem wir nachts die Schafe unterstellten. Ich habe den Brunnen vor Augen, in dem ich Wasser schöpfte, seinen Rand und das große Rad. Die große Scheune aus schwarzem Holz mit den Lichtstreifen zwischen den Brettern.

Von alldem entdeckte ich nichts, als wir in dem Dorf eintrafen, wo es nur hübsche Häuschen mit Blumenkästen vor den Fenstern gab. Für mich legte mein Freund eine Kühnheit an den Tag, die er um seinetwillen nie aufgebracht hätte. Er fragte jeden Passanten, bis uns ein alter Herr den Hof der Pächterin zeigte. Der Name »Marguerite« und der ihrer Tochter, »Odette, die Bucklige«, gaben den Ausschlag: Da konnte er uns den Weg zeigen.

Als ich der jungen Frau erzählte, dass meine Arbeit darin bestand, morgens Wasser aus dem Brunnen zu schöpfen und abends die Schafe hereinzuholen, sagte sie: »Sie müssen sich täuschen, hier hat es nie Schafe gegeben.« Da mischte sich der Alte ein und stellte richtig: »Doch, doch, bis 1956 haben wir Schafe gehalten, erst dann sind wir auf Rinder umgestiegen.« Da hatte ich meinen Beweis! Tatsächlich entdeckten wir den Hof und unterhielten uns mit der neuen Besitzerin, die ihn sehr ansprechend renoviert hatte, wie es Städter machen, wenn sie sich ein Landhaus einrichten. Der Brunnen, an den ich mich so gut erinnerte, befand sich hinter dem Haus, während ich ihn deutlich vor der Vordertreppe sah. In meinem Gedächtnis war die Holzscheune riesig und passte so gar nicht zu der, die ich jetzt erblickte. Die Besitzerin erklärte: »Mein Mann fand sie zu hoch, sie verdeckte das Haus, da hat er sie niedriger machen lassen.« Ich erblickte den Steinvorsprung, von dem ich ins Wasser gefallen war, und ich empfand einen Anflug von Vertrautheit, als ich den Dorfplatz wiedersah, auf dem die Jungen mir böse Blicke zugeworfen und gemurmelt hatten: »Die Juden kennen keine Dankbarkeit.«

Das war alles: Ein paar Indizien reichten für meine deutlichen Vorstellungsbilder aus, die sich aber kaum mit der Wirklichkeit deckten. Als die einzigen zuverlässigen Hinweise erwiesen sich die Vornamen »Marguerite« und »Odette«.

Die Bilder von gestern, die sich in mein Gedächtnis gegraben hatten, entsprachen nicht mehr den Dingen von heute. Der Brunnen, die Scheune und das Haus schufen in meinem Gedächtnis eine andere Vorstellung, eine andere subjektive Evidenz.

Ich fragte mich, ob die Worte, von denen wir umgeben sind, die wir täglich hören – von Angehörigen, Freunden, dem weiteren sozialen Umfeld –, nicht eine induktive Wirkung auf unser Gedächtnis ausüben. Wenn ich an die ständigen Ortswechsel nach meiner Flucht denke, fallen mir eine Fülle von

Bildern ein: der Lieferwagen, der als Hilfsambulanz diente, der Kochtopf in der Küche der Kantine, der Kopf der Nonne im Türspalt und die Weigerung, sie ganz zu öffnen, die fröhlichen Mahlzeiten bei Margot, die strenge Freundlichkeit des Schuldirektors von Castillon, meine Diebeszüge in den Weinbergen und das Ganze eingebunden in ein Netz aus glücklichen und unglücklichen Bildern. Ich frage mich: Hätte ich die gleichen Bilder in meinem Gedächtnis gespeichert, wenn ich andere Wörter gehört hätte? Hätte ich das gleiche Gefühl beim Abspulen des inneren Films dieser Ereignisse, wenn ich das Wort »gehetzt« gekannt hätte? Da das nicht der Fall ist, sind Lieferwagen, Kochtopf, Nonne und gestohlene Trauben mit Erstaunen verknüpft. Hätte das Wort »gehetzt« in mir die Vorstellung von einem Wild hervorgerufen, das die Jäger eingekreist haben, um es zu erlegen, würde diese Ereignislawine nicht Erstaunen, sondern ein Gefühl der Panik konnotieren.

Wird die Vorstellung des Traumas beeinflusst von der Art und Weise, wie darüber gesprochen wird? Genügt es, das Wort auszusprechen, um die Bilder und die Fakten abzurufen?

Zwei amerikanische Psychologen zeigten einen Film, auf dem zwei Autos kollidieren.[30] Dann stellten sie eine sorgfältig formulierte Frage: »Was glauben Sie, wie schnell fuhren die Autos, als sie zusammenkrachten?« Nach Betrachtung des Films schätzten die Versuchsteilnehmer die Geschwindigkeit der Fahrzeuge auf 140 Stundenkilometer.

Dann zeigten sie denselben Film anderen Versuchsteilnehmern und drückten sich bei der Frage etwas anders aus: »Was glauben Sie, wie schnell fuhren die Autos, als sie zusammenstießen?« Daraufhin lagen die Schätzungen bei 90 Stundenkilometern, weil das Wort »zusammenstoßen« weniger Energie suggeriert als das Wort »zusammenkrachen«.

Die Art, wie man in meiner Umgebung über meine Erlebnisse sprach, rief unterschiedliche Empfindungen hervor. In Castillon sagten die Erwachsenen, wenn sie von mir sprachen: »Der Kleine hat Schreckliches erlebt.« Was ich gesehen hatte, war also schrecklich. Die durch diese Wörter dargestellte Wirklichkeit war beängstigend und hätte mich belasten müssen.

Ich hatte jedoch auch gehört, dass sie mit ganz verschiedenen Wörtern beschrieben wurde, weshalb ich auch andere Gedächtnisbilder speicherte. Die Gestapoleute, die mich in der Nacht festnahmen, fand ich mit ihren Revolvern und dunklen Brillen lächerlich. Die Krankenschwester, die mir bei meiner Flucht geholfen hatte, erschien mir hübsch und fröhlich. Die Gerechten, die sich mehrere Monate lang ablösten, um mich zu verstecken, sprachen nicht von Schrecken oder Heldentum. Sie erledigten einfach ihre tägliche Arbeit. Warum sollen in einem solchen Kontext die Ereignisse mit Schrecken konnotiert sein?

Die Belastung kam erst mit dem Frieden, als sich die Erwachsenen, die den Auftrag hatten, sich um die Kinder ohne Familie zu kümmern, nicht die Mühe machten, mit ihnen zu sprechen. Oder wenn sie mitleidig sagten: »Der Arme, er hat keine Familie.« Oder als ich den Satz aufschnappte: »Er erzählt Märchen.« Oder als eine Sozialarbeiterin, die den Auftrag hatte, meine Akte aufzuarbeiten, in schallendes Gelächter ausbrach, als ich ihr erzählte, ich wolle Arzt werden. Oder als ein Beamter, dem ich mitteilte, mein Vater sei in der Fremdenlegion gewesen, meinte: »Mit einem solchen Namen kann man nicht für Frankreich gefallen sein.«

All diese Worte in meiner Umgebung, all diese kleinen Sätze, diese Stereotype bildeten ein sprachliches Umfeld, das mich beeinflusste, wenn ich die Geschehnisse, die ich erlebt hatte, mit emotionalen Konnotationen versah: Scham oder

Stolz, Verzweiflung oder Fröhlichkeit, solche Empfindungen schrieb ich einer und derselben Erinnerung zu, je nachdem, wie meine Umgebung von ihr sprach.

Bei Dora wurden diese Dinge nicht erwähnt. Da zählten nur die Wörter, die mit Glück assoziiert waren: »tanzen«, »Nylonstrümpfe«, »Lucky Strike« und »Freunde«. Weder Krieg noch Schrecken, sondern nur die Beschwörung unmittelbarer Freuden. Unsere Gesellschaft hatte in den Nachkriegsjahren noch nicht genügend Abstand, um zu verstehen, dass der Abwehrmechanismus der Verleugnung in unseren Seelen eine Bombe mit Zeitzünder ablegte.

Ich brauchte fünfzig Jahre, um mich wieder in eine Synagoge zu trauen. Oft habe ich mich im Viertel der Rue Labirat herumgetrieben, aber aus irgendeinem Grund nie die Straße betreten, die dorthin führt. Schließlich nahm mich eine Freundin mit: »Es ist ganz in der Nähe«, sagte sie, »nur ein Katzensprung, ich kenne den Rabbiner.« Das Wetter war schön, die Luft leicht, ihre Begleitung angenehm – ich konnte also dorthin gehen, ohne eine Last auf der Brust zu fühlen.

Die Synagoge war schön, das gefiel mir. Der Rabbiner empfing uns mit seinem Bruder. Die freundliche Atmosphäre und die lächelnden Gesichter ermöglichten uns, das Problem ohne Umschweife anzusprechen: »Sind Sie zum ersten Mal wieder hier?«

Erstes Erstaunen: Die Synagoge ist weiß, obwohl ich in meiner Erinnerung viel Rot sehe. Der Tabernakel ist rot, und in meiner Erinnerung öffnet ihn ein Mann und holt die Gesetzesrolle daraus hervor. Neugier? Entweihung? Falsche Erinnerung? Ich weiß noch, dass die Sessel an der Wand links vom Eingang rot waren. Heute sind die Wände weiß und die Sessel aus Holz. Ich erzähle dem Rabbiner, dass sich am Eingang zwei kleine Tische befunden hätten, die der Selektion dienten. Der eine habe den Tod bedeutet, der andere zum Leben berechtigt, aber wir hätten nicht gewusst, welchen wir wählen sollten. In der Nacht seien wir geweckt worden, um uns zwischen zwei Stacheldrahtrollen einen Kaffee zu holen, den wir trinken mussten.

Der Bruder des Rabbiners zeigt mir am Fuß des Kapitels einer Säule im Vorraum eine große Stelle, an der ein Stein abgesplittert ist. Das Loch eines Gewehrschusses. »Daran erinnern Sie sich doch sicher?« Ich erinnere mich nicht. Plötzlich fällt mir ein Aufsatz ein, den ich einige Jahre nach dem Krieg im Gymnasium geschrieben habe. Dort berichtete ich, wie ein Kind, das während des Krieges in Gefangenschaft geraten war, eine Erschießung im Inneren des Tempels erlebte. Hätte ich meine Autobiographie mit dreizehn Jahren geschrieben, hätte ich dieses Ereignis sicherlich beeindruckender dargestellt. Sechzig Jahre später schildert mir die in meinem Gedächtnis verblasste Erinnerung nicht mehr die gleichen Szenen.

Als ich das Büchlein *La Synagogue de Bordeaux*[31] geschenkt bekam, entdeckte ich darin ein Bild von Jean-Lubin Vauzelle aus dem Jahr 1812, in dem der Maler deutlich das Rot der Behänge über dem Tabernakel und dem Sessel an der Wand links vom Eingang herausarbeitet. Außerdem fand ich ein Gemälde von Auguste Bordes (wirklich und wahrhaftig!) von 1845, das die Existenz der Behänge und die Ausrichtung des Altars in Längsrichtung bestätigt. Auf dem Boden erkannte ich die Mosaiken und oben, fast an der Decke, die kleinen Säulen in maurischem Stil.

Einige Punkte meines Gedächtnisses sind also zuverlässiger als heutige Zeugnisse, da mir die Maler des 19. Jahrhunderts recht geben. Aber die Erschießung, die ich heute nicht mehr in meinem Gedächtnis finde, war in meiner Kindheit ein wesentlicher Teil meiner Erinnerungen. Habe ich diese Szene ausgelöscht, weil die Ungläubigkeit in meinem Umfeld einen zu großen Druck entwickelte?

Jetzt wenden wir uns dem Ort meiner Rettung zu: den Toiletten! Ich erkenne den kleinen Hof wieder, durch den man zu ihnen gelangt, sehe die winzigen Fenster, die zu hoch sind, um aus ihnen zu entkommen, aber – welche Enttäuschung! – das aus Brettern gezimmerte Z im Inneren der Türen gibt es nicht mehr. Jahrelang war dieses Z ständige Begleiterscheinung der Aufführungen auf meiner Privatbühne. Ich bin fast ein wenig beunruhigt, weil ich es nicht wiederfinde. Ich frage den Rabbiner und die Freunde, die mich begleiten: »Sind die Türen erneuert worden?« Der Bruder sagt: »Ich glaube, ja.« Er sieht nicht sehr überzeugt aus. Und ich denke, dass man mir nicht glaubt, weil das die übliche Reaktion ist. Ich hätte mir so sehr gewünscht, dass das Z meine Fluchttechnik bestätigt hätte. Die Menschen um mich herum lächeln, aber ich spüre, dass sie ebenfalls enttäuscht sind.

Probleme habe ich auch mit der Vortreppe der Synagoge. In meiner Erinnerung steht das Tor weit offen, und die Sonne erhellt das Innere. Die Mannschaftswagen sind verschwunden, um die Häftlinge zur Gare Saint-Jean zu bringen. Ich stehe allein oben auf den Stufen und sehe unten die Krankenschwester, die mir durch Gesten bedeutet, zu dem Fahrzeug zu laufen, neben dem sie steht. In meinem Gedächtnis gibt es daran keinen Zweifel: Ich jage die Stufen hinab in Richtung Ambulanz. Doch jetzt erblicke ich nur drei moosbedeckte Stufen – das ist die ganze Vortreppe! Und wie hätte ich in den Lieferwagen kriechen können, da doch der Hof der Synagoge durch ein schmiedeeisernes Gitter fest umschlossen ist!

Trotzdem sehe ich mich die Stufen in Richtung Lieferwagen hinablaufen, unter die Matratze kriechen, die jemand hochgehoben hat, und ich erinnere mich, dass jemand sagt: »Rühr dich nicht und atme nicht so laut.« Ich weiß, dass man mir das gesagt hat, aber ich höre es nicht. Vielleicht bin ich außer Atem, weil ich so viel gelaufen bin? Kann es sein, dass alle meine Erinnerungen falsch sind?

In einem Archiv fand ich allerdings die Bestätigung meiner Festnahme. Ich habe meinen Namen auf einem merkwürdig datierten Einsatzbefehl zu einer Razzia gesehen: »Liste der in der Nacht vom 1. auf den 16. Juli 1942 festgenommenen Kinder.«[32] Von etwa 40 Kindern ist Jacqueline, die Jüngste, ein Jahr alt. Vermutlich brachte mich meine Mutter, die am 18. Juli 1942 verhaftet wurde, am Tag zuvor zur Fürsorge. An diesem Tag wurde ich nicht festgenommen.

Während die Wirklichkeit immer verwirrender wird, bleibt mein Gedächtnis klar. Tatsächlich ist die Synagoge renoviert worden, die Wände wurden gestrichen und die Toiletten repariert. Auch hätte ein Lieferwagen am Bürgersteig parken können, denn auf einem Vorkriegsfoto ist zu erkennen, dass vor dem Krieg das Gitter auf die Mitte des Vorplatzes beschränkt war, während die Seiten frei blieben.[33] Dem Himmel sei Dank! Ich hatte schon Angst, Sie würden mir nicht glauben.

Doch die Treppe, die in meiner Erinnerung so groß ist wie die aus *Panzerkreuzer Potemkin*, kann es nicht gewesen sein. Und doch versichere ich Ihnen, dass ich sie hinuntergestürzt bin. Allerdings habe ich das Gefühl vergessen, das ich in dem Augenblick empfand, als ich zur Krankenschwester lief. Wahrscheinlich entsprach es dem Gefühl, das die riesige Treppe in dem Film von Eisenstein vermittelt, den ich später gesehen habe: In einem Kinderwagen, der die Treppe hinabrollt, wird ein verlassenes Baby sterben, wenn sein Gefährt am Fuß der Treppe zerschellt. Ich verschmolz die beiden Erinnerungen zu einer einzigen. Zwar habe ich die Quelle dieser Erinnerung vergessen, nicht aber die vorgestellte Form, die die Filmtreppe meinem Gefühl vermittelte.

Für mich war das also die Wahrheit, auch wenn sie aus verschiedenen Erinnerungsquellen stammte. In der Wirklichkeit lief ich drei Stufen hinab, doch in meiner Vorstellung der Wirklichkeit war es die Hafentreppe von Odessa.

Hier passt das Wort »Vorstellung« ausgezeichnet. Die Erinnerungen beschwören nicht die Wirklichkeit, sondern fügen Bruchstücke der Wahrheit zu einer Vorstellung in unserem Privattheater zusammen. Der Film, den wir in unserer mentalen Welt vorführen, ist das Ergebnis unserer Geschichte und unserer Beziehungen. Wenn wir glücklich sind, suchen wir in unserem Gedächtnis einige Fragmente der Wahrheit zusammen, die wir zusammensetzen, um das Wohlgefühl, das wir empfinden, schlüssig erscheinen zu lassen. Fühlen wir uns unglücklich, greifen wir uns andere Stücke der Wahrheit heraus, die dann ihrerseits unserem Leiden Schlüssigkeit verleihen.

Auf jeden Fall sind sie wahr, wie diese Schimären wahr sind, diese Vorstellungsmonster, in denen die einzelnen Elemente alle der Wahrheit entsprechen.

Im Ich-Gedächtnis ist die Wahrheit der Dinge partiell: Wir erinnern uns an fast nichts von all den Dingen, die jeden Tag auf uns einstürmen. Aus den Teilen dieses »Fast-Nichts« fertigen wir uns eine Vorstellung, die dem, was wir empfinden, eine imaginierte Form gibt. Auf dieses Privattheater reagieren wir mit Applaus, mit Tränen oder mit Zorn, während wir von den unbewussten Erinnerungsspuren und den verdrängten Erinnerungen nichts wissen.

Der Krieg ist aus

Die Befreiung Castillons ist mir deutlich im Gedächtnis geblieben, doch gewarnt von der Konfrontation meiner Fluchterinnerungen mit der Wirklichkeit, beschloss ich, in das kleine Dorf zurückzukehren.

Als Margot die Medaille der Gerechten verliehen wurde, fiel mir ein älterer Herr auf, straff und immer noch gutaussehend, dessen Ernst mich faszinierte. Man machte uns miteinander bekannt: »Monsieur Lafaye, der Direktor der Schule, die dich während des Krieges aufgenommen hat.« Wir haben uns mit belanglosen Bemerkungen begnügt. Was soll man auch anderes sagen? Dann tauschten wir unsere Adressen aus und versprachen, uns wiederzusehen. Er ist nach Hause gefahren und kurz darauf gestorben. Ich habe gehört, er sei glücklich gewesen, dass er mich noch einmal gesehen hatte.

Während der Zeremonie saß eine Dame neben ihm, die unter Tränen lächelte. Das war seine Tochter Claudine Sabaté. Ich erinnere mich deutlich an ein kleines Mädchen, das mein Freund und ich gelegentlich auf unsere Diebeszüge in die Weinberge mitgenommen haben. Sie hatte überhaupt keine Erinnerung an mich oder die Muskatellertrauben, aber sie hatte von dem kleinen Jungen gehört, den ihr Vater praktisch unter den Augen der deutschen Wehrmacht in der Schule von Castillon versteckt hatte.

In Castillon habe ich nichts wiedererkannt. Es war kühl, wir gingen plaudernd durch eine adrette Straße, als Madame Villechenoux plötzlich sagte: »Hier, das ist die Schule!« Ein schönes Gebäude mit weißen Mauern und Blick auf die Hügel. Nichts von dem, was ich sah, entsprach meiner Erinnerung. Ganz hinten befand sich logischerweise der überdachten der Widerstandskämpfer verhindert, dass sie hingerichtet werden.«[36] Dieser Mann verhindert auch, dass die Gefangenen beleidigt werden.

Wahrscheinlich war der Widerstandskämpfer, der mit dem Dorfbewohner sprach, nach der Übergabe eingetroffen: »Unmittelbar nach der Befreiung, in den Tagen, die folgten, kamen zahlreiche Widerstandskämpfer nach Castillon ... da war zum Beispiel der Maquis Janlou, der vom Chef der Gruppe Baruthel geleitet wurde, oder der Maquis Loiseau, den Moresée kommandierte ...«[37] Als der Widerstandskämpfer sagte: »Wir haben einen Gefallenen und drei Schwerverwundete«, und mir herausrutschte: »Mehr nicht. Das sind nicht viele«, sprach er wahrscheinlich von einem Gefecht, das nicht in Castillon stattfand, da ja seine Kämpfer am Tag nach der Befreiung eintrafen. Ich glaubte, es gebe einen Widerspruch zwischen meiner Erinnerung an Kämpfe und den Zeugenaussagen, nach denen keine militärischen Aktionen stattfanden. Es handelte sich wieder einmal um die Verschmelzung zweier verschiedener Quellen.

Ich hatte Deutsche erlebt, die als stolze Sieger durch Bordeaux marschierten. Mit ihren Pferden, Trommeln, ihrer Musik und makellosen Marschordnung vermittelten sie einen Eindruck von Stärke und Schönheit. Dann hatte ich sie als gutmütige Besatzer erlebt, die Bonbons verteilten, ohne Waffen spazieren gingen, ohne Käppis und Koppel, sodass sie so freundlich erschienen, wie es der Vertrag mit der Vichy-Regierung verlangte. Anschließend hatte ich sie wieder von einer anderen Seite kennengelernt – Besatzer, die Straßensperren errichteten, Papiere kontrollierten, Unschuldige verhafteten, harmlose Frauen zu Tode prügelten. Nun erblickte ich die besiegten, erschöpften, abgerissenen Deutschen, die sich den Befehlen einiger junger Burschen unterwarfen.

Ununterbrochen hatten diese Männer ihr Image verändert. Suchen Sie sich eines aus: ein Musiker, ein netter Typ, ein Folterer oder ein Besiegter? Egal, für welches Image Sie sich entscheiden, es ist wahr.

Menschen werden von ihrem Milieu geprägt. Unsere Freiheit besteht im Wesentlichen darin, uns das Milieu zu suchen, in dem wir uns so entwickeln können, wie wir es wünschen, oder indem wir auf das Milieu einwirken, das uns formt. Wenn wir uns in einem bestimmten Kontext befinden, prägt es sich unserer Seele ein und macht aus uns das, was wir sind … jedenfalls im Augenblick.

Kaum waren die Deutschen besiegt, wurden sie wieder zu Menschen. Die übermenschlichen Roboter verwandelten sich in nette Burschen: »Die Wehrmacht ist in wilder Flucht. Auschwitz ist fast leer. Die SS-Wachen sind fort und haben einige Tausend Deportierte mitgenommen, wandelnde Kadaver, die während dieses albtraumhaften Marsches sterben werden. Einige Deportierte bleiben in dem leeren Lager zurück. Wir befinden uns im Block der Feuerwehrleute und entdecken ein Klavier. Ich stelle fest, dass Henri ein ausgezeichneter Jazzpianist ist. Die Tür öffnet sich. Ein Deutscher tritt ein. Alle Armeen der Welt sind gleich, wenn sie einen Krieg verlieren. Kerle in Lumpen, Kerle, die Angst haben, Kerle, die schmutzig sind, Kerle, die stinken … Er bittet uns um ein Stück Brot. Ich gebe ihm einen halben Laib … Seine Schuhe sind völlig zerfetzt. Er, der Deutsche, bittet uns, die Deportierten: ›Kann ich ein Paar haben?‹ Wir sagen: ›Nimm dir eins.‹ Der Bursche geht, er ist glücklich. Er klopft mir auf die Schulter und sagt: ›Habe keine Angst, Mensch, morgen sind die Russen da.‹«

Als die Deutschen Sieger waren, offenbarten sie eine überhebliche, roboterhafte Mentalität, indem sie sich den Befehlen ihrer Vorgesetzten unterwarfen und ihren Verbrechen durch ein paar moralisierende Parolen zu legitimieren versuchten. Sobald sie besiegt waren, wurden sie wieder schüchtern, höflich und bestrebt, die Rituale zu befolgen, die uns allen das Zusammenleben ermöglichen.

Germaine Tillion schildert diese Metamorphose. Zunächst berichtet sie, wie sie, als sie eines Abends im Oktober 1943 nach Ravensbrück kam, »die brutale Seite des Lagers, des Bagnos kennenlernte … und die Vivisektion junger Mädchen miterlebte«.[38] Sie beschließt, sich zu verteidigen und die Verwundeten zu unterstützen, wie sie es immer getan hat.

Um diese »Unterwelt« zu verstehen, beobachtet, beschreibt und organisiert sie einen »Widerstand des Lachens«. Bei ihren ethnologischen Aufzeichnungen stellt sie fest, dass sich die weiblichen SS-Wachen, wenn sie ihren Dienst antreten, noch vier Tage lang menschlich verhalten. Am fünften verlieren sie ihre menschlichen Eigenschaften und zeigen sich brutal, grausam und bar aller Empathie.

Auch einige Franzosen, die durch die Befreiung zu Siegern geworden waren, nachdem sie lange unterdrückt wurden, ließen ihren sadistischen Trieben freien Lauf. Ein sichtbares Symptom dafür war das Phänomen der kahlgeschorenen Frauen. Unter einem moralisierenden Vorwand fanden die Kahlscherer Gelegenheit, sich an der Erniedrigung jener Frauen zu ergötzen, die, wie sie sagten, »die horizontale Kollaboration« praktiziert hatten. Einige von ihnen waren arme Mädchen, die sich hier und da an einen Mann verkauften, der bereit war, sie zu bezahlen, egal, ob Deutscher oder Franzose. Andere Frauen, echte Kollaborateurinnen, wurden nicht geschoren, weil sie in den besseren Vierteln wohnten, wo sie beschützt wurden. Doch die Mehrheit dieser Französinnen waren einfach Frauen, die sich in einen Deutschen verliebt hatten. Heute gilt das als ein Zeichen der Öffnung, des Friedens in Europa. Gestern, im Kontext des Krieges, bekamen diese sexuellen Beziehungen die Bedeutung eines Verrats.

Die große Mehrheit der Franzosen hat anständig reagiert. Als man nach der Befreiung hörte, dass alte Rechnungen beglichen wurden, falsche Säuberungsprozesse (*Tribunaux d' épuration*) inszeniert wurden, um Nachbarn zu erschießen und sich gelegentlich ihren Besitz anzueignen, runzelten die Erwachsenen die Stirn und sagten: »Das ist beschämend.« Manch einer wurde auch zornig und verhinderte, dass die deutschen Kriegsgefangenen gedemütigt wurden. Diese Menschen sind nicht in die Geschichte der Befreiung eingegangen.

Schlüssigkeit ist abhängig von dem, was wir verstehen können. Vor einigen Tagen unterhielt ich mich mit einer kleinen Philosophin von sieben Jahren, deren Schwester in der Schule Sexualunterricht gehabt und zu Hause davon erzählt hatte. Da die Kleine wusste, dass ich Arzt bin, weihte sie mich in ihren Zorn ein. Sie sagte, der Lehrer behaupte dummes Zeug! Als sie mein Erstaunen sah, erklärte sie mir in schulmeisterlichem Ton, dieser Mann habe von der Sexualität der Pflanzen gesprochen, dabei wisse doch jeder, dass es »keine schwangeren Margeriten« gebe.

Mit ihren sieben Jahren hatte die kleine Philosophin sehr genau verstanden, dass sie, da ohne Penis geboren, dazu bestimmt war, eine Mama zu werden, worauf sie sich sehr freute. Doch in diesem Alter hatte sie noch keine klare Vorstellung vom Geschlechtsakt, sondern nur eine vage Idee, die ihr »sehr dumm« erschien. Mit anderen Worten, sie verfügte noch nicht über das Wissen, das ihr erlaubt hätte, sich die sexuelle Penetration vorzustellen – oder sich gar das Gewimmel der Spermien im Eileiter vor dem Eindringen in die Eizelle auszumalen. Für sie bestand die Schönheit der Sexualität darin, den Märchenprinzen zu treffen und schwanger zu sein, aber nicht darin, die Geschlechtszellen zu vereinigen. So betrachtet, müssen Sie zugeben, dass der Lehrer dummes Zeug verkündet hat. Dieses kleine Mädchen konnte ihre Vorstellung nur mit dem Wissen füttern, über das sie verfügte. Vielleicht ist das die Weise, wie wir alle denken?

Bist du beliebt? 25 Prozent der Jugendlichen glaubten, dass man sie mochte, als Erwachsene waren 50 Prozent überzeugt, damals beliebt gewesen zu sein.

Wie fühlst du dich nach einer körperlichen Züchtigung? Das war zu jener Zeit Usus in den Schulen: Ein Schlag mit dem Lineal auf die Fingerspitzen, und schon hatte man den Satz des Pythagoras verstanden! 82 Prozent der Jugendlichen gaben an, sich erniedrigt zu fühlen, während im Erwachsenenalter nur noch 33 Prozent sagten, es habe ihnen etwas ausgemacht.

Die weitere Geschichte der Befragten wirkte sich auf die Vorstellung ihrer Vergangenheit aus. Wenn wir an unsere Vergangenheit denken und Jugendfreunde treffen, empfinden wir ein Gefühl der Freundschaft für Klassenkameraden, mit denen wir damals kaum gesprochen haben. Wer in seinem späteren Leben in einer Fabrik oder einem Bergwerk arbeitete, wo jede Bewegung zur Qual wurde, neigt vielleicht dazu, die körperlichen Züchtigungen in der Schule nachsichtiger zu beurteilen. Wenn wir glücklich sind, kommt es sogar häufig vor, dass wir unsere gegenwärtige Zufriedenheit mit positiven Erinnerungen erklären: »Diese Züchtigungen haben mich stark gemacht, ich habe sie überwunden.« Sind wir mit 50 Jahren unglücklich, kommen wir zur umgekehrten Kausalbeziehung: »Diese körperlichen Züchtigungen haben mich gebrochen.«

Die Empfindung, die mit der Erinnerung assoziiert ist, kann sich wandeln: »Ich schämte mich, dass mich meine Mutter immer mit einer feuchten Schürze abholte«, sagt ein Erwachsener. »Heute schäme ich mich, dass ich mich schämte, denn sie hat schwer gearbeitet, um meine Ausbildung zu finanzieren.« Der einfache Ablauf der Geschichte modifiziert die Vorstellung der Vergangenheit.

Wir nehmen nicht alle Objekte und Ereignisse in unserer Umgebung zur Kenntnis. Versuchten wir, die ganze Fülle der Informationen zu verarbeiten, würde nichts Gestalt annehmen. Wir wären verwirrt. Um klare Vorstellungen zu haben, müssen wir vergessen.[6] Um uns unsere Vergangenheit eindeutig zu vergegenwärtigen, dürfen wir nur die Erinnerungen zulassen, die unserer Gemütsverfassung im Augenblick des Erinnerns entsprechen.

Die Vergangenheit wird schlüssig, weil wir sie teilweise vergessen und weil wir sie emotional beeinflussen. Wenn die Welt klar ist, können wir entscheiden, welche Träume wir immer verwirklichen wollten, als wir Kinder waren. Wir können uns sogar über Verletzungen empören, die wir in einer für schmerzlos gehaltenen Vergangenheit erlitten haben.

Wein der Erinnerung

Von der Gegenwart ausgehend, berauschen wir uns am Wein der Erinnerung und an der wiederhergestellten Gegenwart, sagt Daniel Offer in Anspielung auf die *Fleurs du mal* von Charles Baudelaire, diesem intimen Kenner des Gedächtnisses.

Das traumatische Gedächtnis ist eine Kollage aus exakten Erinnerungsbildern, umgeben von einer Wolke aus Wörtern und unbestimmten Empfindungen, die wir verändern müssen, um nicht depressiv zu werden. In diesem Bereich der Rekonstruktion wird uns die Kreativität zu einem Instrument der Resilienz. Wenn alles zu klar ist, sind wir der Wiederholung ausgeliefert, können immer nur das Gleiche hersagen. Nur dort, wo Unklarheit herrscht, ist Aufklärung möglich. In den hellen Zonen haben wir die überprüfbaren Fakten abgelegt, während uns die verschatteten Bereiche zur Kreativität herausfordern.

Seit ich mich erinnern kann, wollte ich immer Psychiater werden. Das hat die Leute verwundert. Sie sagten, das müsse eine falsche Erinnerung sein, da nach dem Krieg niemand von der Psychiatrie sprach. Als ich 1970 Psychiater geworden war, stöberte ich auf gut Glück in einem Koffer herum, der sich auf dem Dachboden des Hauses befand, das Dora und Adolphe in Sannois gekauft hatten. Dort fand ich einen Stapel mit »Niederschriften«, wie man damals sagte. Der Lehrer hatte die Frage gestellt: »Was wollt ihr machen, wenn ihr erwachsen seid?« Zu meiner Überraschung las ich, dass ich Psychiater werden wollte, um die menschliche Seele zu verstehen. Damals war ich elf. Ich kann mich noch genau an den Tag erinnern, als ich mich mit zehn Jahren zum Schriftsteller berufen fühlte, weil ein Lehrer mich gelobt hatte. Ich erinnere mich sogar noch an den Satz, der ihn zu seinem Kompliment veranlasst hatte: »Er sprang über die gefrorenen Pfützen, die Hände in den Taschen des Mantels, der zu groß für ihn war.« Mit elf Jahren wollte ich Psychiater werden – den Beweis für diesen Wunsch fand ich erst zwanzig Jahre später.

Die der Wirklichkeit entsprechenden Elemente meiner Schimäre werden zusammengesetzt und angeordnet durch den Sinn, den ich heute den vergangenen Ereignissen verleihe. Die Erzählung ermöglicht mir diese Harmonisierung meiner Erinnerungen und entscheidet, in welche Richtung sich meine Schimäre bewegt. Ohne die Erzählung ginge jedes Stück der Wahrheit in eine eigene Richtung und nähme keinen Sinn an. Ich würde nicht wissen, wer ich bin, was ich liebe und wonach ich strebe.

Nach dem Krieg lebte ich in einer Kakophonie verschiedenster Stimmen. Manche berichteten volltönend von ihrem Widerstand, andere trugen ihre Anschuldigungen flüsternd den »Säuberungsgerichten« zu. Ich hörte freundliche, bittere, demütigende, tröstende Wörter, die vom Krieg berichteten, von der neu entdeckten Freude und dem Mut der mit dem Wiederaufbau des Landes beschäftigten Franzosen. Jede Woche wurde das Kino zu einem außergewöhnlichen Ereignis. Man zog seinen Sonntagsstaat an, ging mit der Familie oder in Gruppen hin, lauschte den jungen Sängern, die vor dem Film ihr Talent erprobten, begab sich in der Pause hinaus und gönnte sich ein Eis – das Kino war ein Fest.

Ich erinnere mich an die Arbeiter, die an der Porte de Clignancourt in Bauhütten schliefen und morgens auf Brettern, die sie über den Schlamm gelegt hatten, zur Arbeit gingen – untadelig, mit weißem Hemd und Schlips!

Die Gewerkschaft CGT verlangte von den Angestellten Überstunden und von den Arbeitern Samstags- und Sonntagsarbeit zur Reparatur des Stromnetzes – umsonst natürlich, weil der Staat kein Geld hatte.

In dieser täglichen Begeisterung, die geprägt war von Armut, gegenseitiger Hilfe, Improvisation und Fröhlichkeit, fand ich keine Worte. Zu klein. Was ich gelegentlich erzählte, hier ein Satz und dort einer, rief betretenes Schweigen in meiner Umgebung hervor. Doch das dauerte nicht lange, das Leben ging weiter, ich hatte ihnen nur ein paar Minuten ihres wiedergefundenen Glücks verdorben.

Im Chor der Vielredner, die mich umgaben, war es nicht leicht, dieses Problem anzugehen.[7] Da es so viele Erzähler gab wie Personen, lieferte der für die Sinnstiftung zuständige Apparat keine verständliche Botschaft mehr. Ohne Erzählung gibt es keinen Sinn, doch wenn es zu viele Erzählungen gibt, weiß unsere Schimäre nicht, wohin sie sich wenden soll.

Irgendwann setzt sich eine Erzählung durch, eine Wahrheit präsentiert sich, als wäre sie unabänderlich: Das ist ein Mythos.

Die kollektive Erfahrung des Krieges war deprimierend, erniedrigend, bedrückend. Niemand verstand, was geschehen war. Einige entschieden sich für die Kollaboration. Anfangs genossen sie ihre Macht und ihren Reichtum. Täglich fanden noble Feste in den Restaurants des Schwarzen Markts, in den Rathäusern und Kommandanturen statt. Der Humor dieser Sieger bestand darin, andere zu vernichten und über die Demütigungen zu lachen, die sie den Schwarzen, den Juden, den Armen zufügten. Es wurde viel gelacht unter Übermenschen.

Während dieser Zeit entdeckten viele Widerstandskämpfer die Folter und die Solidarität als Waffen im Kampf gegen den Feind.

Das Fehlen einer Erzählung und das Durcheinander der Stimmen hinderten mich daran, eine Ich-Vorstellung zu entwickeln, die meiner Existenz einen Sinn gegeben hätte. In den Jahren nach dem Krieg hatte ich nur die Wahl zwischen Stumpfsinn und Betriebsamkeit.

Die wiederhergestellte Vergangenheit

Glücklicherweise gab es dann zwei Faktoren in meinem Umfeld, die meine Resilienz stärkten: die Begegnung zwischen Dora und Émile und den kommunistischen Mythos.

Als Dora mir Émile vorstellte, blieb er an der Tür stehen, weil das Zimmer zu klein für mehrere Stühle war. Warum war ich von Anfang an von seiner Kraft und Freundlichkeit begeistert? Heute würde ich sagen, seine Erscheinung sprach in mir an, was ich für mich erhoffte: Kraft und Freundlichkeit. Émile repräsentierte das, was ich sein wollte, wenn ich groß war. Vielleicht findet Ödipus so seinen Ausdruck: »... indem er die Identifikation mit einem gleichgeschlechtlichen Erwachsenen dramatisiert, wobei die Affektkonstellation offenbart, welchen Traum vom Ich er realisieren möchte.«[8] Nie hatte ich etwas Ähnliches empfunden, als Dora mich mit anderen Freunden bekannt gemacht hatte, dem Korsen, der so akrobatisch tanzte, oder Maurice, dem Fred Astaire vom Montmartre. Ich fand sie sympathisch und lustig und war begeistert von ihrer Tanzkunst. Der Korse riet mir, zum Militär zu gehen: »Du wirst was von der Welt sehen«, sagte er, »und da bist immer schön gekleidet.« Das interessierte mich nicht. Ich mochte sie beide gern, aber ihr Weg war nicht der meine.

Als Dora mir Émile vorstellte, sagte sie: »Wir werden zusammenleben. Émile ist Wissenschaftler und spielt Rugby.« Ich hatte keine Ahnung, was es mit der Wissenschaft und dem Rugby auf sich hatte, war aber augenblicklich von ihm eingenommen.

Dann geschah etwas Seltsames. In den wenigen Monaten, in denen Dora und Èmile eine größere Wohnung suchten, wurde ich zu einem ausgezeichneten Schüler, als wäre es in meiner inneren Welt plötzlich hell geworden.

Ich besuchte wieder die Schule in der Rue Turgot, in der ich so kläglich versagt hatte. In den folgenden zwei Jahren war ich zum Spielball der Behörden geworden, die mich abwechselnd Margot und Dora zusprachen. Dieses ständige Hin und Her zwischen Bordeaux und Paris ließ keine geregelte Schulentwicklung und keine Bindungen zu.

Von dem Augenblick an (mit Bedacht sage ich »Augenblick«), wo ich wusste, dass Dora, die schöne Tänzerin, mit dem athletischen Wissenschaftler Émile zusammenleben würde, wurde die Schule für mich ein Ort des Glücks.[9] Ich erinnere mich an die Gesichter und Namen meiner kleinen Kameraden, ich erinnere mich an die freundlichen Lehrer, sogar an die herrlichen Pausen, in denen wir Murmeln oder Räuber und Gendarm spielten, und vor allem an die kleinen Szenen, die ich mir ausdachte und von meinen Klassenkameraden aufführen ließ.

Von diesem Augenblick an war ich immer Klassenerster. Ich übersprang eine Klasse und durfte mich auf die Prüfung für die Aufnahme ins Gymnasium vorbereiten, das 1948 noch einer winzigen Minderheit vorbehalten war. Mancheron, ein Klassenkamerad von damals, hat mich kürzlich daran erinnert, dass wir von den 44 Kindern, die damals in unsere Klasse gingen, zu den dreien gehörten, die aufs Gymnasium kamen.

Das Tempo dieser geistigen Metamorphose versetzt mich noch heute in Erstaunen. Wahrscheinlich wurde das durch das Zusammenspiel zweier Phänomene ermöglicht: Einerseits nahm ich die liebevolle Zuwendung, die Dora und Émile mir entgegenbrachten, rückhaltlos an. Andererseits wurden meine Lehrer durch einige Ereignisse für mich eingenommen.

Mein geistiges Leben kam zum Stillstand, als meine Mutter allein dastand, nachdem mein Vater in die französische Armee eingetreten war und sie eine unmittelbar bevorstehende Festnahme fürchten musste. Für mich folgten dann einige Jahre der Verfolgung, der Todesnähe und der sensorischen Isolierung. Die fortwährenden seelischen Verletzungen, das Verbot, die Wohnung zu verlassen und zur Schule zu gehen, das Gefühl, ein Monstrum zu sein – all das machte jede Entwicklung unmöglich. Ich habe nicht darunter gelitten, weil ich mich in einem seelischen Erstarrungszustand befand. Man empfindet nichts, wenn man sich in »psychischer Agonie« befindet,[10] man atmet ein wenig, das ist alles.

»Was diese Zeit kennzeichnet, ist vor allem das völlige Fehlen von Anhaltspunkten: die Erinnerungen sind Lebensfetzen, die der Leere entrissen wurden. Kein Verbindungstau … Es gab weder Anfang noch Ende. Es gab keine Vergangenheit mehr, und sehr lange gab es auch keine Zukunft mehr; es dauerte lediglich … Dinge und Orte hatten keine Namen, oder sie hatten gleich mehrere; die Leute hatten kein Gesicht.«[11]

Joseph Bialot, der als Jugendlicher Auschwitz überlebte, kommt zu demselben Ergebnis: »Es gibt nichts zu verstehen in einer unverständlichen Welt, in der es nur ein Gesetz gibt, den Knüppel, eine Strafe, den Tod, eine Vernunft, die Unvernunft.«[12] Wenn in der realen Welt der Wahnsinn herrscht, wie soll sich dann die geistige Welt eines Kindes organisieren? Zur Strukturierung einer Seele ist ein Traum notwendig, ein Plan, um die Trümmer zu verstehen und wiederaufzubauen.

Das Leben brauchte mir nur einen emotionalen Ersatz zu liefern, eine schöne Tänzerin und einen athletischen Wissenschaftler, und schon kehrte das Leben wie der Odem des Glücks in mich zurück. Ich lebte, ich war stärker als der Tod, ich hatte der deutschen Armee ein Schnippchen geschlagen, ich hatte eine neue Familie gefunden, und in der Schule ließ ich mir unablässig Szenen mit Tieren, Indianern und Cowboys einfallen, die dafür sorgten, dass ich von kleinen Schauspielanwärtern umringt war, unter denen ich aussuchte, wer das unbezähmbare Pferd, den listigen Indianer und den bösen Cowboy spielen sollte.

Eine lange Folge glücklicher Tage!

Die Pausen wurden zu kurz für meine Inszenierungen.

»Ich bin von den Toten zurückgekehrt
und ich habe geglaubt
das gab mir das Recht
mit den anderen zu reden
und als ich ihnen gegenüberstand
habe ich ihnen nichts zu sagen gehabt
weil ich
gelernt hatte
dort
daß man mit den anderen nicht reden kann«[14]

Das Recht, mit den anderen zu reden

Während des Krieges musste man den Mund halten, um nicht zu sterben. Nach dem Krieg schweigt man weiter, weil man den anderen nur mitteilt, was sie verstehen können. Eine merkwürdige Gesellschaft, die dem seelisch Verletzten vorwirft, dass er nicht gesprochen hat, obwohl sie es doch war, die ihn zum Schweigen gebracht hat.

Als ich mir die kleinen Szenen ausdachte, in denen die Indianer die Cowboy-Armee an der Nase herumführten, bemerkte ich einen interessierten Lehrer, der ganz vorne unter den Zuschauern stand und das theatralische Geschehen aufmerksam und amüsiert verfolgte. Ich bemerkte, dass er hinterher mit seinen Kollegen über meine Inszenierungen sprach.

Als ich eines Tages in die Schule kam, stellte ich fest, dass ich vollkommen vergessen hatte, meine Hausaufgaben zu machen. Rasch lief ich zur Lehrerin und sagte ihr, ich hätte keine Zeit zum Lernen gehabt, weil ich den ganzen Tag mit

Émile gespielt hätte. Schallendes Gelächter in der Klasse und die nüchterne Antwort der Lehrerin, die sagte, sie werde mit ihrem Stift auf der Anwesenheitsliste zufällig den Namen eines Schülers herauspicken, den sie dann abfragen werde. Während der Pause kam es natürlich nicht in Frage, die vorgesehene Inszenierung ausfallen zu lassen. Meine kleinen Schauspieler warteten schon, ebenso der Lehrer, der wie immer in der ersten Reihe stand.

Glücklicherweise lag das Klassenzimmer in der zweiten Etage, und die Schülerscharen schoben sich nur langsam nach oben. Daher hatte ich noch Zeit, die Aufgabe zu lernen. Zufällig landete der Füllfederhalter der Lehrerin auf meinem Namen, doch da ich das Stück gerade gelesen hatte, erhielt ich eine Eins. »Ich dachte, du hättest deine Lektion nicht gelernt«, sagte sie. »Ich habe sie gelernt, als ich die Treppe hochgestiegen bin«, antwortete ich und sah, wie sie die die Augenbrauen hob und bewundernd den Kopf schüttelte.

Einige Zeit danach riefen mich der Direktor und diese Lehrerin zu sich und teilten mir mit, dass mich jemand am Tag der Zulassungsprüfung zum Gymnasium begleiten würde.

Drei von uns wurden aufgenommen. Die anderen Kinder machten ihren Volksschulabschluss und begannen gleich darauf – mit 13 Jahren – zu arbeiten, auf dem Land, in Fabriken oder als Lehrlinge im Handwerk.

Es gibt in meinem Gedächtnis eine Verkettung von kaum wahrnehmbaren und kaum ausgesprochenen Ereignissen, die mir meiner Meinung nach dennoch ermöglicht haben, das Lycée Jacques-Decour zu besuchen. Ich war ein eher guter Schüler, der weiterhin kleine Theaterstücke am laufenden Band inszenierte und sich mühelos ausdrückte, abgesehen von ...[15]

Wenn ich ein braver Schüler in stabilen Familienverhältnissen gewesen wäre, hätte mich die Lehrerin am Tag der Zulassungsprüfung nicht begleitet. Ich hätte mich einfach von der Strömung tragen lassen, die mich auf das Gymnasium oder in die Fabrik gebracht hätte. Ein braves Kind hat keine Geheimnisse, es schwimmt mit dem Strom. Obwohl »mein« Trauma unausgesprochen blieb, hat es mich mit individuellen Zügen ausgestattet. Glücklicherweise veranlasste diese identitätsstiftende Verletzung, die mich daran hinderte, herauszufinden, wer ich war, eine verstärkte Phantasietätigkeit, die mir bei der Konstruktion meines Selbst half. Ich wusste nicht, was es hieß, ein Jude zu sein. Kann man es sehen? Ist es unsichtbar? Ich wusste nicht, wessen Kind ich war. Logischerweise waren meine Eltern Juden, da sie in Auschwitz verschwunden waren. Was für ein beunruhigender Beweis! Was macht man, um Jude zu werden?

Bei einer solchen Geschichte ist die Selbstaffirmation angstbesetzt, denn sie verlangt, dass man erklärt, etwas zu sein … was man nicht weiß … Zum Glück lieferte mir die Spaltung die Möglichkeit eines doppelten Bewusstseins, das Empfinden einer doppelten Zugehörigkeit.[16] Ich gehörte zu den Menschen, an die ich mich band: zu Dora und zu Émile. Diese Bindung gab mir äußeren Halt. Freundlich begegnete ich den Schulkameraden, den Lehrern, die mich schätzten, und den Nachbarn, die mich vom Krieg erzählen ließen, um ein wenig zu lachen. Doch mein Denken verteilte sich auf zwei Welten: die eine, die mitteilbare, in der ich Geschichten erzählte, die mein Umfeld amüsierten, und die andere, affektintensivere, die nicht aus meiner Krypta herauskam. Lachend meinte Dora, mein rhetorisches Talent prädestiniere mich zum Concierge oder Advokaten. Meine Schulkameraden spielten die Komödien, die ich mir einfallen ließ, und die Lehrer, die zuschauten, spendeten lächelnd Beifall.

Ich glaubte, wenn ich Geschichten erzählte, brauchte ich

meine Geschichte nicht zu erzählen. Ich hoffte, mich hinter dem, was ich erfand, verstecken zu können, während ich in Wirklichkeit inszenierte, was ich nicht sagen konnte.

Raten Sie, an wen ich dachte, wenn ich die Rolle eines Indianers erfand, der sich der Verfolgung der Cowboys entzieht, die ihn umbringen wollen. Warum stellte ich mir wunderschöne Mädchen vor, die diesen Indianer beschützten? Aus welchem Grund hießen sie Margaret?

Andere Vorstellungen meiner Privatwelt konnte ich nicht mitteilen. Abends, wenn ich einschlief, versuchte ich, den Traum der vorhergehenden Nacht wiederzufinden: Ich befand mich in einem Wald und versteckte mich in den Tiefen eines großen, lichtdurchfluteten Kaninchenbaus, in dem einige Tiere meine einzigen Gefährten waren. Sie wenigstens trachteten mir nicht nach dem Leben, verurteilten mich nicht und machten sich nicht über mich lustig. Wir brachten unsere Zuneigung zum Ausdruck, ohne uns rechtfertigen zu müssen. Wir liebten uns, das war alles. Wir waren einfach gern zusammen.

Die narrative Wahrheit ist nicht die historische Wahrheit; sie ist die Bearbeitung, die das Leben erträglich macht. Wenn die Wirklichkeit wahnsinnig ist, verleihen wir ihr Schlüssigkeit, indem wir eine Vereinbarung mit unserem Gedächtnis treffen. Einige Geschichten, die ich erfand, um meine Privatwelt zum Ausdruck zu bringen, vermittelten den Erwachsenen einen merkwürdigen Eindruck: »Woher nimmt er das alles?«, sagten sie lächelnd. Es gefiel mir, dass sie über meine Phantasie staunten, aber ich war bestürzt, wenn ich sah, dass sich auf ihren Gesichtern Zweifel abzeichneten. Ihre stummen Reaktionen wirkten an der Konstruktion meiner Erzählung mit.

Aus diesem Grund war die bearbeitete Erzählung dessen, was mir zugestoßen war, schlüssiger als die Wahrheit der zu erzielen.[17] Dem Umstand, dass ich regelrecht trainierte, mich solchen Herausforderungen zu stellen, verdankte ich später den unsinnigen Mut, mein Medizinstudium unter untragbaren materiellen Bedingungen zu absolvieren. Dora wunderte sich nicht über meine seltsamen Verhaltensweisen. Sie verlangte keine Erklärungen von mir. Es war, wie es war.

Das Kriegsende hatte keinen Frieden gebracht. In der Gesellschaft, im Kino, den Romanen, den alltäglichen Gesprächen – überall ging es um das freudige Wiedersehen mit den zwei Millionen Gefangenen, die endlich nach Hause zurückkehrten. Einige Tausend Überlebende der Lager wandelten wie lebende Tote umher.[18] Man sah ihnen das Unglück an, das sie mit sich schleppten, ohne davon zu sprechen. In den trauernden Familien wollte man nichts hören von dem Grauen, das ihnen die Abende verdarb und die Rückkehr ins Leben vergiftete. Bereitwillige Zuhörer fanden nur die Berichte vom tapferen Widerstand Frankreichs während des Krieges und vom fleißigen Wiederaufbau im Frieden.

Auch die überlebenden Widerstandskämpfer sprachen nicht viel. Nach dem Krieg blieben sie freundschaftlich, fast familiär miteinander verbunden, wurden Paten ihrer Kinder, halfen sich gegenseitig, engagierten sich politisch oder fuhren gemeinsam in den Urlaub.

Ein Bruder meiner Mutter, mein Onkel Jacques, war mit schon 18 Jahren bei den FTP[19] aktiv. Als ich ihn kennenlernte, erschien er mir jugendlich, und ich fand es normal, dass er gegen den Nationalsozialismus gekämpft hatte. Mein Vater hatte das Gleiche getan, und war in die Fremdenlegion eingetreten. Von der Shoah[20] sprach man damals nicht, auch nicht vom Völkermord. Nur vom kämpfenden Frankreich und dem Wiederaufbau war die Rede. Die kollektiven Erzählungen sangen das Loblied auf de Gaulle, Leclerc, die kommunistische Résistance und sogar die kleinen Leute, die insgeheim Widerstand geleistet hatten. In diese Diskurse, die zum großen Teil auf Wahrheit beruhten, konnten sich auch die Franzosen eingliedern, die nicht gekämpft hatten. Ich erinnere mich an einen Film, den alle Welt bewunderte: *Le Père tranquille*.[21] Noël-Noël, ein liebenswerter Schauspieler, der so gar nichts von einem Helden hat, verkörpert einen kleinen Beamten, den alle für einen Drückeberger halten. Glauben Sie das ja nicht – so versichert uns zumindest der Film –, alle haben Widerstand geleistet, sogar die Schüchternen, sogar die Antihelden. Diese liebenswürdige Darstellung fand ein begeistertes Echo. Jeder wusste etwas Ähnliches zu berichten: von einem Briefträger, den alle für einen Kollaborateur hielten, der aber in Wirklichkeit den Widerstandskämpfern Waffen geliefert hatte; von dem bekannten Bauern, der einen Fallschirmspringer versteckt hatte; von einem Angestellten in einem Bürgermeisteramt, der falsche Ausweise ausgestellt hatte. Das stimmte häufig. Doch die vielen Geschichten, die man sich, inspiriert von dem Film, erzählte, verklärten das Bild des besiegten und kollaborierenden Frankreichs.

Von den Juden sprach man nicht. Es gab nur noch sehr wenige (zweihundertvierzigtausend im Jahr 1945); sie machten sich zu Komplizen dieser kollektiven Erzählungen. »Der Wunsch der Juden, sich nicht von den Franzosen zu unterscheiden, hat sie daran gehindert, sich die Shoah bewusst zu machen.«[22] Und doch sind die Juden in großer Zahl über die Grenze nach Spanien gegangen, um sich den Freien Französischen Streitkräften anzuschließen: »Ich erwartete die Kirche«, sagte de Gaulle, »und ich sah die Synagoge kommen.« Die jüdischen Pfadfinder haben die Widerstandsgruppen in Toulouse und im Tarn gebildet. In den Verbänden der französischen Fremdenlegion, in denen mein Vater gekämpft hat, wavier Mal wiedergesehen ..., ein sympathischer Bursche, aber wir haben uns nichts mehr zu sagen.«[28] Was die Menschen vereinte, als es galt, dem Schrecken zu widerstehen, trennte sie, als wieder Frieden herrschte. Hätten die Überlebenden denn die Erinnerungen miteinander teilen können – die Erniedrigungen, die verdreckte Kleidung, die unaufhörlichen Durchfallerkrankungen, die unerträgliche Feigheit? Sie waren erleichtert, dass sie sich nicht mehr sahen.

War das der Grund, warum ich es immer schwieriger fand, Margot zu schreiben, seit ich bei Dora und Émile in Paris wohnte?

Wenn die Fiktion zur Wahrheit wird

Im Kontext eines Friedens, in dem die kollektiven Erzählungen fröhlich vom Mut gegenüber den Besatzern berichteten und vom Fleiß, mit dem der Wiederaufbau und die Schaffung einer besseren Gesellschaft betrieben wurden, erschienen die Zeugnisse der Überlebenden obszön. Also schweigen wir ... von dem, was unsere Angelegenheit war.

Unlängst habe ich einige Menschen getroffen, die als Jugendliche in Auschwitz waren. Diese jungen Überlebenden dachten: »Niemand wird uns glauben können, also bleiben wir zusammen und heiraten untereinander.« Aus diesen Eheschließungen der Verzweiflung inmitten des allgemeinen Unverständnisses bildeten sich kleine, affektive Gruppen, die sich verstanden und stabile Paarbeziehungen hervorbrachten. Sie haben offen über den Albtraum ihrer Vergangenheit gesprochen ... und mussten sich von ihren Kindern vorwerfen lassen, sie hätten sie in dem Grauen dessen, was ihnen, den Eltern, zugestoßen sei, aufwachsen lassen!

Wir mussten schweigen, um nicht länger in der Schande und im Entsetzen zu leben, um dem wiedererwachenden Land nicht die Freude zu verderben und um unsere Monstrosität nicht auf die Menschen zu übertragen, die wir liebten. Diese enorme Leugnung hat am Grund unserer Seele eine Krypta entstehen lassen, in der die Phantome murmelten. So präsentierten wir uns anderen Menschen ziemlich seltsam: häufig fröhlich, aktiv und selbstsicher. Bis dann plötzlich ein Schatten auf die Beziehung fiel: »Was hat er denn? Was verheimlicht er? Offenbar hat er sich etwas vorzuwerfen!« Sprechen teilte den Schrecken mit, Schweigen verbreitete unbestimmte Angst: Es war nicht leicht, als Überlebender zu leben.

Als ich wiedergefunden hatte, was mir noch von meiner Familie geblieben war, war ich ein Überlebender unter Überlebenden. Wie sollten wir uns da klar äußern?

Die Menschen, die auf ihren Krieg stolz waren, lebten Seite an Seite mit denen, die noch litten, und doch führten die beiden Gruppen einen eigenartigen Diskurs. Diejenigen, die sich nichts vorzuwerfen hatten, die ehrlichen Menschen, die Gaullisten und Kommunisten, zu denen Jacquot gehörte, hatten eine seltsame Redeweise entwickelt. Öffentlich äußerten sie sich klar und deutlich, doch zu Hause sprachen sie nüchtern, abstrakt, philosophisch und politisch, nie persönlich und emotional.

Ich war stolz auf Jacques' Mitwirkung im Widerstand, aber ich wusste nichts über seine ganz normale Tätigkeit. Er sprach von der Größe der Partei der Erschossenen (*parti des fusillés*)[28], engagierte sich politisch mit seinen Kampfgefährten, war ihnen noch eng verbunden, lachte mit ihnen und zitierte wie sie Parolen, die mir gefielen, aber nichts über ihren Alltag verrieten. Ich brauchte lange, um zu verstehen, dass dieser Rückzug in die Theorie eine Methode war, um private Gefühle und Gedanken für sich zu behalten. Erst ganz allmählich erfuhr ich, wie Jacques' konkrete Beteiligung an dem Kampf ausgesehen hatte.[30]

In meiner Umgebung wurde von der Shoah gesprochen, aber nur sehr allgemein, nie im Detail und mit innerer Beteiligung. Die Menschen kommentierten einfach, was über den Krieg geschrieben wurde. Die Deutschen führten Buch, drehten Propagandafilme, schickten ihren Familien Fotos vom Urlaub in Auschwitz und den zu Skeletten abgemagerten Menschen, über die herzlich gelacht wurde.

Die Verfolgten schrieben unaufhörlich, machten sich Notizen, um ihre künftigen Erinnerungen und Zeugnisse vorzubereiten. In manchen Heften häuften sich die Daten, Fakten, geäußerten Wörter, die Namen der Henker und der Opfer. Wie ist diese Schreibwut zu erklären? Erwächst dieser Auftrag, sich zu erinnern und Zeugnis abzulegen, aus der jüdischen Kultur, dem »Volk des Buches«? Die Aufzeichnungen gleichen notariellen Urkunden: keine Poesie, keine Reflexionen, nur eine Anhäufung von Fakten.

Allerdings gab es auch Berichte, die bemüht waren, den Schrecken erträglich zu machen. Mit Hilfe der Metaphern, die ein ästhetisierendes Bild entwarfen, ließen sich die Gefühle beherrschen, und die Wahrheit ließ sich sagen, ohne dem Leser zu viel zuzumuten. In politischen oder philosophischen Reflexionen wurde der Albtraum intellektualisiert, um zu verstehen, wie Menschen das anderen Menschen antun konnten.

Mit elf Jahren war ich sehr politisiert. Ich kannte die Theorien, bezog Stellung, hatte die Massengräber der Juden in der Wochenschau gesehen, aber die Literatur über die Verfolgung noch nicht gelesen. Ich interessierte mich nur für Filme oder für Berichte, die die Fakten verwandelten. Meine eigenen Erlebnisse blieben tief in meinem Inneren verschlossen. Nie sprach ich von ihnen, nie fragte man mich nach ihnen, aber sie beschäftigten mich unablässig.

Die Literatur der Zeugen gelangte nicht ins öffentliche Bewusstsein. Die Autoren, die auf Jiddisch geschrieben hatten, wurden nicht übersetzt. Die russischen, polnischen oder ungarischen Texte wurden von den kommunistischen Regimen unterdrückt. Zahlreiche Zeugnisse blieben in den Schubladen und wurden nicht zur Kenntnis genommen.

Das Kino wagte etwas mehr. Ich war glücklich, als ich von dem Film *Nacht und Nebel* hörte.[31] Zwar ängstigten mich die Bilder, aber ich hatte den Eindruck, das Publikum würde dank diesem Film den Tod meiner Eltern und das Massaker an den Juden anerkennen: Er wurde gewissermaßen zur Grabrede. In diesem Jahr war ich 18 Jahre alt. Mir war nicht aufgefallen, dass das Wort »Jude« im ganzen Film nur ein einziges Mal ausgesprochen wird. Der bloße Hinweis auf den Völkermord genügte mir jedoch, denn durch ihn bekamen meine Eltern eine Grabstelle.

Charlie Chaplin begeisterte mich in dem Film *Der große Diktator*[32], dessen Handlung den verrückten Phantasien entsprach, die ich hatte, wenn ich als Kind davon träumte, Hitler eines Tages lächerlich zu machen.

Am stärksten hat *Das Tagebuch der Anne Frank*[33] zu meinem inneren Frieden beigetragen. Der Film zeigte nur, was darstellbar war: eine freundliche Familie, in der man sich liebt und streitet, während man auf die Faustschläge der Gestapo an der Tür wartete. Das hatte nichts mit den Massengräbern, Auschwitz oder den Razzien zu tun. Allein der Umstand, dass die Nichtjuden in meiner Umgebung von den Gefühlen sprachen, die sie bei der Erkenntnis empfanden, dass das Mädchen mit seiner Familie verschwinden würde, rief in mir eine stumme Dankbarkeit hervor. Bestand also die Möglichkeit, dass unser Tod zur Kenntnis genommen wurde? Die Kunstwerke, die dazu führten, dass man über die Tragödie sprach, machten es auch möglich, über das Verschwinden meiner Eltern zu reden. Solche Fiktionen, die einen Augenblick der Tragödie beschworen, riefen in mir ein Gefühl des Friedens, der Heiterkeit, fast des Glücks hervor. Die Romane, Filme, Theaterstücke zeigten nur, was die Gesellschaft akzeptieren konnte, doch diese Rezeption verschaffte mir eine erstaunliche Empfindung: Ich war kein Monstrum mehr! Ich war wie alle Menschen, die, wenn sie diese Fiktionen kommentierten, Wörter verwendeten, die bedeuteten: »Wir hätten genauso reagiert wie du, wenn uns das gleiche Unglück zugestoßen wäre.«

Die Literatur über die Konzentrationslager trug nicht zu meinem inneren Frieden bei. Im Gegenteil, sie unterstrich meine Monstrosität. Niemand ertrug es, solche Zeugnisse zu lesen oder zu hören. Nur die Fiktion legte Balsam auf meine Wunden. Das hieß nicht, dass ich von dem Leiden nichts wissen wollte, sondern nur, dass die Inszenierung eine erträgliche Abbildung des Leidens lieferte. Eine mitteilbare Darstellung nannte die Orte des Grauens, stellte aber die Opfer nicht bloß.

André Schwarz-Bart demonstrierte, wie man sich schützen konnte. In seinem Roman *Der letzte der Gerechten* ersann er die Geschichte von Ernie, dessen geschundene Existenz in einer Gaskammer endete: »Und gelobt. Auschwitz. Sei. Maidanek. Der Ewige ...«[34] Seine Sprache löste sich auf, als er das schilderte. Durch die Darstellung einer wahren Geschichte als Roman konnte der Autor seinen inneren Aufruhr bändigen und sein Gefühl in der Form eines schönen Ereignisses mitteilen. Sie haben richtig gelesen: »eines schönen Ereignisses«. Der ergriffene und nicht durch eine rohe Darstellung verschreckte Leser interessierte sich für ein Schicksal, welches das seine oder das meine hätte sein können. Da die Wiedergabe der Wirklichkeit wahnwitzig, obszön und schändlich war, gab die Fiktion Ernie seinen Platz unter den Menschen zurück und veranlasste mich, mit ihm zusammen die Vorstellung, die ich mir von meiner Kindheit machte, zu verändern. Hätte ein juristisches Dokument die gleiche Wirkung gehabt? Ein behördlich abgesegneter Bericht unsere Seelen so erschüttert? Erst die Fiktion zähmte unser Bewusstsein und half uns, die Auseinandersetzung mit dem Undenkbaren zu suchen.

Ist es wirklich die Fiktion? Ich bin mir dessen nicht mehr so sicher. Zwar hatte ich das Buch nur flüchtig gelesen, eher durchgeblättert, aber ich war glücklich, andere darüber reden zu hören. Anlässlich dieses Romans vernahm ich Wörter, die sich vorher nie hätten aussprechen lassen. So konnte ich anfangen, vorsichtig und zögernd über meine ermordete Familie, meine gestohlene Kindheit zu sprechen. Ich fühlte mich nicht mehr allein, aus der Gesellschaft verbannt. Eine Fiktion, an der alles erfunden ist, lässt sich nicht mit einem Zeugnis vergleichen, das vollkommen wahr ist. Ich glaube sogar, dass die Phantasie mit der Erinnerung verwandt ist. Wenn ich Ihnen erzählen möchte, was mir zugestoßen ist, werde ich in meiner Vergangenheit die Episode heraussuchen, die teilhaben kann am »unermeßliche[n] Gebäude der Erinnerung«[35]. Das Thema am Anfang des vorliegenden Buchs (Festnahme, Verfolgung, wiederholte seelische Verletzungen)[36] ist für mich ein schwarzer Abendstern. Es dient mir als Orientierungspunkt, an dem ich die Konstruktion meines Gedächtnisses ausrichte. Zunächst lasse ich mich ein wenig treiben, suche nach einem Bild, einer Empfindung oder einem Wort, und dann, plötzlich, werde ich fündig! Ein Bild erscheint, das dem, was ich erwartete, Gestalt verleiht. Dann kann ich Einzelheiten ergänzen, es in seinen Zusammenhang stellen, um es mitzuteilen. Bei dem beschriebenen Prozess gibt es eine ausgeprägte Intentionalität des Gedächtnisses.[37] Wenn ich gezwungen bin, den Mund zu halten, wenn ich weder die Kraft noch den Wunsch habe, mich mit Ihnen zu verständigen, kann ich immer noch in der Gegenwart leben oder vielmehr in einer unmittelbaren Existenz überleben, in der nichts einen Sinn bekommt.

Wenn ich dagegen den Wunsch verspüre, mit Ihnen zu leben, Ihnen die Gefühle mitzuteilen, die durch meine Erinnerungen hervorgerufen werden, mache ich aus ihnen einen Bericht, der für Sie bestimmt ist. Auch darin liegt eine Intentionalität: die Antizipation meiner Vergangenheit organisiert die künftige Ausrichtung meines Gedächtnisses.[38]

Wenn ich mir einen Roman, einen Film oder irgendeine andere Fiktion ausdenke, dann suche ich in meiner Vergangenheit, in meinem Umfeld oder in mir einige Ereignisse, die mich persönlich oder meine Beziehungen betreffen, und organisiere sie so, dass sie eine künstlerische Form annehmen, die ich Ihnen anvertraue. Wenn mein Talent Ihren Erwartungen entspricht, verbringen wir gemeinsam einen angenehmen und erbaulichen Augenblick. Wenn ich hingegen meine Erinnerungen schlecht zusammenfasse oder sie in einer Weise darstelle, die Ihnen nicht zusagt, langweilen Sie sich, und ich bin enttäuscht. In jedem Fall sind wir – Sie und ich – die Urheber des Vergnügens oder Missfallens, das Sie bei diesem Buch empfinden.

In jedem fiktiven Werk gibt es eine Selbst-Erzählung. In jeder Autobiographie gibt es eine imaginative Umgestaltung. Das Phantasiegebilde »Fiktion« ist die Zwillingsschwester der »Selbst-Erzählung«. Ich habe nie gelogen, darum habe ich mich bemüht, sondern einfach Vorstellungen von der Vergangenheit, die mir in Erinnerung geblieben sind, so angeordnet, dass daraus etwas Lebendiges, eine mitteilbare Vorstellung, wurde.

Die Schönheit, der Krieg und das Leid

Lange fragte ich mich, warum ich im Krieg weniger gelitten habe als im Frieden. Meinen Vater verlor ich nicht, denn ich war zwei Jahre alt, als er zur Armee ging, und ich blieb weiterhin mit meiner Mutter zusammen, sodass ich sein Fehlen nicht bewusst erleben konnte. Als meine Mutter verschwand, nachdem sie mich bei der Fürsorge abgegeben hatte, damit ich nicht mit ihr festgenommen würde, habe ich vermutlich nicht gelitten, weil mein seelisch-geistiges Leben erlosch. Der Mensch leidet nicht, wenn er im Koma liegt. Leiden können wir nur, wenn wir leben. Ich habe nicht unter meiner Festnahme gelitten, weil ich sie als einen Festtag erlebte, an dem nach langen Monaten der Isolierung das Leben zu mir zurückkehrte. Ich habe nicht unter der Verfolgung gelitten, weil ich die Gerechten bewunderte, die mich schützten und mir ein Gefühl der Sicherheit gaben. Ich habe nicht unter den Schlägen gelitten, die ich ohne Hass und beiläufig bekam, weil sie nur einen Moment lang schmerzten.

Als wieder Frieden herrschte und ich die Überlebenden meiner Familie fand, litt ich unter den Entscheidungen der Richter, die mich abwechselnd bei Margot in Bordeaux und Dora in Paris unterbrachten. Jedes Mal wenn ich in den Zug gesetzt wurde, allein oder in der Obhut eines anonymen Mitreisenden, litt ich unter dem Riss einer Bindung, die sich gerade zu bilden begann. Jedes Mal, wenn ich mich einige Wochen oder Monate in einem Heim befand, in dem die Erwachsenen nicht mit den Kindern sprachen, fühlte ich mich verlassen. Ich war nicht allein, weil ich von kleinen Kameraden umgeben war, die die Lücke füllten. Trotzdem hatte ich den Eindruck, dass man mich im Stich ließ, weil die Bindung, die sich mir endlich bot, von der Gesellschaft zerrissen wurde.

Im Alter von sieben bis neun Jahren habe ich den Verlust bitter empfunden, den ich während des Krieges nicht gespürt hatte. Doch verblüfft entdeckte ich bei jedem Trennungsschmerz ein überraschendes Vergnügen: Ich erzählte mir meine Geschichte!

Bevor ich sieben war, hatte ich keine Möglichkeit, eine Selbst-Erzählung anzufertigen. Ich war zu klein, daher entwickelte ich mich nach Maßgabe der Leute, die mich umgaben. Da ich noch nicht über einen Zeitbegriff verfügte, konnte ich keine Geschichte konstruieren.

Emotional tief verstört, entdeckte ich mit sieben Jahren zu meiner Verblüffung, wie viel Freude es mir machte, mir zu berichten, was ich nicht sagen konnte. Immer wenn ich allein war oder Kummer hatte, erzählte ich mir von dem soldatischen Ruhm meines Vaters, der Schönheit meiner mutigen Mutter, dem Heldenmut des kleinen Boris, der festgenommen worden und geflohen war, dem Edelmut jener Helden, die man heute »die Gerechten« nennt, dem militärischen Sieg meines Freundes Leutnant Pierre Saint-Picq, der Bègles befreit und die siegreiche Schlacht von Castillon geschlagen hatte, an der ich mich mutig beteiligt hatte, indem ich die Glocke der Kirche Saint-Magne geläutet hatte. Was für ein Vergnügen, mir dieses Epos zu erzählen, das ich besser als irgendjemand anders kannte!

In meiner Innenwelt führte ich mir den Film über meine

Vergangenheit vor, ich staunte, korrigierte, präzisierte, und je öfter ich ihn wiederholte, desto stärker verzerrte ich ihn durch Schematisierung. Ich brauchte diese verborgene, leuchtende Krypta, dieses unterirdische Grabmal, in dem ich in Zeiten des Kummers Zuflucht suchte. Wenn meine Seele von traurigen Erinnerungen überwältigt wurde, konstruierte ich aus ihr eine Erzählung, die mir Erleichterung verschaffte: Indem ich mir meine Traurigkeit erzählte, indem ich mir die Ursache meiner Verzweiflung als Filmerzählung vor Augen führte, erlebte ich das Vergnügen, das wir im Kino empfinden, wenn wir mit den Helden weinen. Durch diesen Umweg über das innere Schauspiel linderte ich meinen Kummer. Durch die Suche nach Wörtern, das Arrangement von Bildern, die Abfassung von Drehbüchern erlebte ich schließlich eine Art Schönheit. Können Sie sich das vorstellen? Ich verwandelte Krieg und Kummer in Schönheit!

Die Unmöglichkeit, Zeugnis abzulegen, zwang mich zum Rückzug in die Krypta.[39] Ich war nicht stark genug, um ruhig darüber zu sprechen. Kann man über solche Dinge friedlich reden? Die Kaltherzigkeit der Behörden, denen ich mich ausgesetzt fühlte, machte mich feindselig. Ich hasse die Befragungen, in denen ich über das Schicksal meiner Familie Auskunft geben musste. Wenn ich zuließ, dass die Erinnerungen meine Seele überfluteten, spürte ich die Bedrückung, die den Beginn der Traurigkeit ankündigte. Und doch, wenn ich die Erinnerungen für die Inszenierung meines inneren Schauspiels manipulierte, wenn ich sie für meine ganz privaten Phantasiegebilde arrangierte, fühlte ich mich glücklich. Dieses Wohlgefühl wurde nicht durch das Unglück der Vergangenheit hervorgerufen, sondern durch die imaginierte Bewältigung dieses Unglücks.

Nicht alle Menschen, die seelisch verwundet wurden,

haben auf diese Weise reagiert. Einige verharrten als Gefangene ihrer Vergangenheit in psychischer Agonie, der unaufhörlichen Wiederholung ihrer inneren Bilder ausgeliefert. Andere schützten sich durch Hass, als könnte die Wut sie vor der Depression bewahren. Manchmal fühlen wir uns besser, wenn wir unsere Aggressionen gegen die Menschen richten können, denen wir die Schuld an unserem Unglück geben.

»Ich habe die deutsche Kultur verehrt«, erzählte mir Frédéric. »Wir sagten Gedichte auf, diskutierten über die Philosophen, besuchten die Dörfer. Bei unserer Hausmusik spielten wir nur jüdische und deutsche Stücke. Alle Männer in meiner Familie haben im Ersten Weltkrieg für dieses Land gekämpft. Als uns ein Vetter von der Entwicklung des Antisemitismus erzählte, haben wir ihn beschimpft, wir konnten es nicht glauben. Nach der Kristallnacht,[40] sind wir nach Frankreich geflohen, wo uns einige Jahre später die deutsche Armee verfolgt und einen Großteil meiner Familie vernichtet hat. Fünfzig Jahre später macht mich der Gedanke krank, dass junge deutsche Soldaten auf den Champs-Élysées marschieren. Ich denke nicht daran, ein einziges deutsches Produkt zu kaufen. Selbst die Sprache habe ich vergessen.«

Andere Erwachsene wollten, besessen von dem Wunsch, Zeugnis abzulegen, einfach beschreiben, welcher Fülle von aberwitzigen Verboten und Schikanen sie unterworfen waren. Fast niemand hat diese endlosen Aufzählungen von Gesetzen gelesen, die den Juden verboten, Menschen zu sein.

Eine Information, die sich ständig wiederholt, hört auf, eine Information zu sein. Berge von Kadavern rauben uns irgendwann das Bewusstsein dafür, dass es sich um menschliche Leichen handelt. Erst als Charlotte Delbo die Prothese einer Freundin sah, begriff sie, dass sich deren Leichnam in dem Haufen befand.[41]

Schreiben, um Zeugnis abzulegen

Schreiben, um Zeugnis abzulegen, ist kein Rezept. Wenn das Schreiben die Angst vor der Vergangenheit beschwört, ruft sie die Erinnerung an den Schrecken ab. »[D]as Schreiben ... stürzte ... mich erneut in den Tod, versenkte mich darin. Ich erstickte in der modrigen Luft meiner Entwürfe.«[42] Die Zeit der Verleugnung ist notwendig.

Wenn die Erzählung einem Menschen hilft, ein Ereignis zu bewältigen, das er in tiefer Betäubung erlebt hat, überträgt er sein Trauma auf ein Sprachrohr: »Ich habe die Ereignisse erlebt, ich, ich, ich, und doch musste ich ... das ›Ich‹ in ›Er‹ verwandeln. Ich fühlte mich geteilt, unwohl, seltsam ..., ich wusste, dass ich überhaupt nicht schreiben würde, wenn ich nicht die dritte Person nähme.«[43]

Wie üblich hängt die Selbstäußerung von einer Transaktion zwischen dem Subjekt und seinem Umfeld ab. Manche traumatisierten Menschen, die in ihrer Kindheit ein stabiles Selbst erworben hatten und nach dem Trauma Unterstützung fanden, fühlten sich sicher genug, um ohne Umschweife zu berichten und direkt Anklage zu erheben.

Andere blieben, weniger gefestigt und nach den Schrecken ohne Hilfe, Gefangene ihrer Vergangenheit. Die meisten mussten verleugnen, das Erinnern vermeiden, bevor sie die Kraft fanden zu sagen, »Er« ist der Held meines Romans, das Sprachrohr jenes »Ichs«, dem alles zugestoßen ist.

Das Kind, das sich verstecken musste, um nicht ermordet zu werden, war zur »Einschließung« (*encryptage*) gezwungen[44], wie Georges Perec, mein Seelenbruder, sagt. Zu klein, um stark zu sein, umgeben von kollektiven Erzählungen, in denen der Junge hörte, dass er zum Tod verurteilt sei, in unsicheren Beziehungen zu den Menschen, die ihn isolierten, um ihn zu retten, und die ihn aufforderten, seinen Namen zu verschweigen, passte er sich diesem seltsamen Interaktionsstil an, »indem er eine Krypta anlegte, die vollkommen privat war, da sie für die weit überwiegende Mehrheit seiner Leser unsichtbar blieb«.⁴⁵

War der Roman für ihn eine erträgliche Form des Zeugnisses, eine kryptische Anklage, ein enigmatisches Geständnis? Perecs *W oder die Kindheitserinnerung*⁴⁶ ist eine Selbst-Erzählung, die er in der dritten Person schreibt, eine Anklage an den Nationalsozialismus, den er schildert als die Veranstaltung stumpfsinniger Olympischer Spiele, bei denen man den Letzten umbringt, weil er der Letzte ist. Und für »sie, meine verschwundenen Eltern« schreibt er *La Disparition* oder der Vokal »e« ist verschwunden.

Am Ende des Buches, in dem er kryptisch Zeugnis ablegt, schreibt Perec: »Lans [Villard-de-Lans] ist der Ort einer schmerzlichen Erinnerung. Dort entdeckte er zugleich sein Judentum, die Gewalt, die mit dem Judentum verknüpft ist, und die Schuld, die mit dem Judentum verknüpft ist.«⁴⁷

Auch ich habe in diesem Dorf mein Judentum entdeckt, seine Gewalt und seine Schuld, eine Mischung, die nachdrücklich zu intellektuellen Abenteuern und sozialem Engagement einlädt.

Ich würde viel darum geben, dass diese Bewusstwerdungsprozesse, die Perec und ich gemein haben, im Gai Logis stattgefunden hätten, diesem düsteren Internat hinter der Kirche, wo ich durch das bloße Wort »Jude« gezwungen wurde, hinter den knienden Kindern, die beten durften, stehen zu bleiben. Diese Erinnerung konnte ich nicht mit Perec teilen, weil ich lese, er habe »ein Zimmer in einer schmalen Gasse bewohnt ... die gleich hinter dem Platz linker Hand hinaufführte«. Wir waren Nachbarn, das Zimmer »ist nicht weit von der Kirche. Dorthin kam Georges Perec im Herbst 1941, um bei seiner Tante Esther zu leben.«[48]

Während des Krieges geriet ich in Gefahr durch ein Wort, dessen Bedeutung ich nicht kannte. Nach dem Krieg sorgte dasselbe Wort erneut für meinen Ausschluss aus der Gruppe, als meine überlebende Tante mich wiederfand. Was sollte das Wort bedeuten? Sogar seine Existenz war kryptisch.

In einem jüdischen Milieu ausgesprochen hätte das Wort »Jude« ein trautes Gefühl der Zugehörigkeit hervorgerufen. Doch als es in einem nichtjüdischen Umfeld fiel, löste es ein Empfinden des Ausgeschlossenseins aus (ich war nicht wie die anderen), mit einer Spur seltsamen Stolzes (ich war nicht wie die anderen). Meiner Familie und meiner Herkunft beraubt, wurde das Trauma zu meiner heimlichen Identität. Um meine Wurzeln gebracht, empfand ich das Vergnügen, das wir spüren, wenn wir in einem unbekannten Land reisen. Da ich mich fremd fühlte, wurde alles überraschend. Als Fremder, der doch auf seltsame Weise heimisch war, konnte ich nirgendwo anders geboren sein als in Bordeaux, von keiner anderen Kultur geprägt sein als der Frankreichs, nicht von der Gestapo und den Nazis aus dem Land meiner Kindheit vertrieben werden. Dieser Blick von außen machte mich zu einem Besucher in meinem eigenen Land, einem leidenschaftlichen Außenseiter aus der Sicht der anderen.

Während des Krieges war ich zur Geheimhaltung gezwungen, um am Leben zu bleiben. Nach dem Krieg erlaubte mir die erzwungene »Einschließung« in der Krypta, mich den krankhaften Reaktionen der normalen Menschen anzupassen. Ich schwieg, weil niemand anhören konnte, was ich zu sagen hatte. Ihre Reaktionen ließen mich verstummen. Manchmal rutschte es mir heraus, als wäre ich ein naiver Schwätzer: »Ich wurde festgenommen ... ich habe Castillon befreit, indem ich die Glocken läutete ... General de Gaulle habe ich Blumen überreicht ...« Was erzählt der Lausbub da?

Wie sollte mein Bericht einen Eindruck von Kohärenz vermitteln? Die Erwachsenen glaubten, meine Versuche, über das Erlebte zu sprechen, seien genauso banal wie ihr Alltagsgerede und sagten: »Hör auf, dich zu beklagen, auch wir waren nicht auf Rosen gebettet.« Die Interpretation der Zuhörer, ihre Verharmlosung der Fakten, trivialisierten meinen Bericht. Zu viel Abstand, den es zu überwinden ... zu viele Wörter, die es zu äußern ... zu viele Beweise, die es zu liefern galt ... Da konnte ich genauso gut den Mund halten, das war einfacher.

Unstimmige Berichte

Zunächst musste ich schweigen, um am Leben zu bleiben, dann schwieg ich, um meine Ruhe zu haben.[49] Wenn ich doch einmal Gehör fand, war es nicht besser. »Armer Kleiner«, sagten die Erwachsenen, und ihr Mitleid erdrückte mich. Gelegentlich entnahm ich den allzu eindringlichen Nachfragen, dass ein Zuhörer an meiner Darstellung zweifelte und mich in Widersprüche verwickeln wollte. Eine sehr freundliche Nachbarin forderte mich auf, ihr zu erzählen, wie ich von Pädophilen vergewaltigt wurde: »Man weiß doch, was passiert, wenn so ein Kind ganz allein ist!« Der Lebensmittelhändler aus der Rue Ordener sagte zu einer Kundin: »Lassen Sie sich von dem Kleinen einmal erzählen, wie böse die Deutschen waren.« Dieser Mann verlangte von mir, dass ich eine Schreckensgeschichte erzählte, um seine Kundin zu unterhalten. Ein großes Mädchen hielt mir vor: »An deiner Stelle wäre ich mit meiner Familie gestorben.« Sie war empört und warf mir vor, überlebt und meine Verwandten im Stich gelassen zu haben! Bei einer meiner Zugfahrten zwischen Paris und Bordeaux hatte Dora einen neben mir sitzenden Pfarrer gebeten, auf mich aufzupassen. Während der Fahrt deutete ich mit ein paar Worten meine Geschichte an, woraufhin er meinte: »Um so schlimm bestraft zu werden, müssen deine Eltern schreckliche Dinge getan haben.«

Da konnte ich genauso gut den Mund halten.

Die Interpretationen der anderen gaben mir zu verstehen, dass ich nicht wie die anderen war. Ich musste schweigen, um normal zu erscheinen, doch da ich schwieg, fühlte ich mich nicht normal.

Mit dem Triumph über den Tod hatte ich meine Initiation hinter mir. Aber mein Sieg musste stumm sein, um in der Welt der anderen zu bleiben. Damals habe ich mir versprochen, dass ich eines Tages mein Schweigen brechen würde. Aber vorher musste ich die Fähigkeit zu sprechen erwerben. Schon früh gewann ich die Überzeugung, die Psychiatrie würde meine Sprache legitimieren, indem sie den Wahnsinn der Gesellschaft erkläre. Ich brauchte lange, um zu begreifen, dass man die anderen zum Hören befähigen muss, bevor man wagen kann zu sprechen: »Da ich das Gesicht des Todes erblickt habe, wozu die anderen keine Gelegenheit hatten, werde ich ihnen eines Tages sagen, wie er ist.«[50] Ich hasste die Deutschen nicht, weil ich verstanden hatte, dass sie nicht aus Bösartigkeit grausam waren, sondern weil sie sich einer absurden Theorie unterworfen hatten: »Solange eine Institution sich auf starke Instinkte stützt, lässt sie weder Feinde noch Ketzer zu. Sie metzelt sie nieder, verbrennt sie oder kerkert sie ein. Scheiterhaufen, Blutgerüste, Gefängnisse: nicht Bösartigkeit hat sie ersonnen, sondern Überzeugung, irgendeine restlose Überzeugung.«[51] Cioran weiß, wovon er spricht, denn auch er hat das Vergnügen gehabt, sich dem absurden Fanatismus hinzugeben – damals, als er Hitler mit antisemitischen Parolen willkommen hieß. Von diesem grausigen Glück entsetzt, hat er sich weiterentwickelt.

Schweigt man, macht man sich zum Komplizen der Mörder, verrät man seine innere Welt, »entblößt man sich«, wie es heißt. Wir können »am Sprechen sterben«,[52] erklärt uns Rachel Rosenblum: wenn Nicht-Sprechen lügen und Sprechen leiden bedeutet. Deshalb fiel es uns in unserer wiedervereinigten Restfamilie so schwer, über die Vergangenheit zu sprechen.

Ich spürte, wie groß Doras Kummer war, wenn sie mit einem kurzen Satz an Rose oder Nadia, meine Mutter, erinnerte, ihre beiden in Auschwitz verschwundenen Schwestern. Noch größer war ihre Bestürzung, wenn sie murmelte: »Jeannette ist vollkommen verschwunden, sie war fünfzehn Jahre alt.« Diesem »vollkommen« entnahm ich, dass sie noch nicht einmal in Auschwitz verschwunden war. Nichts, was man sich vorstellen konnte.

Nichts.

Dora erzählte ihren Krieg mit einer einzigen, hundertmal wiederholten Anekdote: Sie hatte Lebensmittel gegen ein paar Zigaretten eingetauscht.

Wir wussten, dass Jacquot mit achtzehn in die Résistance gegangen war und dort zahlreiche Heldentaten vollbracht hatte. Er sprach von den anderen, seinen »Résistance-Kameraden«, mit denen er regelmäßig bei kommunistischen Demonstrationen und Gruppentreffen zusammenkam, aber wir hatten keine Ahnung, was er gemacht hatte. Vierzig Jahre später brachte mir eine meiner Patientinnen – auch sie schon mit fünfzehn Jahren Widerstandskämpferin – aus Angst, dass ich ihr nicht glauben würde, ein dickes Buch mit, in dem die Namen der bekannten Kämpfer und ihre herausragenden Aktionen verzeichnet waren. Dort las ich, dass Jacquot mit zwanzig Jahren an der Spitze eines Bataillons am bewaffneten Aufstand von Villeurbanne teilgenommen hatte.

Von Émile dagegen hörte ich kein Wort, noch nicht einmal eine Anspielung. In meiner kindlichen Vorstellung glaubte ich, dass er, da er kein Jude war, nichts zu erzählen habe.

Derart war 1947 meine sprachliche Nische beschaffen. Margot und ihre Familie behielt ich zwar im Gedächtnis, entfernte mich aber im Alltag von ihnen, wegen ihres Konflikts mit Dora. Vor einigen Monaten fand ich eine Eingabe von Margot, in der sie ihren Wunsch bekräftigte, mich adoptieren zu wollen, und dem Richter auseinandersetzte, dass man ein Kind auf keinen Fall einer unverheirateten Tänzerin anvertrauen könne. Das nahm Dora ihr übel. Sie war zum Vormund ernannt worden und hatte Émile zum Gegenvormund bestimmt. Ich war froh, nicht adoptiert worden zu sein, weil ich meinen Eltern auf diese Weise treu bleiben konnte. Durch dieses Urteil wurde ich zum Anlass der offiziellen Vereinigung von Dora und Émile. Ein großes Glückserlebnis!

In Polen war Dora zur Schule gegangen. Doch als sie mit 14 nach Paris kam, musste sie ihren Eltern helfen. Anschließend hatte der Krieg sie daran gehindert, ihre Ausbildung fortzusetzen. Gelegentlich sagte sie zu mir: »Margot ist eine Intellektuelle«, was nicht positiv gemeint war. In Gegenwart von Émile schwieg sie: Man stelle sich vor, der Direktor eines Laboratoriums! Mit ihren Freunden aus der Tanzszene lachte und schwatzte sie, aber bei den Kollegen von Émile hielt sie sich zurück.

Sobald Jacquot in der Rue Ordener auftauchte, auf der

anderen Seite von Montmartre, wohin wir gezogen waren, kamen mit ihm der Frohsinn, die Herzlichkeit und die politischen Diskussionen. Émile erzählte von seinem Labor am LMT, in der Nähe des Invalidendoms. Dabei erläuterte er seine Forschungsarbeiten über Telefonanlagen und über Kathodenstrahl-Oszillografen, die Vorläufer der Fernsehbildröhren. Oft war die Rede von Svoboda, einem tschechischen Emigranten, der, wenn ich es richtig verstand, als Portier des Labors arbeitete, um sein Ingenieurstudium zu finanzieren. Émile sprach mit Hochachtung von ihm und half ihm bei seinen Examina, lud ihn aber nie zu uns ein. Ich war fasziniert von den unverständlichen wissenschaftlichen Dingen, den Fotos vom Skifahren, vom Rugby und von den Reisen, die er unternahm, um Vorträge in den Vereinigten Staaten und in Brasilien zu halten. So musste das Leben sein: fröhlich wie Dora, kommunistisch wie Jacquot und wissenschaftlich wie Émile.

Die Kameraden von Jacquot, Ex-Widerstandskämpfer wie er, erschienen mir kaum älter als die Schüler im Gymnasium, die sich aufs Abitur und auf die Eliteschulen vorbereiteten. Diese »ehemaligen« Kämpfer nahmen mich auf Kundgebungen der Kommunistischen Partei mit, erklärten mir die Artikel in der *L'Humanité* und stellten mich Henri Martin vor, einem Helden, der woanders hinsah, während er einem die Hand schüttelte. Dieser Marinesoldat, der nach Vietnam geschickt worden war, um dort Krieg zu führen, aber lieber gegen den Kolonialismus kämpfte, war unter Kommunisten zum Idol geworden. Als Soldat ging er ein großes Risiko ein, wenn er schrieb: »Unser Blut ist nicht käuflich, und für eure Millionen opfert ihr unsere zwanzig Jahre … Matrosen Toulons, wir haben uns nicht verpflichtet, für den größtmöglichen Profit der französischen Bankiers unsere Haut in Indochina zu Markte zu tragen.«[53]

Mir war nicht bewusst, dass ich mich nach dem Krieg zu sprechen weigerte, denn diese Verweigerung war eben dadurch definiert, dass man nicht sprach, unzulänglich sprach, auswich, relativierte, um das Bewusstsein auf Ereignisse auszurichten, die angenehmer mitzuteilen waren. Wir mussten, um wieder ins Leben zurückzufinden, die Vergangenheit meiden und uns allein auf die Zukunft konzentrieren. Um nicht das Schicksal von Frau Loth zu erleiden, durften wir uns vor allem nicht nach den Trümmern der Vergangenheit umwenden, wo noch einige ungelöste Probleme in Flammen standen.

Das soziale Umfeld hebt hervor, was das Kind im Gedächtnis speichert. Doch eine Geschichte kann nur entstehen, wenn Einklang herrscht zwischen den Selbst-Erzählungen und den Erzählungen des Umfelds, wenn eine »narrative Kohärenz« vorliegt.[54] »Einer Kultur angehören, das heißt ... ihre Ziele zu verwirklichen, zu akzeptieren oder zu spüren gemäß den sozialen Bedingungen, die eine Übereinkunft nahelegen.«[55] Wenn Ihr Umfeld nicht bereit ist, Ihnen zuzuhören, oder wenn die Erzählungen Ihres Umfelds die Dinge anders darstellen, als Sie sie erlebt haben, ist es schwierig und sogar gefährlich, Zeugnis abzulegen.[56] Sprechen heißt, ausgeschlossen zu werden. Schweigen heißt, die Amputation eines Teils der eigenen Seele hinzunehmen.

Ich war zehn Jahre alt, als ich erfuhr, dass Pontius Pilatus seine Hände in Unschuld wusch. An diesem Tag entdeckte ich auch, dass ich zu dem Volk gehöre, das Jesus getötet hat. Das Argument erschien mir von Anfang an strittig: Da man mich gelehrt hatte, Gott sei allmächtig, musste doch er den Juden befohlen haben, seinen Sohn zu töten. Also war Gott nicht so gut, wie behauptet. Oder aber man musste zugeben, dass die Juden mächtiger waren als er!

Der Blick der anderen hatte mich zum Juden gemacht. Ich wusste noch immer nicht, was das Wort bedeutete, aber ich hatte begriffen, dass mein Ursprung von einem tragischen und sehr spannenden Rätsel umgeben war – ein Umstand, der einen kleinen Jungen schon größenwahnsinnig machen konnte!

Noch heute verblüfft mich unsere Unfähigkeit, unserem Denken Grenzen zu setzen. Kaum haben wir ein Faktum entdeckt, führen wir es durch unsere Verallgemeinerungen ad absurdum. Unser Verlangen, die allgemeinen Gesetze zu finden, die unser Verhalten regeln, veranlasst uns, Geschichten zu erfinden, denen wir uns unterwerfen.

Kapitel vier

Der Einfluss der anderen

An dem Tag, als Präsident Kennedy erschossen wurde, hielt ich mich in Montpellier bei einem Onkel meiner Frau auf. Als im Radio die bestürzende Nachricht kam, stand ich im Salon, zwischen einem schweren normannischen Sessel und einer Zierdecke auf dem Tisch. Es war ein Spitzendeckchen, auf dem eine Vase stand. So verhält es sich mit unseren Erinnerungen. Zwar erinnere ich mich nicht mehr an die Stimme im Radio, aber ich weiß, dass sie von dem Attentat auf den Präsidenten sprach. Dafür habe ich das Bild mit dem Zierdeckchen unter einer Vase vor Augen, und ich erinnere mich auch an die dunkle Fläche des Sessels. Ein schockierendes Ereignis kann also den Effekt einer emotionalen Ansteckung haben: Ich sah das Deckchen und speicherte es im Gedächtnis, um die akustische Information eines außergewöhnlichen Ereignisses zu kontextualisieren.

Trauma-Erzählung und gesellschaftlicher Kontext

Einige Zeit nach dem Attentat wurde in den Medien und der Gerüchteküche gebetsmühlenartig wiederholt, die Bewohner von Dallas hätten den Weg des Präsidenten schlecht überwacht. Daher seien sie für die Tragödie verantwortlich. Nachdem sie protestiert hatten, stellten sie fest, dass sich unter dem Druck dieses Vorwurfs eine erstaunliche Solidarität entwickelte. In den drei Jahren nach Kennedys Ermordung erlebte die Stadt einen beachtlichen Aufschwung.[1] Die Straßen wurden gesäubert und neue Gebäude errichtet, die das Stadtbild verschönerten, vor allem aber verstärkte sich das Gemeinschaftsgefühl der Bewohner. Großzügige Spender finanzierten Hilfsorganisationen, die sich um die Armen kümmerten und kulturelle Aktivitäten ins Leben riefen. Vermutlich ist diese Hilfsbereitschaft Ausdruck eines Mechanismus, der vor gesellschaftlichen Belastungen schützt, denn gleichzeitig wurde in den Krankenhäusern eine Zunahme von Infarkten und Selbstmorden registriert. Angesichts der Angriffe von außen war jeder bereit, den anderen zu schützen, was die Stadt mit neuer Kraft erfüllte. Dieser Effekt schwand nach der Ermordung von Martin Luther King. Daraufhin profitierte nämlich die Stadt Memphis von dem beschriebenen Phänomen.

Ob kollektiv oder individuell, das Gedächtnis ist intentional: Es sucht sich aus der Vergangenheit die Fakten zusammen, die dem, was sein Träger in der Gegenwart empfindet, Gestalt verleihen. Wenn sich die Mitglieder einer Gruppe die gleiche Erzählung teilen, findet jeder Sicherheit durch die Anwesenheit des anderen. Die gleiche Geschichte zu erzählen, an die gleichen Vorstellungen zu glauben, erzeugt ein Gefühl großer Vertrautheit. Deshalb sind gemeinsame Erzählungen oder Mythen und Gebete in der Gruppe ausgezeichnete kulturelle Beruhigungsmittel.

Das kollektive Trauma solidarisiert die Mitglieder der Gruppe, die sich zusammenschließen, um dem Aggressor entgegenzutreten, während das individuelle Trauma desolidarisiert, indem es Erzählungen schafft, die sich nicht mitteilen lassen. Das Schicksal des Traumas fällt je nach sprachlichem Kontext unterschiedlich aus: »Ein kollektives traumatisches Ereignis wird zwangsläufig durch die Gruppe, die Familie, die Kultur und die Gesellschaft vermittelt und gefiltert, während eine individuelle Aggression den Einzelnen gewöhnlich in seinem Leiden isoliert.«[21] Nach einer kollektiven Tragödie ist häufig zu beobachten, dass die Solidarität und die emotionale Bindung unter den Opfern zunehmen. Doch »wenn das Trauma individuell ist, verhindert die kollektive Erzählung sogar die individuelle Aufarbeitung«.[3]

Schaul Harel hatte eine ähnliche Kindheit wie ich. In Belgien geboren und im Zweiten Weltkrieg zum Waisen geworden, kam er in ein belgisches Heim, von dem aus er nach der Befreiung nach Israel geschickt wurde. Als er seinen Kameraden in der Schule und später beim Militär erzählte, was ihm zugestoßen war, nannten sie ihn *Soap* (Seife) in Anspielung auf das Gerücht, die Nazis hätten aus dem Fett der ermordeten Juden Seife gekocht. Schaul, der sich gezwungen sah zu schweigen, um sich nicht die Verachtung seiner Altersgenossen zuzuziehen, absolvierte mit wütender Entschlossenheit ein Medizinstudium und wurde in Tel Aviv Professor für Neuropädiatrie (Kinderneurologie).

Die jungen Juden, die vor 1948 in Palästina oder nach dem Unabhängigkeitskrieg[4] in Israel geboren worden waren, empfanden großen Stolz auf ihre militärischen Siege. Zuerst hatten sie gegen die arabischen Streitkräfte gekämpft, die seit 1941 als Verbündete Hitlerdeutschlands unter Rommels Befehl standen, und sie 1942 bei Bir Hakeim in Schach gehalten.[5] 1949 hatten sie dann große Gebiete erobert, nachdem arabische Streitkräfte in den ein Jahr zuvor gegründeten

173

Staat Israel einmarschiert waren. Diese stolzen Tzabarim kannten natürlich das Vorurteil, nach dem die europäischen Juden sich wie Schafe zur Schlachtbank hätten führen lassen. Da sie von deren Kämpfen nichts wussten, verachteten sie sie.

Erst Ende 1961 lenkte der Eichmann-Prozess »zum ersten Mal die Aufmerksamkeit der internationalen Öffentlichkeit auf die Shoah«.[6] Dieser Prozess, der erst jetzt der Allgemeinheit zu Bewusstsein brachte, dass fast sechs Millionen Menschen mit Hilfe einer perfekten Organisation und einer reibungslos funktionierenden Maschinerie ermordet wurden, änderte die öffentliche Meinung in Israel. Fortan vertraten Schauls Kameraden die Auffassung, der »Aufstieg«[7] nach Israel habe aus diesen europäischen Schafen siegreiche Soldaten gemacht: »... mit der beruhigenden, definitiven Mythologie ... flößte [man] uns heroische Gefühle ein«.[8]

Mein Freund Henri Parens, der von der Militärverwaltung aus Belgien vertrieben wurde, kam mit seiner Mutter in Rivesaltes bei Perpignan in ein Lager, das die euphemistische Bezeichnung »Zentrum für Familienzusammenführung« trug. Er ist 11 Jahre, als ihm die Flucht gelingt. Mit dem Zug fährt er nach Saint-Raphaël, wo er ein Heim des OSE[9] aufsucht, dessen Adresse ihm seine Mutter mitgegeben hat. Von dort aus wird er in die Vereinigten Staaten geschickt. Die Familie, die ihn herzlich aufnimmt, begnügt sich damit, ihm die Adresse der Synagoge zu geben, falls er sie aufsuchen möchte.[10] Als ausgezeichneter Musiker finanziert er sein Medizinstudium selbst und wird Professor für Psychiatrie in Philadelphia. Henri hat praktisch keine Krypta, weil sein neues familiäres und kulturelles Umfeld ihm die Sprache lässt.

Bei Schaul hatte die Krypta einige Jahre Bestand, weil ihn seine Kameraden »Savon« nannten, um ihn als Verlierer, als

Besiegten, abzustempeln. Doch als sich das gesellschaftliche Bewusstsein in Israel wandelte, als Schaul von kollektiven Erzählungen umgeben war, die erklärten, dass Solidarität erforderlich sei, um sich gegen die arabischen Staaten zu wehren, gaben ihm die Studenten, die Soldaten und die Medien die Sprache zurück.

In meinem familiären Umfeld waren nach dem Krieg alle Menschen seelisch verwundet. Die geringste Anspielung auf die Verfolgung gab den Unterhaltungen sofort eine andere Richtung. In dem Milieu, in dem ich mich befand, waren nur Erzählungen über Widerstand, Mut und Schläue zu hören. Keine Klagen. Dabei hätten mir Gespräche über das, was mir zugestoßen war, geholfen, diese wahnwitzige Wirklichkeit zu verstehen, mich nicht mehr als Monstrum zu fühlen, das aus der Welt der anderen Menschen ausgeschlossen war. Über die vom Tod überschatteten Jahre und die wiederholten Bindungsverluste zu schweigen, das hieß, »allein und dem Ereignis ausgeliefert zu sein«.[11]

Die Geschichte klärt sich im Licht der Gegenwart

Wenn ich heute aufgefordert werde, von diesen Ereignissen zu erzählen, erstaunt mich, dass es meinen Zuhörern so schwerfällt, meiner Darstellung zu folgen:
»Also hat Margot einen Kollaborateur geheiratet?«
»Nein, nein, im Gegenteil, sie hat einen Widerstandskämpfer geheiratet.
»Bist du bei Margot aufgewachsen?«
»Nein, bei Dora.«

»Bist du mit fünf Jahren aus Auschwitz geflohen?«
»Nein, ich war sechseinhalb und in Bordeaux.«

Selbst wohlwollende Freunde verlieren in der Verkettung der Ereignisse und der Rolle der Erwachsenen die Übersicht. Sie verwechseln die Retter mit den Aggressoren und bringen die Orte und Daten durcheinander. Die Wirklichkeit des Krieges ist so zusammenhangslos, dass sie sich nur eine höchst verwirrende Vorstellung von ihr machen können.

Auch ich brauchte lange, um mir Klarheit zu verschaffen. Pondaurat lag meiner Meinung nach bei Avignon. Ich glaubte, ich sei zweieinhalb Jahre alt gewesen, als ich festgenommen wurde, doch als ich eines Tages meine zweieinhalbjährige Tochter weinen und nach ihrer Mutter rufen sah, begriff ich, dass es unmöglich war. Erst als ich einen Bericht las, den mir Michel Slitinsky aus seinem Archiv geschickt hatte,[12] konnte ich mir ausrechnen, dass ich bei der Razzia vom 10. Januar 1944 sechseinhalb Jahre alt gewesen war. Ich musste Berichte lesen und die Erzählungen anderer hören, um der Vorstellung meiner Vergangenheit Schlüssigkeit zu verleihen.

Die Geschichte klärt sich im Licht der Gegenwart, und die Gegenwart selbst wird durch ihren Kontext strukturiert. Die Erzählungen des Umfelds bilden einen Rahmen aus Annahmen, Erinnerungen und Verhaltensweisen, die von den sozialen Begegnungen bestimmt werden. Der Schlüssel zur Vergangenheit ist die Gegenwart. Und die Gegenwart wird von unseren Beziehungen geprägt.[13]

Krieg ist Krieg, werden Sie mir entgegenhalten. Darauf antworte ich: Die Erinnerungen bekommen ihre affektiven Konnotationen durch die kontextuelle Bedeutung. Die israelischen Soldaten, die während des Sechstagekriegs[14] fielen, wurden von ihren Familien wie Heilige verehrt, weil ihr Tod bedeutete:

»Dank dir haben wir die Invasion der arabischen Streitkräfte zurückgeschlagen. Du bist gestorben, damit wir leben können.«

Diese Heroisierung war im Libanonkrieg von 1982 nicht mehr möglich, und noch weniger während der nachfolgenden Bombenangriffe. Anstelle fast mystischer Ekstase rief der Tod der Soldaten schmerzliche Trauer hervor: »Ihr Tod ist überflüssig, so zu sterben ist sinnlos, wir hätten verhandeln müssen.« In einem solchen Kontext ist der Tod junger Menschen keine Heldentat mehr, sondern ein schrecklicher Unfall.

»Die Kinder Überlebender, die in Nordamerika, Südamerika oder Israel geboren wurden, das heißt, weit entfernt von den Orten, die durch die Shoa stigmatisiert wurden, haben nie unter den gleichen Identitätskrisen gelitten wie bestimmte Kinder von ›Überlebenden‹ in Frankreich, die keinerlei soziale und identitätsbildende Orientierung hatten ... Die jungen Franzosen scheinen viel stärker betroffen zu sein als die jungen Amerikaner, deren Eltern sich nie veranlasst sahen, ihre jüdische Herkunft zu verheimlichen.«[15]

Die Kinder, die in den Vereinigten Staaten, England oder Südamerika aufwuchsen, hörten von Problemen, die ihnen als »Denkanstöße« ans Herz gelegt wurden, während die kleinen Franzosen nur auf Schweigen stießen, ein Verstummen, das sie als »Denkverbot« interpretierten.[16] Die emotionale Konnotation der Shoa hing von den Erzählungen des Umfelds ab: Derselbe Schrecken, dessen Opfer man in den Vereinigten Staaten beweinte und ehrte, wurde in Frankreich zur Beklemmung und Schande.

Niemand sprach davon. Sogar die Psychoanalytiker, die doch eigentlich an außergewöhnliche Erzählungen gewöhnt sind, boten keine Aufarbeitung des Themas an, als hätten ihre

Analysanden nie davon gesprochen oder als hätten die Psychiater diese Themen nie vernommen. Die Stummen sprachen zu den Tauben, selbst auf der Couch.

Glücklicherweise stand mir ein Patchwork von Identifikationsmöglichkeiten zur Verfügung. Ich war von Bindungsfiguren umgeben, die sich zu einem Gebilde aus verschiedenen Farben und Gewebearten zusammenfügten. Jeder lieferte mir ein Teilmodell. Dora vermittelte mir eine Ahnung von Familie: Sie war die Schwester meiner Mutter und wusste viel über meine Herkunft. Eines Tages würde sie mir davon erzählen. Jacquot war ein Held der Résistance gewesen. In meiner Vorstellung gesellte er sich zu meinem Vater, der als Fremdenlegionär bei Soissons verwundet worden war. Émile stand für die Zukunft: »Wenn ich groß bin, werde ich Wissenschaftler, Rugbyspieler und Reisender.«

Dora liebte ich wegen ihrer emotionalen Nähe und ihrer Fröhlichkeit, trotz ihrer immer häufigeren Wutausbrüche. Émile liebte ich wegen des Bildes, das er mir vermittelte, und des Flairs von Abenteuer, das ihn umgab. Der Familienersatz funktionierte gut.

Jazz und Widerstand

Wir wohnten jetzt in der Rue Ordener. Lebte Émile mit uns zusammen? Er war oft da und saß am Kopfende des Tisches. War er oft da? Außerhalb der Wohnung fanden keine familiären Unternehmungen statt – keine Ausflüge, keine Ferien, kein Kino, keine Arbeit, keine gemeinsamen Freunde oder Familienangehörigen. In dieser Zeit, von meinem zehnten bis zwölften Lebensjahr, fiel mir das nicht auf, ich war viel zu versessen auf die Liebe, die Dora und Émile mir gaben.

Émile kannte ich, seit Dora mich nach der Befreiung, um das Jahr 1946, aufgenommen hatte. Damals wohnte er in Lyon, in der Rue Jacquard, in einer Wohnung ohne Möbel über dem kleinen Labor, das er leitete. Ich hörte, dass man sagte: »So jung und schon Forschungsdirektor! Er hat schon so früh beim E-Werk angefangen!« Ich wusste nicht, was das hieß, aber da ich die Bewunderung in diesen Sätzen hörte, war ich glücklich.

Auf einem elektrischen Grammophon spielte Émile häufig eine große Schallplatte mit Jazz ab, der sich Ragtime nannte. Also liebte ich Jazz. Eines Abends sind wir zum Tanzen auf die Place Bellecour gegangen. Nach dem Krieg wurde viel auf der Straße getanzt – auf den Plätzen der Städte oder auf Straßen, die mit Tischen und Stühlen abgesperrt wurden. Die Menschen bildeten Kreise um die Tanzenden, und ein paar Musiker und klatschten in die Hände. Es war großartig.

Wenn die Frauen sich drehten, flogen ihnen die Kleider um die Beine. Fast alle trugen kleine Hütchen, die sie »Bibis« nannten. Auch Émile tanzte sehr gut. Seine Bewegungen waren leicht und rasch, wie der Jazz es verlangte, doch den größten Eindruck machte er mit seinen Händen: Er bohrte den Zeigefinger in den Himmel und gab mit ihm den Takt an. Alle klatschten Beifall. Ich war hingerissen.

Während des Krieges wurde der Jazz zu einem Symbol des Widerstands, weil er die Verordnungen der Präfektur ins Lächerliche zog. Da die Juden verpflichtet waren, sich einen gelben Stern auf die Kleidung zu nähen, der sie für die Bevölkerung und die Polizei kenntlich machte, hatten einige Nichtjuden beschlossen, ihn ebenfalls zu tragen. Doch statt das Wort »Jude« darauf zu schreiben, wählten sie »Papua«,

»Buddhist«, »Auvergnat« oder »Swing«. Die meisten jungen Leute wussten nicht, dass dieses Wort ihr Todesurteil sein konnte. Für sie war es einfach ein Spiel mit dem Verbotenen: »Am kommenden Sonntag werden wir viel Spaß haben, selbst die Nichtjuden unter uns stecken sich den Stern an.«[17] Einige Menschen waren so empört über die antijüdischen Maßnahmen, dass sie den Davidstern wie das Spruchband auf einer Demonstration trugen. Nicht selten zogen Nichtjuden, wenn sie einer jüdischen Familie auf der Straße begegneten, mit übertriebener Ehrerbietung den Hut.

Die »Swinger« waren so zahlreich, dass es am Ende schon genügte, sich wie ein typischer Zazou – Jazzfan – anzuziehen, mit langem Jackett und zweifarbigen Schuhen, um seine Sympathie für die Juden zum Ausdruck zu bringen, was die Polizei zum Eingreifen bewog: »Ich habe die Nacht im Untergeschoss der Polizeipräfektur verbracht, wie ein Verbrecher in einer vergitterten Zelle«, berichtet Michel Reyssat, verurteilt wegen »illegalen Tragen[s] eines gelben Sterns«.[18]

»Ein swingendes Frankreich in einem jazzbegeisterten Europa«: Dieser Halbsatz war für mich wie eine Widerstandsaktion. Da können Sie sich vorstellen, dass ich Émile wie einen Helden bewunderte, als ich ihn auf der Place Bellecour tanzen sah.

Ich frage mich, warum alle Diktatoren die Kunst und die Psychologie als subversive Betätigungen verdächtigen. Élida Romano, die Psychologin in Buenos Aires war, berichtet, die Polizei sei wiederholt in die Praxis eingedrungen und habe ihre Aufzeichnungen beschlagnahmt, um Patienten ausfindig zu machen, die gesucht wurden. Schließlich musste sie mit ihrem Mann, einem Musiker – der natürlich auch den Revolutionären zugerechnet wurde – die Flucht ergreifen.

In Rumänien »wurden in den Schulen Kontrollen und sogar

regelrechte Razzien durchgeführt, um die jungen Burschen herauszugreifen, die die Haare zu lang trugen, und die jungen Mädchen, die die Röcke zu kurz trugen«.[19]

Als ich zum ersten Mal nach Bukarest reiste, war ich begeistert, wie herzlich die Rumänen uns Franzosen empfingen. In den Bibliotheken und den Schulen las man viel Émile Zola, André Gide und André Stil, weil sie, so wurde uns erklärt, den Zerfall der kapitalistischen Gesellschaft beschrieben.

Vor den Theatern bildeten die Zuschauer lange Schlangen, um sich ausgezeichnete Stücke anzusehen. Vor den drei Schlägen, die den Beginn der Aufführung verkündeten, kamen zwei Männer und eine Frau auf die Bühne und zeigten einen Jazztanz nach Swingmusik. Das erinnerte mich an glückliche Augenblicke. Einige Zuschauer schnippten mit den Fingern und wiegten die Köpfe im Rhythmus der Musik. Daraufhin wandten sich die drei jungen Leute plötzlich um. Alle trugen sie ein Schild am Rücken, auf dem stand: »Ich … bin … ein … Esel.« Der Saal brach in schallendes Gelächter aus. All die Menschen, die sich der Diktatur widerwillig unterwerfen mussten, klatschten Beifall und demütigten so die Zuschauer, die die Musik rhythmisch begleitet hatten. Wenn man sich in Rumänien dem Swingrhythmus auf diese Weise unterwarf, trug man mit dem Konformismus zur Diktatur bei.

Liebe oder Ideologie

Gelegentlich ließ Dora eine, zwei Bemerkungen über den Krieg fallen. In Lyon, wo sie mit Émile lebte, erwartete sie eines Tages Jacquot, der bereits bei den FTP war. Das Klopfen an der Tür stammte nicht von ihrem Bruder. Émile öffnete und sah sich zwei Gestapoleuten gegenüber, die ihn beiseitestießen und in die Wohnung drangen: »Wir kommen, um die Jüdin Dora Smulewicz zu verhaften.«[20] Émile, der sie von Dora fortzog, sprach mit wichtiger Miene auf sie ein. Die beiden Beamten hielten ihm eine Moralpredigt, weil er eine Jüdin schützte. Émile bat sie, zwei Minuten zu warten, ging zur Treppe, wo Jacquot wie verabredet erschien, und bedeutete ihm durch eine Geste, sich in Sicherheit zu bringen. Émile hatte also Dora und Jacquot gerettet, und doch fiel ein kleiner Schatten auf sein Bild.

Ich war gerade aufs Gymnasium gekommen, als Dora mir das erzählte. Émile war häufig da, doch ich kann mich beim besten Willen nicht erinnern, ob er bei uns wohnte. Aber ich weiß noch genau, dass Dora mir am Ende dieses glücklichen Jahres sagte, sie würden sich trennen …

Ich war am Boden zerstört. Dora sagte, ich könne ihn weiterhin besuchen, denn er habe sich ein Apartment in der Rue Vanneau gekauft, unweit seines Labors. Von Zeit zu Zeit ging ich dorthin, aber wir hatten uns nicht mehr viel zu sagen. Ich fürchtete, ihm weh zu tun, wenn ich ihm von Doras neuer Beziehung erzählte. Der Neue war ein ziemlich freundlicher Geschäftsmann, der allerdings nur vom Sport redete, vor allem vom Radsport, während ich wie gewöhnlich schwieg.

Émile arbeitete immer mehr. Er stand spät auf, ließ sich aus der Leitung heißes Wasser in eine Tasse mit Pulverkaffee laufen, ging gegen zehn Uhr in sein Labor, arbeitete dort den ganzen Tag bis um zehn Uhr abends und suchte dann ein kleines Restaurant auf, wo er kurz vor Lokalschluss eine Mahlzeit zu sich nahm. Worüber sollte ich mit ihm sprechen?

Das Band war ausgeleiert, aber in meiner Vorstellung blieb

es in der alten Form bestehen. In meinen stummen Erzählungen berichtete ich ihm nach wie vor von den wichtigen Ereignissen meines neuen Lebens. Tatsächlich aber wusste er nichts, weil ich stumm blieb.

Von Zeit zu Zeit rief ich ihn an. Eines Tages weigerte sich die Sekretärin, meinen Anruf durchzustellen. Nach mehreren Versuchen, sagte sie schließlich, er sei in die neurochirurgische Abteilung des Krankenhause La Pitié eingeliefert worden. Damals war ich im zweiten Jahr meines Medizinstudiums. Ich besuchte ihn jeden Morgen. Er litt unter Aphasie und sprach immer weniger, doch machte er mir sein letztes Geschenk, als es ihm gelang, einer Schwester stammelnd mitzuteilen: »Ich bin sein Vormund.«

Eines Morgens, als ich eintraf, war das Bett leer, die Matratze umgedreht. Niemand hatte mir Bescheid gesagt, ich gehörte nicht zur Familie.

Die Trauerfeierlichkeit fand in der Kirche Saint-Philippe-du-Roule statt. Am Sarg standen Leute, die ich nicht kannte, wahrscheinlich seine Familie. Außerdem war ein Mann von eleganter Erscheinung anwesend, der von einem weinenden blonden Jugendlichen begleitet wurde. Ich begriff, dass es sich um Svoboda handelte, den tschechischen Ingenieur, und dass der weinende Junge Émiles Patenkind war. Ich blieb am Eingang der Kirche stehen. Wir haben nicht miteinander gesprochen.

Dann ging ich wieder. Allein. Das war einige Wochen vor dem Physikum. Ich war zu keinen Vorlesungen und Übungen mehr gegangen, seit ich Émile jeden Morgen besuchte. Ich setzte mich an sein Bett, so schwiegen wir zusammen: er aphasisch, ich stumm. Für mich besaß dieser Abschied große Bedeutung, hatte ich mich doch von meinen Eltern nicht verabschieden können. Ich ging nicht mehr zur Uni, öffnete kein Buch und fiel am Jahresende durchs Examen. Ich hätte es nicht ertragen, nach seinem Tod glücklich zu sein.

Einige Jahre später wurde ich Assistenzarzt auf dieser neurochirurgischen Station. Als die Betten verteilt wurden, um die wir uns zu kümmern hatten, weigerte sich ein junger Student in den klinischen Semestern, in den Saal Berger zu gehen, weil dort sein Vater gestorben war. Ich erklärte mich bereit, mich um diesen Krankensaal zu kümmern, weil ich mir sagte, dass es in gewisser Weise eine Möglichkeit sei, Émile noch einmal zu besuchen. Das Faktum ist weniger wichtig als das, was es im Gedächtnis auslöst: für den jungen Studenten war es der Tod seines Vaters, für mich ein letztes Lebewohl, das ich nicht versäumen wollte.

Vor einigen Jahren, als Dora schon die 90 überschritten hatte, erzählten wir uns endlich gegenseitig von unserer Kindheit. Mit großer Freude lauschte ich ihren Schilderungen von den gefrorenen Flüssen in Polen, den Dorffesten, den Gefahren des Tauwetters, der liebevollen Rivalität zwischen den Schwestern und dem Hebräischunterricht, der sie langweilte. Oder von Onkel Stern, der verkündete, Frankreich sei das Land des Glücks. Schön waren ihre Erzählungen vom Vorkriegsleben in Belleville, wo die Straße ein Ort war, an dem man sich begegnete, spielte und wichtige soziale Erfahrungen machte.

Dann berichtete ich Dora, wie wichtig Émile in meiner Kindheit war. Obwohl er nur selten kam, habe ich mich weitgehend mit ihm identifiziert. Ich bin Arzt geworden, weil Dora mir gesagt hatte, das sei der Wunsch meiner Mutter gewesen, aber ich dachte auch, der Beruf sei naturwissenschaftlich genug, um viele fachliche Berührungspunkte mit Émile zu haben. Ich spielte Rugby, um mit ihm darüber sprechen zu können ... zwei oder drei Mal.

»Und außerdem«, fuhr ich fort, »war auch er während des

Krieges ein Held. Er hat dir und Jacquot das Leben gerettet.«
»Nach der Befreiung«, antwortete Dora, »wurden die beiden Gestapoleute verhaftet, weil sie den Tod vieler Lyoner verschuldet hatten. Émile hat in dem Prozess eine Aussage zu ihren Gunsten gemacht, indem er erklärte, die beiden Gestapobeamten hätten zwei Juden gerettet. Die Gestapoleute wurden nicht verurteilt. Émile sagte, er habe das aus ›christlicher Nächstenliebe‹ getan.« Nach einer kleinen Pause fügte Dora hinzu: »Er las den *Gringoire*[21] und bewegte sich in einem antisemitischen Milieu. Das erklärte er den Gestapoleuten, als er sie bat, mich nicht festzunehmen.«

Als ich abends nach Hause kam, blickte ich sein Foto nicht an, das gerahmt im Treppenhaus hängt. Ich habe es aber auch nicht abhängen können.

Sich in Utopien verlieren

Madame Descoubès, die Krankenschwester, die mir bei meiner Flucht geholfen hatte, erzählte mir, sie sei kurz nach der Befreiung von Bordeaux in die Präfektur gerufen worden. Ihre Freunde sagten: »Geh nicht hin. Flieh!« Mitten im Krieg ist es schwierig, seine Familie und sein Zuhause zu verlassen. Als sie auf die Präfektur kam, wurde sie sehr freundlich von Maurice Papon[22] empfangen. Er stand auf, ging um seinen Schreibtisch herum, drückte der jungen Frau die Hand und sagte: »Wir wissen, was Sie getan haben. Ich beglückwünsche Sie.« Ich bin sicher, dass er in seiner Bewunderung für diese Krankenschwester genauso ehrlich war wie bei seiner Mitwirkung als hoher Beamter im »Referat für Judenfragen«, wo er mehr als sechstausend Menschen, darunter rund hundert Kinder, festnehmen und deportieren ließ.[23]

Gewiss, das Blatt hatte sich gewendet, weshalb zahlreiche hohe Beamte in Erwartung der deutschen Niederlage ihre Kehrtwende vorbereiteten.[24] Doch wie war es möglich, dass ein Mann Umgang mit Gaston Cusin, Jacques Soustelle und anderen bedeutenden Widerständlern hatte und noch am selben Tag den Haftbefehl für Tausende unschuldiger Menschen unterzeichnete? Wie konnte er nach Verrichtung seiner tödlichen Arbeit der jungen Krankenschwester dazu gratulieren, dass sie sich seinen Entscheidungen widersetzt hatte?

Wer sich einer Vorstellung so vorbehaltlos unterwirft, dass er sie von jeder realen Wahrnehmung abtrennt, nimmt eine utopische Abstraktion vor. Wenn er davon träumt, einen unwirklichen Ort zu bewohnen, einen idealen Staat mit vollkommenen Menschen, überkommt ihn ein Gefühl der Euphorie und der glückseligen Allmacht. Diese Idealisierung unterscheidet sich von der Tagträumerei,[25] die durch die Flucht aus einer unerträglichen Wirklichkeit den Leidensdruck verringern soll. Als Kind flüchtete ich mich in die Tagträumerei, indem ich mich aus einer Gesellschaft, die mich verfolgte, in das unterirdische Reich des Lichts zurückzog, wo ich von meinen Freunden, den Tieren, beschützt wurde.

Ein Utopist dagegen stellt sich vor: »Es wäre wunderbar, gemeinsam in einem reinen und gerechten Staat zu leben, in dem das Böse ein für allemal vernichtet wäre. Wir hätten nichts zu verbergen, weil wir alle gleich, ohne Unterschiede, ohne Fremdheit wären, weil wir wie eine einzige Seele fühlten und dächten.« In einer Utopie ist jede private, eigenwillige Verhaltensäußerung ein Akt der Desolidarisierung. Wer Heimlichkeiten pflegt, zerstört den Traum und ist ein mutmaßlicher Verbrecher, da er sicherlich eine Gesetzesübertretung verbirgt. Er gehört nicht zu uns, er will uns vernichten. Tod dem Ausländer, dem Neger, dem Juden, dem Verrückten, dem Aidskranken, dem anderen, dem, der anders ist und nicht denkt wie wir! Denn wir denken das Richtige, das Gute, die vollkommene Gesellschaft, die Gleichheit der Seelen und die Reinheit, die anderen, die sich von uns unterscheiden, verunreinigen uns und zerstören unsere Utopie, indem sie sich unseren Gebeten und Parolen verweigern.

Das ist das Prinzip totalitärer Gesellschaften, wo jeder Versuch, sich auf persönliche Abenteuer einzulassen, die Kunst etwa oder die Psychologie, als Gotteslästerung angesehen wird gegen Ihn, der den idealen Staat entworfen hat. Die utopische Erzählung ist ein Glücksrezept und ein Gegenbild des morbiden Romans oder der obszönen Autobiographie, die persönliche Probleme offenbaren. Das Private existiert nicht in der Utopie, denn im Namen der Moral werden all diejenigen eliminiert, gefoltert oder umerzogen, die sich durch ihr Anderssein als Gotteslästerer zu erkennen geben.

Der Diskurs von Kindern ist genauso affirmativ wie eine Utopie. Die Nuancen kommen erst mit dem Alter. Je geringer das Wissen, desto größer die Gewissheit. In der Utopie gibt es nur eine einzige Vorstellung der Welt, nämlich die des verehrten Leiters und Lenkers, der unser Glück, die vollkommene Zukunft und tausend Jahre Herrlichkeit programmiert. Das ist die Sprache der Sekten. Wir beten den Staat an und legen unser Schicksal in die Hände dessen, der alles weiß. Im Gegenzug nimmt er uns die Verantwortung, was uns vor Schuld und Schande bewahrt. Der Umstand, dass wir alle gleich, normal, Träger der gleichen Maske und Sprachrohr der gleichen Parolen sind, vermittelt uns ein wunderbares Gefühl der Zugehörigkeit. So können wir guten Gewissens den anderen vernichten. In einer Welt ohne andere gibt es – wie in der des

Psychopathen – keine Schuld. Es ist keine Schuld, ein Insekt zu zertreten oder eine Viper zu erschlagen.

Wenn in einer persönlichen Beziehung zwischen zwei oder drei Menschen einem von ihnen ein Unglück zustößt, können die Beteiligten kaum umhin, Hilfe zu leisten,[26] doch in einer anonymen Beziehung – in der Masse oder in einem großen Kollektiv – ist es fast moralisch, die Mitglieder aufzugeben, die den Marsch nach vorne bremsen. In den Schulbüchern zur Zeit des Nationalsozialismus mussten die Kinder folgende Aufgabe lösen: Wie soll man entscheiden, wenn man weiß, dass die Pflege eines Geisteskranken so viel kostet wie die Wohnungen für drei schöne, gesunde Ehepaare?

Empört beschließen die Kinder, den schwachsinnigen, nutzlosen Kranken aufzugeben, den Störenfried, der Unglück über die drei vorbildlichen Ehepaare bringt. Das sei »Anstiftung zum Hass, und die Vernichtung ist die Umsetzung eines staatlichen Versprechens auf Glück und soziale Gleichheit«.[27] So konnten die Täter im Namen der Menschlichkeit alle Verbrechen gegen die Menschlichkeit begehen.

Es stellt sich die Frage, wie verfolgte Kinder Bindungen zu erwachsenen Anhängern der Verfolgung suchen konnten. Diese Erwachsenen waren in gewisser Weise gespalten: Ein Teil ihres Selbst band sich an das reale Kind und umsorgte es liebevoll, und ein anderer unterwarf sich einer utopischen Vorstellung, die nichts mit diesem zu tun hatte. Das Kind stellte eine Bindung zu dem Erwachsenen her, mit dem es den Alltag teilte und wusste nichts von dessen Utopie. Wieso sollte diese Bindung zwischen zwei Menschen, die in einer realen Beziehung zueinander stehen, nicht zustande kommen, nur weil eine Utopie sie von dieser Realität trennt?

Die verbrecherische Utopie äußerst sich häufig nur durch eine Geste, einen Gesichtsausdruck oder ein Schlagwort, das auf die Einstellung des Utopisten schließen lässt: »Wir haben nichts zu essen, weil die Juden den Krieg angezettelt haben, um noch mehr Geld zu verdienen«, sagte der freundliche Bauer, der sich liebevoll um das kleine Mädchen kümmerte, das er versteckte.[28] Ein geringfügiger Hinweis oder eine unerwartete Redewendung hindert das jüdische Kind nicht daran, eine Bindung zu dem antisemitischen Großvater herzustellen.[29]

Eltern sind für das Kind zunächst emotionale Schutzhüllen. Es dauert Jahre, bis es fähig wird, sich ein Bild von den Erwachsenen zu machen, die es umsorgen. Zunächst hat es eine unmittelbare Beziehung zu ihnen. Später findet es Zugang zu ihrer geistigen Welt. »Papa« nennt das Kind eine bestimmte emotionale Art, ein Mann zu sein. Erst viel später entdeckt es, dass Papa »Pol Pot«, »Stalin« oder »Himmler« heißt. »Papa wollte, dass ich in der Schule fleißig bin«, sagte Mea Sith, die Tochter von Pol Pot, und erfuhr erst einige Jahre danach, dass er befohlen hatte, die Schule zu schließen und die Lehrer zu verschleppen. Dr. Mengele, der in Auschwitz zahlreiche Kinder folterte, vorzugsweise Mädchen, war ein vorbildlicher Familienvater, »wie ihn der Führer sich wünschte«.

Wenn die Identifikation glücklich macht, ist es schmerzlich, das Bild dessen zu zerstören, mit dem man sich identifiziert. Noch im Alter von 87 Jahren liebte Stalins Nichte Kira Allilujewa von ganzem Herzen den angebeteten Onkel, der ihre Familie vernichtet und sie ins Gefängnis gesteckt hatte: »Als Kind erlebte ich eine wunderbare Zeit, und dann geriet plötzlich alles ... ins Wanken. Roh wurde ich aus dem Traum in den Albtraum gestoßen ..., wir hatten keine Ahnung, was dort draußen geschah«,[30] sagte sie und hörte nicht auf, ihn zu lieben.

Alessandra Mussolini vergötterte ihren Großvater Benito,

den Faschisten, der im Alltag ein herzensguter und fröhlicher Mann war. »Sein Fehler war, dass er sich im Krieg mit Deutschland verbündete«,[31] so oder ähnlich lautete die Erzählung im familiären und sozialen Umfeld des Kindes, die es zu der Erkenntnis brachte, dass die soziale Vaterfigur sich von der emotionalen unterschied.

Wenn das Kind diesen anderen Vater entdeckt, offenbart seine Reaktion die Qualität der Bindung. War diese schon vorher brüchig, dient ihm die Erkenntnis als Erklärung für die Beziehungsstörungen: »Jetzt weiß ich, warum ich ihn nicht geliebt habe.« Als Castros Tochter mit 12 Jahren entdeckt, dass der »böse Mann bei uns zu Hause« ihr Vater ist, revoltiert sie gegen das diktatorische Regime wie sie gegen den Mann, ihren Vater, revoltiert hat. Als der kleine Niklas Frank begreift, dass sein Vater fünfzigtausend Überlebende des Warschauer Ghettos mit Flammenwerfern verbrennen ließ, glaubt er zu verstehen, was den Hass seiner Mutter rechtfertigt. Wenn das Kind in der Lage ist, die Erzählungen seines Umfelds zu verstehen, richten sich seine emotionalen Reaktionen auf das, was man ihm erzählt, nach der Beschaffenheit der Bindung, die es zuvor geknüpft hat.

Zur Zeit der Militärdiktatur in Argentinien (1976–1983) haben zahlreiche Folterer die Kinder der von ihnen getöteten Eltern adoptiert. Sie gaben ihnen andere Namen, zogen sie liebevoll auf und entwickelten enge Bindungen zu ihnen.

Victoria ist 27 Jahre alt, als ihr eine Klage, die die »Großmütter vom Mai-Platz« angestrengt haben, vor Augen führt, dass sie nicht die leibliche Tochter von Graciela und Raul ist. Sie wurde nicht in Buenos Aires geboren, wie sie glaubte, sondern in der zum Folterzentrum umgewandelten Technischen Marineschule. Maria Hilda Perez, ihre Mutter, war zu Tode gefoltert worden, woraufhin ein Offizier der Haftanstalt das

Baby adoptierte. Für Victoria war das ein Schock: »Man hatte mich belogen. Ich war verraten worden.«[32] Manche Kinder bekamen auf diese Weise plötzlich eine Erklärung für die distanzierte Beziehung, die sie immer empfunden hatten: »Meine Eltern spielten Theater, sie taten so, als ob sie mich liebten.« Einige Kinder brachen daraufhin mit den Adoptiveltern: »Ich habe Monster geliebt, ich will sie nicht mehr lieben.« Am häufigsten aber war die Leugnung der Enthüllung: »Ich glaube euch nicht. Das sind meine richtigen Eltern. Nie würden sie so etwas tun. Wie gemein von euch, mir eine solche Lüge aufzutischen.«

Diese Situation ist nicht selten. Die Janitscharen stellten im 15. Jahrhundert die Infanterie des Osmanischen Reichs. Die Soldaten waren Kinder von Christen (Bulgaren, Russen, Armeniern), die ihren Eltern geraubt und zur islamischen Religion erzogen wurden, um aus ihnen Krieger zu machen. Sie hatten eine enge Bindung an ihre väterlichen Ausbilder, die sie bis ins 19. Jahrhundert in die Schlacht schickten – manchmal gegen ihre eigentlichen Eltern. Diese Krieger liebten ihre türkischen Erzieher, die aus ihnen Soldaten, Hundetrainer und manchmal sogar hohe Beamte machten.

Man schätzt, dass während des spanischen Bürgerkriegs zweihunderttausend Babys ihren republikanischen Eltern weggenommen und in die Obhut franquistischer Eltern gegeben wurden.[33] Diese Kinder, die in bürgerlichen Verhältnissen aufwuchsen, entwickelten feste Bindungen an ihre Pflegeeltern. Ich denke mir, dass sie heute keine Kommunisten sind.

Einen Glauben oder eine Weltanschauung teilen

Selbst wenn eine Religion oder eine Weltanschauung überhaupt keinen Wirklichkeitsbezug hat, spielt sie bei der Herstellung von Bindungen eine wichtige Rolle. Eine Überzeugung teilen heißt, eine Liebeserklärung zu machen und Vertrautheit zu entwickeln. Wenn wir an denselben Gott oder denselben Philosophen glauben, fühlen wir uns gemeinsam sicher, wir verabreden uns regelmäßig, um unsere religiösen oder weltlichen Riten zu praktizieren, und wir organisieren Veranstaltungen, bei denen junge Leute im heiratsfähigen Alter zusammenkommen, um so mit Hilfe des Sexualtriebs ein soziales Netz zu knüpfen. Wir organisieren Festessen und musikalische Veranstaltungen, bei denen die Älteren den Ereignissen unseres Daseins – Geburten, Taufen, Hochzeiten, Begräbnissen, Gedenkfeiern – durch ihre Erzählungen Sinn verleihen.

Die Ich-Vorstellung in einer Zugehörigkeitsgruppe stellt uns in einen überschaubaren Zusammenhang: »Ich bin die Frau von Jean, dem Sohn des Bäckers. Wir sind Christen, also rechtgläubig.« Die Rituale erinnern an die Geschichte der Gruppe, tragen zur kollektiven Identität bei und organisieren im Fall eines Unglücks die emotionale und soziale Unterstützung. Glauben ist nicht zu unterschätzen: Er ist das Bindemittel der Gruppe, die uns Sicherheit und Identität gibt.

Die Glaubensinhalte sind unterschiedlich. Die Janitscharen und die in Spanien gestohlenen oder in Argentinien wiederentdeckten Kinder zeigen uns, dass wir mit unserem Milieu auch unseren Glauben wechseln, »wir sehen die Dinge nicht mehr wie vorher«. Wir sind bereit, für eine Sache zu sterben, die wir bekämpft hätten, wenn die Verhältnisse uns gezwungen hätten, in einem anderen Milieu zu leben.

Ich habe mit Émile wunderbare Überzeugungen geteilt: die Liebe zu geistigen Abenteuern, menschlichen Beziehungen und zu sportlicher Betätigung. Ich hatte keinen Anteil an den Einstellungen, die er zwar verbarg, aber die einen Schatten warfen – das Schweigen über seine Herkunft, seine Familie, seine Vergangenheit. Ich interessierte mich eher für die zugänglichen und angenehmen Aspekte seines Lebens. Zweifellos besaß ich eine Begabung zur Verleugnung.

Jacquot verdankte ich den Glauben oder die Weltanschauung, die mir ein Höchstmaß an Sicherheit, Schönheit und Begeisterung vermittelte – den Kommunismus! Diese Idee verkörperte nicht nur einen herrlichen, großzügigen und moralischen Traum, sondern organisierte zugleich die Zeit, die Begegnungen und die Lebensplanung.

Jacquot war für mich ein Held der Résistance. Oft nahm er mich mit auf Parteiversammlungen, wo ich jungen Leuten lauschte, die leidenschaftlich von Gleichheit, Freiheit, Theater, Lektüre, Sport und Natur sprachen.

Wie sollte ich da nicht begeistert sein? Sie redeten mir die Welt schön. Die »Fortschrittler«, wie sie sich nannten, wollten den Fortschritt erzwingen (was sich von selbst versteht, da sie doch Fortschrittler waren), während die Reaktionäre sich dem Glück des Volkes in den Weg stellten und ihr Eigentum verteidigten, den Ursprung allen Unheils. Ich brauchte eine klare Weltsicht, und hier fand ich sie. Sie war die Fortsetzung des Bildes, das sich meinem Gedächtnis während des Krieges eingeprägt hatte, als die Gesellschaft aufgeteilt war in die Guten, die mir das Leben retteten, und die Bösen, die meinen Tod wollten.

Mein Engagement für diese Weltanschauung hat meine

Jugend verzaubert und eine neue Entwicklung gefördert. Ich profitierte von der Sicherheit und Stärke, die die Gewissheit verleiht. So konnte ich mich an den Versuch einer Rekonstruktion wagen.

Leider entwickelte ich schon in sehr jungen Jahren eine Vorliebe für den Zweifel, der uns einerseits das Vergnügen verschafft, uns der kollektiven Erzählung zu verweigern, gleichzeitig aber auch das Vergnügen raubt, uns der kollektiven Erzählung auszuliefern. Wie schade, dass dadurch die Möglichkeit entfällt, an einem mitteilbaren Mythos Halt zu finden. Die Entscheidung zwischen dem Glück der Unterwerfung, die uns Sicherheit gibt, und dem Vergnügen des selbst gewählten Weges, der uns isoliert, macht uns große Probleme.

Ich muss elf gewesen sein, als ich Dora zu ihrem Geburtstag ein Buch von Georges Duhamel schenkte, das uns ein Lehrer am Gymnasium empfohlen hatte.[34] Was für eine merkwürdige Idee! Ich vermutete in den Büchern Schätze des Glücks und wollte Dora daran teilhaben lassen.

Freundlich beugte sie sich zu mir herab, um mir zu danken und mir zu erklären, dass es keinen Zweck habe, ihr Bücher zu schenken. Ich weiß noch, wie enttäuscht ich war. Während des Krieges hatte ich ein Phantom in meiner Seele verstecken müssen. Über alles konnte ich ungehemmt sprechen, vorausgesetzt, ich verschwieg mein unbekanntes Judentum. Damals zerfiel die Gesellschaft in Retter und Mörder. Ich musste lernen, unterschiedliche Beziehungen zu den beiden Gruppen herzustellen: herzliche zu den Guten, wachsame und kühle zu den Mördern. Nach dem Krieg setzte sich dieser Gegensatz im Rahmen meines kommunistischen Engagements fort, in Gestalt der Progressisten, die das Gute wollten, und der Reaktionäre, die Böses im Schilde führten. Indem Dora mich bat, ihr keine Bücher mehr zu schenken, veranlasste sie mich, ohne es zu wollen, eine einfache, direkte Beziehung zu ihr zu unterhalten, um sie nicht zu langweilen, während sich kompliziertere, intellektuellere Beziehungen anderswo entwickeln konnten. Die Anordnung dieser Milieus hat meine Seele strukturiert.

Dora begann, mit ihrem Mann zusammen einen Marktstand zu betreiben, und sprach gern über Mode und Kleidung. Bei ihnen lernte ich, die Qualität eines Stoffes einzuschätzen, die Maße für eine Hose zu nehmen, früh aufzustehen, einen Marktstand aufzubauen, die Auslagen zu beaufsichtigen und mit den Verkäufern an den benachbarten Ständen zu vespern.

Gleichzeitig las ich *L'Humanité*, *L'AvantGarde* und *Vaillant*, die fesselndste Zeitschrift, ohne mit ihnen darüber zu sprechen. Nachts verschlang ich im Licht einer Taschenlampe unter der Bettdecke Émile Zola und Jules Vallès, die mich in meiner allzu klaren Weltsicht weiter bestärkten. So entwickelte sich eine intellektuelle Distanz zwischen uns. Erst viel später, einige Jahre vor ihrem Tod, als sie ein Alter erreicht hatte, in dem man alles sagen kann, hat sie sanft bekannt: »Du hast uns mit deinen Büchern gekränkt.« Da begriff ich, dass es ihr mit mir genauso ergangen war wie mit Émile: Sie schwieg, wenn sie mit Wissenschaftlern oder Intellektuellen zusammen war, und fand erst bei den Tänzern und Markthändlern ihre natürliche Sprache wieder.

Von vielen Dingen konnte ich ihr nicht erzählen: vom Gymnasium, wo es mir gefiel, von den Übersetzungen aus dem Lateinischen, die uns zwangen, stets das dicke Wörterbuch Graffiot mit uns herumzuschleppen, vom Rugby, mit dem ich begann, um mich mit Émile zu identifizieren, und von der Union de la Jeunesse Républicaine de France, der kommunistischen Jugendorganisation, in die ich eintrat, um Jacquot nachzueifern. Dora und ich hatten gleichwohl eine enge Bindung, aus der aber ein erheblicher Teil unserer Vorstellungen ausgeschlossen blieb. Wir konnten uns unsere Lebensgeschichten nicht erzählen. Kein Wort über den Krieg, den wir getrennt erlebt hatten, und auch nichts über unsere gemeinsamen Ursprünge. Sie hatte nur eine ungefähre Vorstellung von dem, was ich erlebt hatte, ich wusste nichts über ihre polnische Kindheit und ihre Familie, die auch die meine war. So kam es zu einer eigenartigen Kommunikationsweise zwischen uns, liebevoll, aber gestört vom Gemurmel unserer Phantome. Hin und wieder trafen wir die Reste einer Pariser Familie. Dora sagte, ihre verschwundenen Angehörigen quälten sie noch immer. Ich konnte nicht über meine Eltern sprechen, von denen mir in meiner Welt ohne Worte noch zwei oder drei Bilder geblieben waren. Margots Namen ließ ich nach Möglichkeit unerwähnt, um Dora nicht zu verletzen.

Die Redeweise der zu früh gealterten Kinder

Geheimnisse zu haben, hat mir in Kriegszeiten das Leben gerettet, doch in Friedenszeiten litten die Beziehungen darunter, dass über andere schlecht geredet wurde. Gelegentlich trafen wir eine entfernte Tante, die ich nicht recht in das zerrissene Verwandtschaftsgeflecht einordnen konnte. Sie betrachtete mich einen Augenblick und entfernte sich dann mit den Worten »Scheyne Ynk«[35]. Eines Tages entschlüpfte ihr, dass mein Anblick sie an den Krieg und ihre verschwundenen Angehörigen erinnere. Ich war das Kind der Toten.

Die einzige funktionierende Mitteilungsform war die der kleinen Alten. Als ich Dora mit elf Jahren erklärte, der Marxismus sei dem Kapitalismus vorzuziehen, ging sie fort. Ich langweilte sie.

Ihr waren Gefühlsäußerungen lieber: »Seit ich wusste, dass du lebst, wollte ich dich wiederfinden. Ich habe deine Mutter sehr geliebt.« Ich war glücklich, dass sie meine Mutter liebte, aber ich hörte aus dieser Liebesbezeugung heraus, dass sie mich für tot gehalten hatte, bevor sie mich wiederfand. Dora, heißhungrig auf das Glück, erwartete natürlich, dass ich mich wie das Kind ihrer Schwester benehmen würde, doch ich redete lieber schlau daher wie ein kleiner Alter. Statt Freudentänze aufzuführen, sprach ich vom Marxismus. Ich lastete ihr auf der Seele, dabei fand ich bei ihr die seelische Stabilität, die mir die allmähliche Wiederherstellung ermöglichte. Das bekam ich von ihr, doch ich gab ihr nicht das, was sie erwartete.

Frühreife ist kein Zeichen für eine gesunde Entwicklung; sie lässt vielmehr darauf schließen, dass das Kind viel zu ernst ist. Die Erwachsenen täuschen sich, wenn sie meinen, es sei zu rasch gereift. Es geht nicht um Erfahrung, sondern um einen Verlust an Vitalität. Das überforderte Kind spielt nicht, sondern versucht, seine Niedergeschlagenheit sprachlich zu bewältigen. Das gleiche Phänomen habe ich an den Kindersoldaten in der demokratischen Republik Kongo beobachtet. Sie waren höflich, ungewöhnlich freundlich, saßen stundenlang mit uns zusammen und diskutierten über die Gesellschaft oder Gott, natürlich nicht über ihren Krieg. Das hätte frische Wunden aufgerissen oder sie an kürzlich begangene Verbrechen erinnert. Einige der kleinen Greise von 10 oder 12 Jahren mit eingefallenen Wangen und fiebrigem Blick fragten sich, warum sie sich nur in der Kirche wohlfühlten.

Sie wollten Priester oder Fahrer in den schönen NGO-Fahrzeugen werden. Ein einziges Kind mit runden Wangen und fröhlichen Augen hatte die Absicht, Fußballspieler zu werden. Die anderen trugen einen bedrückenden Ernst zur Schau.

»Diese Kinder werden ›Politologen‹ oder ›Philosophen‹, die ihre Gedanken zu den Grundfragen des Lebens äußerten.«[36] Diese Frühreife bei Kindern, die durch eine schwere Krankheit, familiäres Unglück oder soziale Not traumatisiert sind, weckt altersuntypische geistige Fähigkeiten. Die Leistung ist ein Zeichen für Belastung. »Mir fällt auf, dass die Kinder beim Gehen nicht mit den Armen schwingen ..., sie haben eine Kontraktur der Augenbrauenbögen, eine Spannung, die ihnen eine Maske des Ernstes verleiht.«[37] Sie verlieren die Freude am Spiel, am spielerischen Erlernen des Lebens, doch bevor sie in seelischer Agonie versinken, flüchten sie sich in eine Haltung, die ihnen noch eine gewisse Lebensfreude vermittelt: die Intellektualität. Nach dem spanischen Bürgerkrieg und dem Zweiten Weltkrieg ließen die Kinder, die nicht beschützt worden waren, diese krankhafte Reife erkennen.[38] Sie waren gezwungen, die Welt zu entschlüsseln, um nicht völlig abzusterben.

Angesichts dieser psychischen Erstarrung bleiben zwei Resilienzfaktoren, die dem Kind mit Hilfe des Milieus neuen Lebensmut verschaffen können: Verstehen und Träumen.

Wenn das Leben schmerzlich ist, der Kontext Gefahren birgt und das Seelenleben nicht vollständig erloschen ist, kann die Intellektualisierung immer noch eine abstrakte Welt konstruieren, die einen gewissen Schutz gegen die Traurigkeit bietet. Solange wir uns um Verstehen bemühen, empfinden wir Vergnügen. Aber ein Kind verallgemeinert zu rasch, es hat noch nicht lange genug gelebt, um differenzieren zu können.

Ein Trauma, das ein Kind dauerhaft isoliert, zehrt an seinen seelischen Kräften, die Bindung lockert sich. Das Chaos der Ereignisse, der Mangel an emotionaler Stabilität, die wiederholten Bindungsverluste durch immer neue Unterbringungen beinträchtigen das Gefühlsleben des Kindes, was dazu führt, dass es weniger leidet.[39] Solange die Freude am Verstehen vorhanden ist, kann dieser Resilienzfaktor dem Kind zu neuem Lebensmut verhelfen.

Der andere Faktor ist eine extrem gesteigerte Tagtraumtätigkeit. In einer entmutigenden Wirklichkeit hat das Kind Mühe, seinen Weg zu finden. So entflieht es in exzessive Tagträumerei. Wenn die Wirklichkeit bitter ist, entschädigt es sich mit süßen Träumen.

Lange Zeit glaubte ich, diese Lust an Tagträumen verhindere die Auseinandersetzung mit der Wirklichkeit. Heute denke ich, dass die Zuflucht des Traums eine Ersatzidentifikation liefert. In einem Milieu, das kein Glücksmodell anzubieten hat, korrigiert der Traum diese unerträgliche Welt, das heißt, er inszeniert ein Ideal, das es zu verwirklichen gilt. Dann werden Bücher, Filme und schöne Geschichten zu den »Lehrmeistern des Traums«[40], indem sie Glücksmuster entwerfen.

Während der Kriegsjahre hat mich die Gleichgültigkeit vor dem Trauma bewahrt. Da ich niemanden hatte, für den ich lebte, fürchtete ich den Tod nicht. Die Erwachsenen sprachen von meinem Mut oder meiner Charakterstärke. Doch ich wusste tief in mir, dass mein Tod niemandem Kummer bereiten und keine Lücke hinterlassen würde. Mein Tod war ohne Bedeutung. Ich betete nur zu dem Gott, den ich mir erfunden hatte, dass er mich leben ließ, bis ich zehn war, damit ich Zeit hatte, das Leben kennenzulernen.

So träumte und theoretisierte ich. Ich erzählte viele Geschichten vom Krieg, in denen ich die Abenteuer anderer hervorhob. Von meinem Krieg erzählte ich nicht, da man mir nicht geglaubt hätte, aber ich erfand verrückte, romanhaft übertriebene Geschichten, die die Erwachsenen erstaunten und zum Lachen brachten, sodass sie sich fragten: »Wie kommt er da bloß drauf?« Die Verkleidung meines Unglücks in Form von komischen Geschichten und übertriebenen Heldenepen war eine Art von Sozialisation: Ich verschaffte mir Akzeptanz bei anderen Menschen. Aber wenn ich Zeugnis ablegen wollte, wurde ich isoliert, abgelehnt und gelegentlich sogar verachtet.

Diese Phantasiegebilde machten mich so glücklich, dass ich tagsüber an sie dachte und nachts von ihnen träumte. Die romanhafte Idealisierung bot mir eine kleine Kompensation, einige imaginäre Glücksmomente, die mir halfen, eine trostlose Wirklichkeit zu ertragen.

Eine proletarische Kultur

Auf diese Weise von meiner Geschichte geprägt, kam ich auf das Gymnasium Jacques-Decour, wunderbar gelegen zwischen den Schlägern von Barbès und den Prostituierten von Pigalle. Die große Mehrheit der Schüler stammte aus dem Norden von Paris, der Porte de Clignancourt, den unbebauten Gebieten von Saint-Ouen und den »finsteren Vierteln der Porte de la Chapelle und ihren Gleisanlagen«.[41] Nach den schweren Bombenangriffen unserer Befreier hatte das Viertel einen magischen Charakter, mit dem wenige Schritte vom Zirkus Medrano gelegenen Élysée-Montmartre, wo wir uns Boxkämpfe anschauten, Pigalle, mit seinen zu sexuellen

Leckerbissen aufgedonnerten Straßenmädchen, die uns neckten, wenn wir an ihnen vorbeigingen, den Nachtclubs und den Bildern der akrobatischen Tänzerinnen, die von Harcourt künstlerisch fotografiert waren. Das Café de la Poste diente uns als »Aufenthaltsraum«, wenn wir schwänzten oder ein Lehrer fehlte. Von den Mädchengymnasien Edgar-Quinet und Jules-Ferry fühlten wir uns magnetisch angezogen. Damals waren die Klassen noch nicht gemischt, und bevor wir wagten, eines der Mädchen anzusprechen, wuschen wir uns das Gesicht und kämmten uns, in der Hoffnung, eine ließe sich zum Plaudern in die Gärten von Sacré-Cœur entführen, wo wir unser Hauptquartier hatten.

Beim Eintritt ins Gymnasium war ich glücklich. Es gab ein soziales Umfeld, ein Projekt, Kameraden und Lehrer, die wir häufig schätzten. Ich fühlte mich stark.

Es ist merkwürdig, wenn ich sage: »Ich fühlte mich stark.« Es ist paradox, was nicht »widersprüchlich« bedeutet. Ich war ein Paradoxon, ein lebendes Oxymoron, ein Bündnis von Gegensätzen, die sich verstärkten, weil sie so konträr waren. Ich hatte mich so klein, so einsam, so monströs gefühlt, dass ich eine Kompensation suchte, indem ich mich in die Intellektualität und Träumerei flüchtete. Ich war so schwach und ein Opfer so unerbittlicher Verfolgung gewesen, dass ich glaubte, stärker als der Tod zu sein. Während des Krieges und vor allem danach war ich so betäubt, dass allein das Gefühl, das Leben ströme wieder in mich ein, mir die freudige Überzeugung vermittelte, ich sei fähig, alle Verwundungen zu überwinden. Meine Kindheit hatte mich mit einem übersteigerten Mut ausgestattet. Ich dachte, es genüge, zu träumen, zu entscheiden und zu arbeiten, um alle meine Wünsche zu verwirklichen. Der Rest sei banales Leiden.

Eine Gruppe, der es nicht gelingt, sich zu definieren, kann

ihren Mitgliedern keine Unterstützung gewähren. Zu der Zeit, als ich aufs Gymnasium kam, wurde ich durch unterschiedliche und gegensätzliche Definitionen gestützt und gestärkt: Bei Émile war es die Freundlichkeit, die Liebe und die Naturwissenschaft, bei Dora ihre Anwesenheit und Liebe, bei Jacquot sein generöser Kommunismus. Und das Gymnasium der Armen, in das ich eintrat, gab mir Kraft durch die Kultiviertheit des Viertels, in dem es lag, und durch seine Lehrer, die uns respektierten.

Zwischen Pigalle und Barbès befand sich in unmittelbarer Nachbarschaft vieler Hundert Prostituierter, eleganter Zuhälter und lärmender Nachtlokale der große Veranstaltungssaal Trianon-Lyrique unmittelbar gegenüber dem Gymnasium. An Festtagen wurden auf dem Boulevard de Rochechouart Buden aufgebaut, und man hörte einen Schausteller in seinen Lautsprecher brüllen: »Mit wem wollt ihr kämpfen?« Es gab immer einen Zuschauer, der die Hand hob und den Handschuh erhielt zum Zeichen, dass er die Herausforderung annahm. Meist verließ er den Ring mit einem geschwollenen Auge und einer blutigen Nase und erhielt als Entschädigung einen kleinen Geldschein und die Erinnerung an eine lebhafte Keilerei.

In diesem Arbeiterviertel gab es mindestens zwanzig Kinos, in denen wir uns die *Schienenschlacht* ansahen, einen Film, der die Eisenbahner glorifizierte, *Die Kinder des Olymps* und die amerikanischen Filme, in denen Orson Welles den gesellschaftlichen Erfolg verkörpert. Die Komiker Abbott und Costello hingegen enttäuschten uns regelmäßig, wenn wir sie mit Charlie Chaplin oder Laurel und Hardy verglichen, die wir unermüdlich nachahmten. Ich denke, für François Truffaut, der in Pigalle wohnte und zu Fuß ins Gymnasium ging, waren diese Kinos seine ersten Universitäten.

Überall gab es in diesem Viertel Theater: das Theater Fontaine in der Rue Blanche und vor allem das Atelier, auf dem Weg zum Hügel Montmartre, wo wir hofften, Jean-Louis Barrault zu begegnen.

Damals wurde viel getanzt. Das Moulin-Rouge konkurrierte mit Le Moulin de la Galette und La Crémaillère auf der Place du Tertre. Sobald wir 14 waren, gingen wir dort jeden Sonntag hin. Wir legten zusammen und bezahlten dem Mutigsten unter uns, Gérard Gauvain, eine Tanzstunde, woraufhin er uns umsonst beibrachte, was er bei der Tanzlehrerin gelernt hatte. Ich erinnere mich an intensive Tangostunden in der kleinen Küche von Gilbert Ozun, die wir in einen Tanzsaal umgewandelt hatten: Den Möbeln sind sie nicht bekommen!

Wir gingen durch die Straßen und sprachen über Picasso, während wir in der Rue Lepic am Bateau-Lavoir[42] vorbeikamen. Über Literatur unterhielten wir uns, sobald wir in die Rue Saint-Vincent unweit des »Lapin à Gilles«[43] einbogen. In der Rue Ordener gedachten wir Paul Éluards und trafen uns gelegentlich bei der Schauspielerin Mathilde Casadesus über der Square d'Anvers, wenn wir von ihrer Tochter Martine eingeladen wurden.

Ich bin überzeugt, dass diese lebhafte künstlerische Atmosphäre entscheidend war dafür, dass wir Kinder der Armut uns so ausgezeichnet entwickelten.

In den Jahren nach dem Krieg waren wir sehr politisiert. Die Philosophie machte uns keine Angst, und wir beteiligten uns an Diskussionen, die weit über unsere Möglichkeiten hinausgingen. Was ich da geschrieben habe, ist falsch: Wir hatten die Möglichkeiten! Ich erinnere mich an Blumenthal, der mir im Gymnasium in der sechsten Klasse erklärte, dass der wissenschaftliche Fortschritt nur Vorteile habe. Ich wüsste gern, wie er das heute sieht. Ich erinnere mich auch an Béranger, der immer auf der Suche nach dem Schönen und dem Komischen war. Er ist Sänger geworden. Vor kurzem las ich die Briefe, die sich die Kinder der OSE nach dem Krieg schrieben: »Der Mord an den Juden darf sich nie wiederholen. Deshalb müssen wir stark und mutig sein in der Welt, die sich uns eröffnet ... es muss uns gelingen, das zu verwirklichen, wovon die Welt träumt, Gleichheit der Menschen, Gewissensfreiheit, Aufhebung der Klassenschranken.«[44] So sprach Charles Lew, 13 Jahre alt, Familienheim »Les Glycines«.

Auch Edgar Morin, ebenfalls ein Schüler des Jacques-Decour, allerdings in der Vorkriegszeit, als es noch Lycée Rollin hieß, schrieb: »Im Februar 1934 drang die Politik in unsere siebte Klasse ein. Wir waren dreizehn ... Einige trugen Abzeichen im Knopfloch, Hammer und Sichel, die Kommunisten ... [andere] die Lilie die Royalisten.«[45]

Lehrer und Schicksale

Die Lehrer nahmen teil an dieser Aufbruchstimmung. Wir konnten unsere Lehrer auf dem politischen Meinungsspektrum einordnen. Ich staune heute noch über die Zahl der Schüler, die von Jean Baby geprägt wurden. Er war Geschichtslehrer und Mitglied des Zentralkomitees der Kommunistischen Partei. Ich frage mich, warum wir ihn so liebten. Lag es an seiner schlanken, vornehmen Erscheinung, der natürlichen Würde, der freundlichen Autorität? Er brauchte nur zu sprechen – ich glaube, damit nahm er uns für sich ein: mit seiner Art zu reden. Friedlich und ruhig gab er seine Stunden, es war überhaupt keine Spannung zu spüren. Gelegentlich unterbrach er sich, um einem Schüler eine persönliche Frage zu stellen – etwa um in Erfahrung zu bringen, ob dieser sich wohl fühle, die Zeit gehabt habe, seine Lektion zu lernen –, dann nahm er ein Blatt Papier hoch, um auf einem schlampigen Tisch ein bisschen Ordnung zu schaffen. Mit großem Vergnügen erinnere ich mich an die persönlichen Unterhaltungen, die er mir schenkte (genau das war es: »schenkte«). »Sie haben einen Sinn für Geschichte«, sagte er zu mir. »Sie müssen *Sciences Po* – Politikwissenschaft – studieren, das ist interessant.« Ich wusste nicht, was *Sciences Po* war. Daher informierte ich mich und erfuhr, dass man damit Bahnhofsvorsteher oder Produktionschef in einer Büstenhalterfabrik werden kann! Trotz meiner Liebe zur Geschichte und meiner Wertschätzung für Baby träumte ich doch lieber von anderen Berufen.

»Gut ist ein Lehrer, wenn er unser Schicksal beeinflusst hat«, erklärt Camus, der nach Erhalt des Nobelpreises einen Brief an Monsieur Germain schrieb: »Ich dachte dabei an meine Mutter, aber hätte sie es verstanden? Wie Sie wissen, habe ich meinen Vater nicht gekannt. Aber ich dachte an Sie.«[46]

Mein Monsieur Germain hieß Mousel. Von Anfang an machte es mir Vergnügen, ihm zuzuhören. Er sprach zu uns mit einer ansteckenden Begeisterung von Latein und Literatur. Unsere Beziehung begann eigenartig. Meine erste »Niederschrift«, wie man damals sagte, betraf das Verhältnis von Männern und Frauen. Wir waren sechzehn bis siebzehn und kamen damit in ein Alter, in dem sich das Problem stellte. Mousel hatte uns gesagt: »Wissen Sie eigentlich, dass die Frau, die Sie einmal heiraten werden, schon geboren ist? Irgendwo gibt es sie, und Sie werden zusammenleben. Ist Ihnen das klar?« Daran dachte ich zwar nicht, aber ich fand Mädchen wunderbar; sie waren hübsch anzusehen und angenehm im Umgang. Alles andere würde sich später ergeben.

Deshalb legte ich der Gliederung meines Aufsatzes die Bilder zugrunde, die ich im Louvre gesehen hatte (war dort die Olympia von Manet ausgestellt?). Ich stellte einen Vergleich an zwischen den Porträts der üppigen Damen, der kräftigen Wäscherinnen, und der Soldaten, die auf den Barrikaden aller Revolutionen geopfert wurden, und vermied auf diese Weise die Stereotype, die das Problem so banalisieren, dass man es nicht mehr wirklich bewusst machen kann.

Bei Rückgabe der Arbeiten sagte Mousel zu mir: »Ich habe Ihnen für Ihre Arbeit keine Note gegeben. Wenn die nächste gut ist, bekommen Sie eine Eins minus dafür, ist sie schlecht, gibt es zweimal ungenügend. Es ist unmöglich, dass Sie diese Niederschrift ganz allein verfasst haben.« Ich weiß noch, dass ich eine Mischung aus Stolz und Besorgnis empfand: einerseits die Freude, eine Eins zu haben (meine beste Note), und Besorgnis, weil ich das gute Ergebnis bestätigen musste. Es wurde bestätigt.

Ich mochte es, wie Mousel über Literatur sprach oder auf Latein vom Alltag in Rom erzählte. Und ich mochte seine wehmütige, fast schmerzliche Freundlichkeit. Er wusste nicht, dass er mir ein Geschenk fürs Leben machte, als er mich zum Concours général, dem Leistungswettbewerb der besten Gymnasiasten, anmeldete. Jemand erkannte meinen Wert an, jemand bestätigte meine Träume!

Im Jahr des Abiturs lebte ich allein in Paris. Jeden Abend lud ich Freunde ein, die mit Keksen und Weinflaschen kamen – meinem Abendessen. Am Morgen wartete ich, bis der Weinhändler in der Rue Ordener seinen Laden öffnete, und brachte ihm die Pfandflaschen zurück. Mit dem Geld kaufte ich mir ein Stück Brot, das ich in warmes, mit einem Brühwürfel aromatisiertes Wasser tauchte. Das musste den Tag über ausreichen.

Am Morgen des Concours général war es auf dem Boulevard Saint-Michel kühl und still. Ich erinnere mich, dass ich, müde von einer schlaflosen Nacht, zu früh da war. Deshalb ging ich in ein Café an der Ecke Boulevard Saint-Germain und Boulevard Saint-Michel und wartete dort, unvorstellbar glücklich.

Die Kandidaten hatten sich in der Vorhalle des Haupteingangs der Sorbonne versammelt. Ein Pförtner rief uns namentlich auf, woraufhin wir, einer nach dem anderen, die Treppe emporstiegen, die in den Prüfungssaal führte – einen prachtvollen Raum mit geschnitzter Holzdecke, erbaulichen Gemälden, imposanter Einrichtung.

Ich schrieb sechs Stunden lang. Ich erhielt keinen Preis und hatte doch Entscheidendes aus dieser Veranstaltung mitgenommen.

Am nächsten Tag sagte Mousel zu mir: »Das war ja ein Thema für dich: ›Vergleichen Sie Balzac und Dostojewski‹.« Ich glaubte ihm alles, war aber doch erstaunt zu hören, dass ich seiner Meinung nach mit Balzac in Frankreich lebte und mich gleichzeitig mit Dostojewski auf meine russischen Wurzeln bezog. Ich hatte mich nie anders denn als Franzose gesehen und entdeckte nun, dass ich, mit den Augen anderer betrachtet, unter Umständen als nicht ganz französisch gelten konnte. Nun verstand ich, warum mich meine Klassenkameraden vor einem Länderspiel Frankreich–UdSSR gefragt hatten: »Für wen bist du? Für Frankreich oder Russland?« Ich wusste nichts von diesem Land, nichts von meinen russischen Ursprüngen, aber nach Ansicht der anderen musste ich mich auf sie beziehen.

Den ersten Preis bekam ein Mädchen von sechzehn Jahren, deren Arbeit auf einer ganzen Seite im *Figaro* veröffentlicht wurde. Im Stehen, unweit des Square d'Anvers, las ich den

Aufsatz mehrfach hintereinander. Er war außerordentlich: klar, einfach und so originell, dass ich hingerissen war. Die Preisträgerin erklärte, dass eine Romanfigur, nachdem man sie erfunden habe, von der zweiten Zeile an das Kommando übernehme. Es genüge, ihr zu folgen und zu kommentieren, was sie tue. Gar zu gerne würde ich diesen Artikel heute, sechzig Jahre später, noch einmal lesen. Hat sie das wirklich geschrieben? Oder unterstelle ich ihr diesen Gedanken? Unwichtig, denn sie war großartig und die Preisträgerin.

Einige Wochen später musste Mousel, unser Klassenlehrer, die Anmeldegebühr fürs Abitur einsammeln: tausend alte Francs, glaube ich. Das war nicht viel, aber ich hatte sie nicht. Er drehte seinen Hut um, fasste in die Tasche und tat ein paar Münzen hinein. Dann ging er durch die Klasse, und alle meine Kameraden gaben etwas.

Mit dieser Erinnerung kann ich nicht recht umgehen. Ich habe mich nie arm gefühlt. Und doch muss ich es logischerweise gewesen sein, denn Max brachte mir die Wäsche seines Vaters in die Schule, meine Kameraden legten zusammen, damit ich die Anmeldegebühr bezahlen konnte, und später, als ich mich in der Rue Rochechouart am Abend auf die Medizinexamina vorbereitete, saß ich am Fenster und arbeitete im Mondlicht, weil ich die Stromrechnung nicht hatte bezahlen können. Doch in meinem Herzen und in meinem Bewusstsein war ich es nicht. Ich war reich, weil ich meine Träume hatte und weil ich die Unterstützung von Dora und Adolphe genoss. Wenn es zu schlimm wurde, flüchtete ich mich zu ihnen nach Sannois am Stadtrand von Paris. Ohne ein Wort, ohne mir eine Erklärung abzuverlangen, öffneten sie mir ihre Tür.

Als ich 1948 in dieses Gymnasium eintrat, wusste ich nichts von den Tragödien, die sich dort abgespielt hatten. Ich schickte mich endlich an, normal zu leben, und hatte Kameraden von elf Jahren, die von denselben Lehrern unterrichtet wurden, dieselben Spiele spielten und dieselben Lektionen lernten. Ich ahnte nicht, dass die Jugendlichen in den höheren Klassen den Krieg ebenfalls erlebt hatten. Diese Kinder der Armen hatten fast alle Einwanderer als Eltern: Juden aus Mitteleuropa, Armenier und spanische Flüchtlinge. Aber darüber sprachen wir nie, wir waren Franzosen. Die älteren Schüler in den Abschlussklassen hatten fast alle am politischen Kampf teilgenommen, zuerst mit Worten und dann mit Waffen. Gegen Ende des Krieges war jeder dritte Schüler verschwunden. Die Juden waren deportiert oder als Widerstandskämpfer erschossen worden. Auch viele Christen, die sich im JEC[47] engagierten, haben in den Lagern oder bei den Erschießungskommandos der Deutschen mit dem Leben bezahlt. Viele Jugendliche, die sich unbedingt engagieren wollten, schwankten zwischen der kommunistischen Widerstandsbewegung FTP und der Waffen-SS. Diese heute eher überraschende Alternative war gar nicht so selten. Doriot, Chef der Kommunistischen Partei, gründete die PPF (Parti populaire français), die sich für die Kollaboration mit Pétain und den Nazis einsetzte. Doch dann trat er, von der Kriegsbegeisterung angesteckt, in die deutsche Wehrmacht ein, woraufhin viele junge Franzosen seinem Beispiel folgten. Gymnasiasten sind in einem Alter, in dem die Glorifizierung so groß werden kann, dass sie bereit sind, für eine Sache zu sterben, die zu prüfen ihnen keine Zeit bleibt.[48] Etliche ältere Schüler des Gymnasiums Jacques-Decour meldeten sich zur Waffen-SS. Fast alle sind sie ums Leben gekommen, in Lyon, wo die Résistance stark war, oder an der Ostfront, wo die Kälte und die Rote Armee alle töteten, die noch übrig waren. Nach dem Kriegsende blieb zu Schulbeginn ein Stuhl von dreien leer.[49]

In diesem sozialen Umfeld war physischer Mut von großem Wert. Lieber sterben als Angst zeigen. Dieser krankhafte Mut war eine Art Wiedergutmachung für diese Kinder, die sich beweisen mussten, dass sie keine Untermenschen waren. Die Väter stellten ihre proletarische Muskelkraft in den Dienst ihrer Arbeitgeber, die Mütter verdienten ihren Lebensunterhalt mit der Kraft ihrer Arme als Reinigungskräfte, da mussten auch ihre Kinder Stärke und Mut beweisen. Nie beklagten sich diese Vorstadtkinder, dass sie täglich vier Stunden für den Schulweg brauchten. Darüber sprach man nicht. Ich frage mich, ob wir nicht sogar ein wenig stolz darauf waren, arm zu sein und uns klaglos durchzuschlagen. Sich helfen zu lassen, das heißt doch, seine Schwäche zu bekennen, oder?

Da ich eine anormale Kindheit gehabt hatte, wurde mir nicht klar, dass meine Jugend es auch war. Anormal soll nicht heißen pathologisch. Wir brauchen alle einen Blutzuckerspiegel, der zwischen 0,90 und 1,10 Gramm pro Liter liegt. Die meisten Menschen beginnen die Folgen einer Unterzuckerung bei 0,7 Gramm pro Liter zu spüren. Dagegen bemerken einige selbst bei 0,20 Gramm noch keinerlei Beeinträchtigung. Sie sind statistisch anormal und doch vollkommen gesund. Mir erging es ganz ähnlich: Ich hatte eine anormale Geschichte, aber ich fühlte mich nicht krank. Ganz im Gegenteil, ich empfand eine Art (selbstverständlich geheimen) Stolzes, es heil überstanden zu haben, was nicht stimmte. Diese Kindheit hatte mich in eine Richtung gedrängt, in der sich ein ganzer Berg von Problemen anhäufte, die es zu lösen galt. Aber der ständigen Todesnähe verdankte ich diesen krankhaften Mut: Ich hatte meine Initiation hinter mir. Ich hatte den Tod erblickt und war zurückgekehrt. Darüber konnte ich nicht sprechen, denn die normalen Menschen haben Angst vor den Toten, sie fürchten die Wiedergänger.

Kapitel fünf

Gefrorene Worte

Die Familie Auriol verlieh dem Beginn unseres Medizinstudiums einen besonderen Zauber. Florence, die später meine Frau wurde, war mit Jean-Claude befreundet, der uns in seine Familie einführte. Alles war schön bei ihnen. Ihre blauen Augen, ihr fröhliches Gelächter, ihre Gesten, ihre Diskussionen, ihre Art zu sprechen, ihre Wohnung, ihre Möbel. Alles war schön bei ihnen. Am Quai de Gesvres – sie wohnten direkt am Seineufer – trafen wir uns oft zum Arbeiten, Lachen und Diskutieren. Ein Beo[1] imitierte in seinem Käfig das Läuten des Telefons und die Stimme von Jacqueline Auriol, die ihren Sohn rief: »Jean-Paul! Telefon!« Der Sohn kam herbeigelaufen, alles lachte, der gleichmütige Vogel fügte kein einziges Wort hinzu.

Der Einfluss der Vergangenheit
prägt die Gegenwart

Einmal im Jahr erhielt Vincent Auriol aus Revel, seinem Geburtsort bei Toulouse, eine riesige Schüssel mit dem Eintopf Cassoulet, zu dem er uns alle einlud. Er saß in einem Sessel und bekam den ersten Teller, die Erwachsenen setzten sich auf die Stühle, und die Jugend hockte sich hin, wo Platz war. Das kulinarische, herzliche, freundschaftliche Zusammensein und die Gespräche dauerten bis zwei Uhr morgens.

Zu Fuß kehrte ich in meine kleine Kammer in der Rue Rochechouart unweit von Barbès zurück. Zum Schlafen rollte ich mir ein Bein der Hose um den Hals, das andere um den Kopf, denn die Wände waren eiskalt. Um vier Uhr klingelte der Wecker, ich ging zu Adolphe auf dem Markt von Argenteuil. Dieser Gegensatz gefiel mir, denn er vermittelte mir das Gefühl, intensiv zu leben. Jede Situation unterstrich die andere in ihrer Besonderheit. Aber zu wem sollte ich darüber sprechen? Die Auriols hätten sich für meine Kindheit interessiert. Wir hätten über den Krieg, die Nazis, die Verfolgung, die Waisenhäuser und die Not gesprochen. Das konnte ich jedoch nicht, und außerdem hätte es die Atmosphäre dieser Abendgesellschaft zerstört. Umgekehrt hätte es Dora und Adolphe interessiert, von den Auriols zu hören. Sie hätten mir einige Fragen gestellt und – eingeschüchtert – den Eindruck gewonnen, dass ich sie verriet und nicht mehr zu ihrer Welt gehörte. Daher erzählte ich ihnen nichts von dieser angenehmen Bekanntschaft. Auf dem Markt war ich Händler, und bei den Auriols gab ich den Intellektuellen, ich begutachtete den Wein, wie es sich gehörte, und lachte Tränen, wenn der Beo das Läutwerk des Telefons imitierte.

Ich war doppelt. Nach einigen schwierigen Jahren zu Beginn meines Studiums, hatte ich meine Ausbildung abgeschlossen und war Facharzt für Neuropsychiatrie, wie ich es mir erträumt hatte. Dieser Erfolg war eine Sekundärfolge meiner neurotischen Spaltung. Hätte ich mich im seelischen Gleichgewicht befunden, hätte ich nicht studiert, jedenfalls nicht unter diesen Bedingungen. Ich hatte keine Angst, mir zu schaden, weil ich zu viel arbeitete und schwierige Lebensbedingungen ertragen musste. Die Vergangenheit hatte mich gelehrt, dass die Überwindung des Leidens in die Freiheit führt: »Leiden wird zu einer Lebensform, zu einer Methode, sich der Macht des anderen zu entziehen.«[2] Jeder Traum von der Zukunft verändert die Art und Weise, wie wir die Gegenwart erleben. Folgt daraus, dass das Träumen uns in die Lage versetzt, das Leiden geringzuschätzen?

In zahlreichen Studien ist fünfzig Jahre später untersucht worden, was aus den jungen Überlebenden der Vernichtungslager geworden ist.[3] Man schätzt, dass in Europa zweihunderttausend jüdische Kinder den Krieg überlebt haben (Ende der dreißiger Jahre gab es zwei Millionen). Die meisten durchlebten eine entsetzliche Kindheit, eine Folge von Traumata, von körperlichen und seelischen Aggressionen.

Einige von ihnen waren während des Krieges glücklich, sogar glücklicher als dann im Frieden. Serge Erlinger schrieb: »Lieber Romaine, liebe Eugène, wie soll ich euch danken – heute, da ihr nicht mehr unter uns weilt –, danken für die Liebe, die ihr mir in diesen vier Jahren gabt, die ich bei euch verbrachte. Getrennt von meinen Eltern und meinem Bruder, euch anvertraut von der staatlichen Fürsorge, um mich vor der Nazi-Barbarei zu schützen, habe ich dennoch bei euch, dank euch, Jahre erlebt, die zu den schönsten meines Lebens gehören.«[4]

Ich erinnere mich nicht mehr an den Namen der Frau, die mir erklärte, sie habe vier Jahre im Paradies verbracht, allein mit ihrer Mutter in einem kleinen Zimmer in Paris, während ihr Vater in einem Vernichtungslager mit dem Tod gekämpft habe. Nach der Befreiung sei er nach der unvorstellbaren Brutalität und Gewalt, die er erlebt habe, mager, abgezehrt und düster zurückgekehrt. »Er hat die Hölle zu uns nach Hause gebracht«, sagte sie. »Ich habe ihn verabscheut. Den Umstand, dass er nicht gestorben war, hielt ich für den Beweis, dass er mit den Nazis paktiert hatte.«

Serges Mutter brachte zwar nicht die Hölle mit, aber als sie ihren Sohn nach der Befreiung holen kam, begrüßte er sie mit Fußtritten, weil die Liebe der Mutter die Gefahr heraufbeschwor, die Bindung des Sohns an Romaine und Eugène zu zerstören. Glücklicherweise gelang es ihr, diese Bindung zu erhalten.

Als Dora mich im Gai Logis à Villard-de-Lans besuchte, hatte sie, ohne es zu wollen, meinen Ausschluss aus der Gruppe bewirkt, in der ich bis dahin akzeptiert wurde. Sie beteten alle gemeinsam, während ich wieder allein war und mich an die Wand stellen musste.

Die Struktur des Traumas strukturiert das Seelenleben, und die Geschichte verleiht einer und derselben Situation gegensätzliche Bedeutungen.

Für die meisten dieser Kinder brachte der Krieg grauenhafte Erlebnisse. Doch dem Umstand, dass sich ihre Persönlichkeit unter dem Eindruck eines bedrohlichen Umfelds spaltete, verdankten sie ihren krankhaften Mut: Dreihundert Menschen hat man 1994, fünfzig Jahre nach den Schrecken des Krieges, wiedergefunden.[5] Fast alle hatten nach dem Krieg einige Jahre lang Depressionen, abgesehen von denen, die auf irgendeine Heldentat, einen Akt des Widerstands oder ein Ereignis zurückblicken konnten, auf das sie stolz waren. Alle hatten sie ein stummes Supergedächtnis. Depressiv oder nicht, sie dachten ständig daran und sprachen nie darüber. Das Trauma ihrer Kindheit war zu einem neuen Organisationsfaktor ihrer Persönlichkeit geworden. Diese Einschließung sorgte für eine leidvolle Innenwelt und gleichzeitig für außergewöhnliche berufliche Erfolge.[6] Sie hatten keine Angst vor dem Leiden und wussten, wenn sie es überwanden, würden sie die Freiheit gewinnen. Trauriger Sieg eines verwundeten Siegers. Die Kinder, deren traumatische Erlebnisse zu tiefe Spuren hinterlassen hatten, sind Gefangene ihrer Vergangenheit geblieben, sie leiden ununterbrochen unter der ständigen Gegenwart dieser Vergangenheit. Ihr Gedächtnis hat seine Aufgabe nicht erfüllt und die Ereignisse in die Vergangenheit verlagert. Ihre Wunde blutet noch immer.

Einige Resilienzfaktoren

Nach dem Krieg hatte die Schule nicht die Bedeutung, die sie heute besitzt. Man musste lesen, schreiben und rechnen lernen und möglichst schnell eine Arbeit finden. Der Körper sozialisierte uns: Als Bauer musste man Kälte, Sonne und Schlamm aushalten, sich zur Erde niederbeugen und ständiger körperlicher Anstrengungen unterziehen. Als Fabrikarbeiter stand man stundenlang und führte immer die gleichen Bewegungen aus. Im Gymnasium konnten wir unsere Persönlichkeiten weiterentwickeln, weil wir untereinander viele Berührungspunkte und Begegnungsmöglichkeiten hatten. Das heißt, unsere Altersgenossen nahmen am Fortgang unserer Entwicklung teil. Wir entzogen uns der psychologischen Prägung durch unsere Eltern, sobald uns die sozialen Verhältnisse erlaubten, uns in eine kleine außerfamiliäre Gruppe einzugliedern. Am Gymnasium, dem Ort einer genau festgelegten Unterweisung, kam mit dem elften Lebensjahr eine implizite Erziehung hinzu,[7] die dem Einfluss der Eltern entzogen war. Die Lehrer boten sich häufig als Identifikationsfiguren an, während die Gleichaltrigen zu impliziten Resilienzfaktoren wurden.[8]

Während der ersten Gymnasialjahre hieß mein impliziter Resilienzfaktor Gilbert Ozun. Wir wohnten im selben Viertel, er in einer großen Wohnung nahe der Porte de Clignancourt, ich in zwei Zimmern in der Rue Ordener. Dora hatte sich gerade von Émile getrennt, was für mich ein weiterer schmerzlicher Bindungsverlust war. Gilbert war meine erste feste freundschaftliche Beziehung. Wir gingen zu Fuß vom Gymnasium nach Hause und redeten ununterbrochen. Er war ein guter Schüler, guter Fußballspieler und Klassensprecher – Sie wissen, was ich meine. Ich schwänzte die Sportstunden, um mich nach meinen eigenen Methoden, die ich für besser hielt, auf das Rugbyspiel vorzubereiten. Er erklärte mir, es sei besser, auf den Sportlehrer zu hören, genügend Abstand zu halten und die Arme kreisen zu lassen, damit man »eine straffe Haltung bekommt«. Glauben Sie deshalb aber nicht, dass er ein Streber oder Langweiler war. Nach seiner Karriere als guter Schüler beschloss er, in einem großen Hotel Page zu werden, woraufhin er von seiner Mutter ein Paar Ohrfeigen bekam und zu mir flüchtete. Doch dann setzte er seine Studien fort und wurde einer der besten Spezialisten für plastische Chirurgie in Frankreich.

Als Mousel mich zum Concours général meldete, konnte ich mich nicht vorbereiten, weil wir zu Hause keine Bücher hatten. Die Kampfschriften, die mir Jacquot mitbrachte, um mich vom unaufhaltsamen Niedergang des Kapitalismus zu überzeugen, kannte ich auswendig. Wie sollte ich damit im Concours général reüssieren! In der Bibliothek, die sich im Rathaus des 18. Arrondissement an der Métrostation Jules-Joffrin befand, konnte ich keine Bücher ausleihen, weil ich, wie mir erklärt wurde, noch keine achtzehn war und mich daher an die Jugendbücher zu halten hätte. Ich, der ich ganze Abschnitte von Zola und Jules Vallès sowie einige Parolen von Marx und Jeannette Vermeersch auswendig wusste, sollte mich mit Jugendbüchern zufriedengeben? Das war unter meiner Würde. Die Regeln der Bibliothek bewahrten mich vor dem Lesen, das – wie man weiß – moralisch verderblich ist. Daraufhin entwendete Gilbert einige Bücher aus dem Regal seines Vaters, eines Lehrers, der die erotischen Fabeln von La Fontaine in einer von Dubout illustrierten Ausgabe las,[9] in der wir bewundern konnten, wie sich Nonnen in Flügelhauben von einem Esel bespringen ließen und wie Priester mit Freudenmädchen Orgien feierten. Vielleicht verstehen Sie jetzt, warum ich beim Concours général keinen Preis bekommen habe.

Gilbert war es, der meine Jahre auf dem Gymnasium prägte mit seiner vorbildlichen Arbeitshaltung, seinem Fleiß, den vielen Stunden, die wir mit der Übersetzung aus dem Lateinischen verbrachten, mit Fußballspielen, mit der baskischen Pelota an einer einigermaßen glatten Mauer, mit Fahrradtouren bis Jumeauville, wo sein Vater wohnte und wo wir dessen Flaschen leerten, allerdings nur bis zur Hälfte. Wir füllten sie wieder mit Wasser auf, überzeugt, dass er es nicht merken würde. Unsere Kenntnisse auf dem Gebiet der Önologie waren ausbaufähig.

Als Dora und Adolphe nach Sannois vor die Tore der Stadt zogen, suchte ich mir eine Bleibe in Paris, sodass mir Mousel, das Gymnasium und Gilbert erhalten blieben. Ich fuhr häufig nach Sannois hinaus, wo ich Umgang mit einer anderen Gruppe von Jugendlichen hatte. In Versailles hatte ich meinen Rettungsschwimmer gemacht, um im Sommer als Bademeister ein bisschen Geld verdienen zu können. Das fand im Schwimmbad der Nachbarortschaft Ermont statt. Hätte ich studiert, wenn ich in diesem sozialen Kontext zu Hause gewesen wäre? Die Bademeister waren sympathisch, aber andere Kameraden aus dem Viertel erklärten mir, dass »ein Mann, ein richtiger Mann, auf den Bau geht, um den Lebensunterhalt für seine Familie zu verdienen. Nur Mädchen und Schwule studieren.«

Ich ließ mich nicht beirren, sondern ging meinen Weg. Es war schwierig, vor allem während der ersten Jahre des Medizinstudiums. Ich bekam kein Stipendium, musste also arbeiten und mir jedes Mal einen anderen Job suchen, wenn das Praktikum im Krankenhaus wechselte. Hätte ich mich in seelischem Gleichgewicht befunden, hätte ich dem verrückten Traum, Psychiater zu werden, nicht weiter nachhängen müssen. Ein Wunder, dass mir der Gedanke, das Studium hinzuwerfen, manchmal verlockend erschien. Endlich Ruhe haben, Markthändler werden, das erschien mir gar nicht so schlecht! Ich hätte Freunde gehabt und eine Familie gründen können wie alle anderen. Aber ich war völlig besessen von meinem Traum und musste an ihm festhalten. Gilbert zeigte mir den Weg, indem er sich für Medizin einschrieb, mein krankhafter Mut sorgte für den Rest.

Jede Begegnung verändert uns, aber solche Begegnungen finden nicht zufällig statt. Dem Gipser, der mir sagte, nur Mädchen und Schwule würden studieren, bin ich nicht begegnet, ich habe ihn lediglich getroffen. Er hat mich verblüfft, aber nicht überzeugt. Es war keine Begegnung, weil sie meinen Weg nicht veränderte. Sie hat mich nicht geprägt, sondern nur die Erinnerung an einen verblüffenden Satz hinterlassen, der charakteristisch für seine soziale Peergruppe war.

Wir ändern den Beziehungsstil, wenn wir die Freunde wechseln. Wir ändern unsere Pläne, wenn wir das Milieu wechseln. Natürlich beginnt die Veränderung an dem Entwicklungspunkt, an dem wir uns bereits befinden. Es handelt sich um eine Richtungsänderung, nicht um eine Metamorphose, doch sie genügt, um den Verlauf unseres Lebens zu modifizieren. Bei einer echten Begegnung kommt es zu einer gegenseitigen Beeinflussung. Zwei Innenwelten interagieren miteinander und verändern die jeweils andere.[10] Jedes Subjekt reagiert zwar auf das Bild, das es von sich selbst hat, doch diese Vorstellung fällt je nach dem familiären und kulturellen Kontext unterschiedlich aus. Bei gleicher Geschichte und gleichen Erlebnissen kann ein Subjekt in einem Milieu verstummen und in einem anderen zu reden beginnen. Doch wenn jemand in der Kindheit traumatisiert wurde, lässt sich die Krypta, die sich in seiner Seele eingenistet hat, nur schwer aufschließen.

Während meines dreizehnten Lebensjahrs wohnte ich einige Monate bei den Sergents, ich weiß nicht mehr, warum. Es ist schwer vorstellbar, aber dieses Journalistenehepaar nahm mich einige Monate in der Rue Raynouard, unweit der Place du Trocadéro, auf. Es hieß, sie sei schön wie Marlene Dietrich, mit ihrem blonden Haar, das bis zur Taille reichte. Er war sehr einfach und sehr freundlich. Am Morgen trennten wir uns, sie fuhren zu ihrer Rundfunkanstalt, ich ging ins Gymnasium. Am Abend kamen wir wieder zusammen, einer von uns bereitete das Essen. Das war alles.

Sonntags nahm ich meine Rollschuhe und lief die Stufen zum Trocadéro hinauf. Dort traf ich mich mit einigen Jungen aus anderen Vierteln, um mit ihnen auf den Plätzen Rollschuh zu laufen. Die Kinder aus den besseren Vierteln gehen selten ohne Begleitung auf die Straße. Auf Montmartre lernten wir, auf der Straße zu spielen, zu sprechen und kleine Aufträge anzunehmen, um uns ein paar Sous zu verdienen. Abends, wenn wir schmutzig und verschwitzt waren, weil wir den ganzen Tag lang Rollschuh gelaufen waren, gingen wir in der Seine baden, am Fuß der Treppe unter dem Pont d'Iéna.

Eine andere Erinnerung amüsiert mich noch heute. Die

Sergents sprachen viel von einem Chansonsänger, den sie für den Rundfunk aufnehmen wollten. Im Esszimmer ihrer Erdgeschosswohnung hatten sie ein oder zwei große Apparate aufgebaut. Ein Techniker hatte sich mitten auf die Straße gestellt, um sie zu warnen, falls ein Auto vorbeikam. Zum Glück fuhr keins vorbei, so dass das Lied von Jean Sablon ungestört aufgenommen werden konnte:

Pourquoi m'avoir donné rendez-vous sous la pluie,
Petite aux yeux si doux, trésor que j'aime.
Tout seul, comme un idiot, j'attends et je m'ennuie
Et je me pose aussi quelques problè-èmes.[11]

Nachdem ich einige Monate bei den Sergents in ihrer luxuriösen Wohnung in einem der elegantesten Pariser Viertel verbracht hatte, kehrte ich mit Vergnügen in die Zweizimmerwohnung von Adolphe und Dora zurück. Es war lebendiger bei ihnen. Trotz der Freundlichkeit, der Schönheit und der Kultiviertheit der Sergents kam es zu keiner Begegnung mit ihnen, ich habe bei ihnen gewohnt, sehr angenehm gewohnt.

Kritische Phase, wenn der Wind sich dreht

Zu einer kritischen Phase in meiner Kindheit, einem Zeitraum, in dem plötzlich in meinem Innersten ein Bild Gestalt annahm, das meiner Existenz einen Sinn verlieh, kam es in Stella-Plage, einer Ferienkolonie der CCE.[12] Jacquot hatte dort eine Stellung als Betreuer angenommen und mich für den Sommer angemeldet. Ich war vierzehn Jahre alt und lebte zum ersten Mal in meinem Leben in einem jüdischen Milieu. Kein Wort über das Judentum. Einzig und allein die Berichte über die Geschichte des jüdischen Volks, seine Kultur, seine Lieder und seine Zukunftsträume. Ein Judentum ohne Gott, das gefiel mir. Viele Geschichten über Résistance, Philosophie, Literatur, Musik. Noch nie hatte jemand so zu mir über das jüdische Leben gesprochen: eindrucksvoll, ernst, fröhlich, leidenschaftlich. Kein Wort über die Vernichtung.

Selbst die Kinder, die noch Eltern hatten, wussten fast nichts über die jüdische Kultur: Einige sogenannte religiöse Feste dienten als Vorwand für Familienzusammenkünfte, einige literarische oder philosophische Zitate, einfach um des Vergnügens willen, bedeutende Vertreter des jüdischen Volks zu zitieren.

Im Wesentlichen waren die Tage ausgefüllt mit sportlichen Aktivitäten und der Vorbereitung der abendlichen Zusammenkünfte, bei denen es um Fragen und Aspekte unseres Lebens ging. In unseren Gesprächen ging es mehr um die sozialen Kämpfe und die Geschichte der Völker als um die Religion. Wir wussten alle, dass wir Juden waren, aber niemand hatte ein Ahnung, was das hieß – Jude zu sein. Das beschäftigte mich sehr. Wir waren unter uns, daher konnten wir uns für anderes interessieren.

Zwei Frauen spielten eine wichtige Rolle in der kleinen Organisation: Louba und Ana Vilner. Es war ein großes Ereignis, wenn sie kamen. Unablässig veranlassten sie uns, zu spielen, nachzudenken und zu tanzen. Sie brachten uns Lieder bei:

»Ô terre de détresse
Où nous devons sans cesse Piocher ... Piocher ...
Mais un jour reviendra la vie
Le printemps refleurira ...«[13]

Für mich kamen darin das Grauen des Krieges und die wiederaufkeimende Hoffnung zum Ausdruck.

Ich mochte auch die jiddische Klage:

»Es brennt, es brennt, o Briderle, es brennt.«

Es gefiel mir, dass von unseren Leiden in Anspielungen gesprochen wurde, die sich in Lieder oder Gedichte verwandelten, weil das die einzige Möglichkeit war, davon zu berichten. Von dem Leiden zu erzählen, ohne es zu verwandeln, ist wie die Klage – es hält das Leid lebendig. Wir mussten etwas aus unseren seelischen Verwundungen machen. Dafür schien sich der Kommunismus als wirksame Waffe anzubieten, und insbesondere die Résistance.

Wir sprachen weit mehr über die FTP[14] als über die nichtkommunistischen und religiösen jüdischen Pfadfinder, die bei der FFI, der gaullistischen Widerstandsbewegung, gekämpft und die Jüdische Kampforganisation in Toulouse gegründet hatten.

Es gab ein Lied, in dem dieser Widerstand gerühmt wurde:

Ami, entends-tu le vol noir des corbeaux sur nos plaines
Ami, entends-tu les cris sourds du pays qu'on enchaîne
Ohé, partisans, ouvriers, paysans, c'est l'alarme ...[15]

Diese Lieder riefen in mir eine wunderbare Traurigkeit hervor. Gewiss, es hatte den Krieg gegeben, die Brände, die verwüstete Erde und die Länder, die in Ketten lagen. Aber der Winter konnte nicht ewig dauern, und auf das Signal hin würden die Gewehre aus dem Stroh geholt und die Kugeln der Befreiung fliegen. Ein Heldenepos eben. So erlebte ich die Schönheit, die Freiheit, auf einen einfachen Nenner gebracht, wenn wir mit unseren Kinderstimmen von unseren seelischen Wunden sangen.

Tagsüber waren wir in Bewegung, spielten und trieben Sport. Am Abend diskutierten wir, besuchten Schauspiele oder inszenierten die Themen unserer Überlegungen.

Eines Nachmittags, als wir lange durch den Wald gewandert waren, setzten wir uns im Halbkreis um Jacquot, und er erzählte ... von seinem Widerstand! Ernst und leidenschaftlich lauschten wir ihm, ohne ihn zu unterbrechen. Ich hätte schreiben müssen »sie lauschten ihm, ohne ihn zu unterbrechen«, denn ich war verwirrt: »Er kann öffentlich erzählen, was er privat nicht sagt! Er kann die passenden Wörter suchen, die Erinnerungen miteinander verknüpfen, die ihm erlauben, über seine Erlebnisse zu berichten, während er in der Familie die Mühe scheut, diese Erfahrungen mitzuteilen!« Ich war glücklich, stolz, erstaunt und verwirrt, mit einem Wort stumm!

In Stella-Plage war ich aufgefordert worden, das Zimmer mit einem kleinen Kameraden aus dem Gymnasium Jacques-Decour zu teilen. Roland und ich freundeten uns sofort an. Tagsüber organisierten wir Bilderausstellungen, das Bemalen von Mauern mit Blumenmustern, Solidaritätsdemonstrationen für die Bergleute, deren Streik sich hinzog. Roland zog alle Anweisungen von Louba und Ana in Zweifel, denn er war der Meinung, man dürfe sich nicht von den Erwachsenen manipulieren lassen. Ich sah das viel gelassener als er. Ich musste mich nicht widersetzen, um mich zu definieren. Nächtelang diskutierten und argumentierten wir. Er ließ keine Gelegenheit zum Lachen aus, das für ihn eine Form des Widerspruchs war. Wenn ihm eine Anweisung missfiel oder ihn ein Argument ärgerte, lachte er so sehr, bis er den Sieg davontrug.

Er behauptete, Topor heiße »Axt« auf Polnisch. »Deshalb

musste mein Vater aus Polen flüchten«, fügte er hinzu. »Damit er nicht zerhackt wurde.« Stets fragte dann jemand: »Ist er vor Pogromen geflohen?« – »Nein«, stellte Roland Topor[16] richtig. »Er hat vor den strenggläubigen Juden Reißaus genommen, weil er sie nicht mehr ertragen konnte.« Woraufhin er in schallendes Gelächter ausbrach. »Schallend« ist das richtige Wort, denn sein Lachen war so laut, dass kein Einwand mehr möglich war.

Einige Monate lang teilten wir ein Zimmer, unsere Träume und unsere Gedanken in endlosen nächtlichen Diskussionen. Dann trennten sich unsere Wege wieder.

Ich stand früh auf, um etwas Geld zu verdienen, bevor ich in die Uni ging. Er stand spät auf, um das seine zu verdienen. Alain Lavrut, ein Schulkamerad, hatte einen Job als Fensterputzer gefunden und mich in die Firma eingeführt. Nach dem Abitur, während des PCB[17], genügte es, um vier Uhr morgens aufzustehen und per Rad das verlassene Paris zu durchqueren, um rechtzeitig bei den schönen Gebäuden auf den Champs-Élysées einzutreffen, wo wir drei Stunden Zeit hatten, um vor Öffnung der Büros die Parketts abzukratzen und die Fenster zu putzen. Dann hieß es, wieder aufs Rad zu springen und sich durch die verstopften Straßen zu schlängeln, um ab neun Uhr bis mittags an den Lehrveranstaltungen auf dem Campus Jussieu teilzunehmen. Manchmal weckte ich dann Roland gegen 13 Uhr. Er stand auf und nahm – in dieser Reihenfolge – ein Glas Wasser, einen Kaffee und ein Steak mit Pommes frites zu sich.

Sein Vater war ein bewundernswerter Mann. Stets hatte er eine lustige Bemerkung auf Lager und machte aus dem Spott eine Art Philosophie. Er war Lederwarenhändler und Dichter. Jedes Mal, wenn er einen Lederartikel verkaufte, schenkte er dem Käufer eine kleine Gedichtsammlung, die er im Selbstverlag hatte drucken lassen. Roland sagte: »Je mehr Portemonnaies er verkauft, desto ärmer werden wir.«

Erst nach Rolands Tod erfuhr ich, dass er eine ähnliche Kindheit hatte wie ich.[18] Sein Vater, ein Pole, der Frankreich liebte, weil es Chopin und Adam Mickiewicz verehrt hatte, hatte das Glück gehabt, sich bei einem Bildhauerwettbewerb geschlagen geben zu müssen. Er war nur Zweiter, was bedeutete, dass er, statt eine große Geldsumme zu erhalten, ein sechsmonatiges Stipendium in Paris gewann. Als der Krieg ausbrach, wurde er auf das Polizeikommissariat seines Gastlandes und nicht auf die Präfektur der deutschen Wehrmacht zitiert. Er wurde festgenommen und ins Durchgangslager in Pithiviers gebracht. Roland besuchte ihn in der Haft, wie ich meinen Vater ein letztes Mal im Lager Mérignac gesehen hatte. Während des ganzen restlichen Krieges wurde Roland gejagt, genau wie ich: »Ich war noch keine fünf Jahre alt«, schrieb er später, »da hatte ich schon die ganze Polizei Frankreichs auf meinen Fersen.« Wir haben nie darüber gesprochen!

Beginn meiner politischen Laufbahn mit vierzehn Jahren

Nach Stella-Plage und unter dem Einfluss von Jacquot beschloss ich, in die UJRF[19] einzutreten. Der Kommunismus schien mir die vornehmste Wahl zu sein: Die UdSSR hatte das NS-Regime vernichtet, der Kommunismus predigte die Gleichheit der Menschen und versprach eine Zukunft, die der Welt den Frieden bringen würde. Währenddessen führten die Amerikaner Krieg in Korea, später in Vietnam, wo sie Napalmbomben über Bauerndörfern abwarfen. Hätten sie angesichts dieser Entscheidung gezögert?

Die Rote Armee sang überirdisch schön, die kommunistischen Feste waren eine Apotheose der Freundschaft und Fröhlichkeit. Auf der Place du Trocadéro trafen ganze Busladungen mit Arbeitern aus Aubervilliers ein, um sich *Lorenzaccio*[20] anzusehen, wo Jean Vilar und Gérard Philipe die Menge vor einer denkbar einfachen Kulisse begeisterten. Wir schauten uns die *Dreigroschenoper* an, trieben Natursport, zelteten in Fécamp, trainierten Bergsteigen in Fontainebleau, verbrachten billige Skiferien in Valloires und trampten in Jugendherbergen nächtigend durch England. Wir organisierten wöchentliche Zusammenkünfte in einem Raum in der Rue de Navarin, in der Nähe des Zirkus Medrano. Die Mädchen vom benachbarten Gymnasium nahmen an unseren Debatten teil, in denen es um Streiks, Kunst, Geschichte und die Sowjetunion ging, und um den Frieden und den Wohlstand, den dieses große Land der Welt bringen würde. Derweil bombardierten die Amerikaner den Planeten und zementierten ihre hierarchischen Beziehungen: Wehe den Armen! Wie hätte man nicht Kommunist sein können?

Ich liebte diese Versammlungen der UJRF. Wir bereiteten sie vor, indem wir *L'Humanité* lasen, ins Theater gingen, mit den Leuten von der extremen Rechten diskutierten. Da galt es, Bildung und Schlagfertigkeit zu beweisen. Ich wusste nicht, dass in diesem Gymnasium jeder dritte Schüler Jude war. Wir sprachen nie darüber, es hatte keine Bedeutung. Nach dem Krieg zählte nur der moralische Fortschritt, das gesellschaftliche Abenteuer. Vorwärts!

Allerdings fielen zwei kleine Schatten auf diese idyllische Landschaft. Die Versammlungen waren nicht immer so aufregend. Gelegentlich mussten wir Filme anschauen, die den

Gesetzen des »sozialistischen Realismus« gehorchten, und da wir gehalten waren, sie positiv zu beurteilen, konnte es schon mal vorkommen, dass wir stundenlang bewunderten, wie Tropfen aus einem Wasserhahn in einen leeren Topf fielen. Sozialistisch war das, weil der Topfen einem armen Menschen gehörte, und realistisch, weil wir die Tropfen, die hineinfielen, lange beobachten konnten. Nach solchen Filmen waren die Diskussionen weniger lebhaft.

»Seit einigen Jahren können wir beweisen, dass ein massiver psychischer Einfluss durch sogenannte epigenetische Veränderungen auf mehrere Generationen übertragbar ist. Allerdings gibt es nicht nur diese Erblichkeit, die sich anhand des familiären Umfelds leicht vorhersehen lässt, sondern auch eine echte Vererbung, die aber glücklicherweise recht schwach ist.«[21] Mitschurin und Lyssenko, Freunde von Stalin, behaupteten das Milieu sorge für die Vererbung erworbener Merkmale. Was implizit hieß, eine gut organisierte – das heißt, kommunistische – Gesellschaft mache die Menschen generationsübergreifend glücklich und gesund. Ein Professor, ein bekannter Biologe, erklärte uns, dass uns das vollkommene Denken Lenins und Stalins Gesundheit und Glück bescheren werde.

Gleichzeitig veröffentlichte die Tageszeitung *L'Aurore* Berichte über das ungeheure soziale und geistige Elend in den kommunistischen Ländern, Berichte, die uns so ganz andere Eindrücke vermittelten als es der Professor tat. Damals kamen die ersten Farbfilme in die französischen Kinos: Es seien sowjetische Filme, wurde uns erklärt, womit bewiesen sei, dass die kommunistische Technik besser sei als die kapitalistische![22]

Folglich musste unsere kleine Gruppe junger Kommunisten diesen Sieg feiern. In den fünfziger Jahren gab es in der Nähe von Barbès ein riesiges Kino, das Luxor hieß, weil seine Einrichtung ägyptisch anmutete. Dort wurden die ersten sowjetischen Farbfilme gezeigt. In diesen Filmen war alles pastellfarben, freundlich und hell – so süß und weich wie Schaumzucker. In einem dieser Streifen sah man zwei junge Leute, die sich vor einem orangefarbenem Traktor und einem rosa Sonnenuntergang ihre Liebe gestanden. Da das junge Paar weitgehend mittellos war, beschloss es, den Genossen Stalin um Rat zu fragen. Der Kleine Vater des Volks empfing sie in seinem Arbeitszimmer, ganz Russe, in einer weißen Jacke mit geschlossenem Kragen. Nachdem Stalin ihnen wohlwollend zugehört hatte, sagte er: »Wartet das Ende des Fünfjahresplans ab, bevor ihr heiratet.«

Wir bezweifelten den Wahrheitsgehalt dieser Szene, aber mehrere kommunistische Lehrer, die wir bewunderten, versicherten uns, dass das die Lebenswirklichkeit der Volksdemokratien sei. Es heißt sogar, Roger Garaudy habe gemäß der Theorie von Iwan Mitschurin, Botanikpapst und Freund Stalins, behauptet, die kommunistische Gesellschaft sei so gut organisiert, dass die Kühe mehr Milch produzierten. Es ist sicherlich richtig, dass eine Kuh, die nicht unter Stress steht, mehr Milch gibt, aber wird ihr die erforderliche innere Ruhe tatsächlich vom kommunistischen Regime vermittelt?

Nach zwei Jahren leidenschaftlichen Engagements und gelehrten Vorträgen, die ich aus *L'Humanité* oder *L'Avant-Garde* übernahm, wurde ich 1953 zur Belohnung als Mitglied einer Delegation zu den Weltfestspielen der Jugend und Studenten nach Bukarest geschickt. Nach einer mehrtägigen Reise, bei der wir uns damit amüsierten, uns gegenseitig Angst einzujagen (»Die Grenze ist hermetisch geschlossen ... die Amerikaner werden uns festsetzen«), kamen wir schließlich an. Erste Überraschung am Bahnhof: Männer in blauer Arbeitskleidung erwarteten uns in Hab-Acht-Stellung am Bahnhof, um unser Gepäck zu tragen. Als wir ablehnten, sagten sie uns, sie seien für diese Arbeit eingeteilt worden, und einer von ihnen radebrechte auf Französisch, sie fänden es völlig normal zu gehorchen, da der Kommunismus eine perfekte Gesellschaft organisiert habe und da ihnen die unterste Stufe auf der sozialen Leiter zugewiesen sei.

Auf der Straße schwenkten die Leute Fahnen, lächelten uns zu und redeten uns mit einer Mischung aus Rumänisch und Französisch an. Es war herrlich. Wir schliefen auf Feldbetten in der Technischen Hochschule, und ich teilte den »Schlafsaal« mit jungen Absolventen der Écoles normales. Nach einigen Tagen hatten sie durch Zeitungslektüre genügend Wörter aufgeschnappt, um sich auf Rumänisch durchzuschlagen. Auf der Straße zog es uns häufig an Orte, wo uns jemand ängstlich umherblickend erklärte, dass die Polizei überall sei, und uns dann bat, ihm Bluejeans zu verkaufen.

Ende meiner politischen Laufbahn mit sechzehn Jahren

Tatsächlich war die Polizei allgegenwärtig – auf der Straße, bei Kundgebungen und sogar in den Theatern. Eines Abends kam ich zu spät zu einer Vorstellung, woraufhin alle Plätze bereits besetzt waren. Ein Polizist, der mich nach meiner Adresse gefragt hatte, wollte sich als freundlich erweisen. Er zog mich zu den besten Plätzen, verscheuchte einen Besucher mit einer lässigen Handbewegung von seinem Sitz und bot mir den frei gewordenen Sessel an.

Viele Rumänen hatten mit den FTP in Frankreich gegen das NS-Regime gekämpft. Jacquot hatte mir die Adressen einiger Widerstandskämpfer gegeben, mit denen ich mich treffen wollte. Auf dem Treppenabsatz gaben mir die Nachbarn durch Handbewegungen zu verstehen, dass sie abgeholt worden waren: »Sanatorium, Sanatorium, Militsia.« Ich war erstaunt, dass es so viele Tuberkulosekranke unter den Widerstandskämpfern gab, und fragte, warum die Polizei sie zur Kur abholen müsse. Ich brauchte lange, um zu begreifen, dass unter »Sanatorium« eine psychiatrische Klinik gemeint war. Einige ehemalige Widerstandskämpfer waren im Gefängnis gelandet, nachdem sie politische Ämter übernommen hatten, andere waren einfach verschwunden.

Bevor wir an einem Sonntagmorgen eine politisch-sportliche Veranstaltung mit Defilees, Goldbannern und Gruppentanz besuchten, sollten wir an einer Kundgebung teilnehmen. Meine Kameraden von der École Normale Supériere in der Rue d'Ulm und ich befanden uns inmitten einer Menge berufsmäßiger Claqeure, mit denen wir im Chor riefen: »*Georghiu Dedj luptator pentru pace şi popor.*«[23]

Mit Kameraden von den Renault-Werken besuchten wir eine Fabrik. Das Haupttor war von großen, mit Lorbeerzweigen umgebenen Fotografien geschmückt. Die jungen Arbeiter interessierten sich für das Arbeitstempo und sagten: »Müssten die Stachanowarbeiter von diesem Betrieb bei Renault arbeiten, würden sie wegen Faulheit gefeuert werden.« In Tiefbaugräben mühten sich schlammbedeckte Frauen unter der Aufsicht eines kleinen Vorarbeiters, der den Rhythmus vorgab, schwere Rohre zu heben. Andere Frauen, die mit Schaufeln und Hacken bewaffnet waren, dösten auf den Rasenflächen eines Parks. Als unser Dolmetscher sie neckte: »Passt bloß auf, dass ihr euch nicht kaputt arbeitet«, antworteten sie lachend: »Der Staat tut so, als ob er uns bezahlt, und wir tun so, als ob wir arbeiten.« Der Humor ist in allen Diktaturen eine Form des Widerstands.

Ich besuchte die medizinische Fakultät. Einige Studenten erzählten uns, das schwierigste Examen im Medizinstudium sei nicht die anatomische, biologische oder klinische Prüfung, wie man erwarten sollte, sondern der Essay über den Marxismus. Einige Studenten, die unbedingt Ärzte werden wollten, bekreuzigten sich, bevor sie sich dieser Prüfung stellten. Das musste allerdings heimlich geschehen, weil die Religion bekämpft wurde. Auf einem Spruchband stand zu lesen: »Das Chromosom ist eine bürgerliche Erfindung, die das Kapital legitimieren soll.« Um die Ideologie seines Freundes Stalin zu unterstützen, verbot Lyssenko, an die Existenz von Chromosomen zu glauben, hätte das doch auch auf eine menschliche Natur schließen lassen. Nur die gesellschaftliche Organisation des Kommunismus durfte gedacht werden. Seltsamer Materialismus.[24]

Die meisten meiner Freunde aus der Rue d'Ulm waren etwas verstört. Einer von ihnen meinte: »So ist das nun mal bei einer Revolution: Wo gehobelt wird, fallen Späne.« Er sagte das natürlich auf Französisch – *on ne fait pas d'omelette sans casser des œufs*. Ich dachte die Eier sind Millionen Menschen.

Die Leute hielten uns auf der Straße an und murmelten Sätze, die ich nur schlecht verstand: »russische Besetzung«, »allgegenwärtige Polizei«, »Steuer auf Fleisch«, »Schule verboten für Kinder bürgerlicher Eltern« …

Trotzdem war es eine wunderbare menschliche Erfahrung. Die Rumänen verehren Frankreich, ihre Musik war lebhaft, die Menschen tanzten nach der Perenitza auf der Straße, die chinesische Oper betörte uns mit ihrer Schönheit, und alle Passanten brachten ihre freundschaftlichen Gefühle zum Ausdruck. Als ich nach Frankreich zurückkehrte, war ich gereift durch dieses Abenteuer, aber doch ziemlich befremdet.

Als ich in dem Versammlungssaal der UJRF in der Rue de

Navarin meinen Bericht vortrug, bemerkte ich, dass meine Freunde, die ich liebte und denen ich eine wunderbare Jugendzeit verdankte, schwiegen. Sogar Jeannette, von der ich Unterstützung erwartet hatte, wandte den Blick ab. Daraufhin wollte ich den Verantwortlichen ohne jede Aggressivität einige Fragen stellen und mein Erstaunen äußern. Paul Laurent, der damals Generalsekretär der UJRF war, antwortete, ich sei zu jung und hätte nicht richtig hingeschaut.

Als ich wieder in die Schule ging, erzählte ich Jean Baby, dem Lehrer, den ich bewunderte, von meiner Bestürzung. Er glaubte mir nicht und sagte, man müsse sich vor der reaktionären Propaganda hüten. Mit dem Versuch, von meinen rumänischen Erfahrungen zu berichten, stieß ich auf die gleichen Kommunikationsschranken wie in den Jahren nach dem Krieg, als ich erzählen wollte, was mir zugestoßen war.

Bevor ich nach Bukarest gefahren war, hatte ich allerdings in Le Monde von der Ärzteverschwörung gelesen, die Berija, der Chef der politischen Polizei, aufgedeckt hatte. Man warf den jüdischen Ärzten vor, eine große Zahl kommunistischer Führer ermordet zu haben.[25]

Der Prozess gegen die Ärzte im Jahr 1953, meine Bestürzung in Bukarest, 1956 das Eindringen der russischen Panzer in Budapest – das alles ließ meine Utopie scheitern. Die Wirklichkeit entfernte sich von ihrer idyllischen Vorstellung. Es fiel mir schwer, mich von diesem betörenden Bild loszusagen. Als ich erklärte: »So darf der Kampf nicht geführt werden«, verlor ich meine Freunde. Ich musste auf meine gewohnte Lektüre verzichten und die Freizeitaktivitäten einstellen, die meinen Alltag bestimmten und meine Träume beflügelten. Hätte ich meinen politischen Glauben bewahren können, wären die ersten Jahre des Medizinstudiums weniger hart gewesen. Ich hätte Zuwendung, Trost und Ermutigung gehabt wie Ber-

nard Kouchner, schon damals elegant in seinen Mänteln mit
Samtkragen und mutig, wenn er sich mit Gegnern der *Clarté*[26]
anlegte, der Zeitung der kommunistischen Jugend, die er vor
der medizinischen Fakultät lautstark verkaufte. Ihm kamen
die Zweifel erst später, aber er muss den Keim der Skepsis
schon in sich getragen haben, denn ich erinnere mich, dass er
die Artikel in der von ihm verkauften Zeitung kritisierte.

Kann man ohne Mythos leben? Wenn eine kollektive Erfahrung schwer erträglich, die soziale Situation problematisch,
die Innenwelt trostlos ist – dann kann der Mythos uns stärken
und unserem Leiden einen Sinn geben.[27]

Es geht nicht um eine Lüge, sondern eher um reale Erfahrungen, die so organisiert werden, dass wir sie mitteilen
und somit an einer gemeinsamen Welt teilhaben können. Die
Schimäre, das Phantasiegebilde meiner Kindheit, gab meinem
Erleben eine Form, die ich nicht mitteilen konnte. Diese Ich-Vorstellung verknüpfte die realen Fakten miteinander, weil
mein soziales Umfeld sie nicht ertragen konnte. Im Mythos
dagegen werden die Erfahrungen zu einer Vorstellung zusammengefügt, die eine ganze Gruppe teilen kann. Meine Schimäre war ganz allein unterwegs, verloren in meinen stummen Grübeleien, während die Teilhabe an einem Mythos eine
kollektive Erzählung strukturiert hätte, die für größere Nähe
zu meinem sozialen Umfeld und mehr Unterstützung gesorgt
hätte. Meine Schimäre sorgte für eine Kohärenz der Vorstellung, die ich von mir selber hatte. Ausgelöst durch den Sieg
über den Tod entwickelte ich unter ihrem Einfluss eine seltsame Lebensstrategie. Wenn ich eine kollektive Erinnerung
hätte mitteilen können, wäre mir geholfen gewesen. Dank
der kommunistischen Jugend konnte ich stattdessen soziale
Hoffnungen hegen und von der Zukunft träumen, bis meine
Zweifel mir diese Stütze nahmen.

Diese Entwicklung pervertiert, wenn der Mythos zum Dogma wird und von uns verlangt, an keine andere Wahrheit zu glauben. Dann genügt es, dass einer von uns eine anders verlaufende Entwicklung erlebt, eine andere Erfahrung macht oder auf Informationen stößt, die den Mythos widerlegen, damit die anderen ihn für einen Ketzer halten.

Wenn der Mythos zum starren Dogma mutiert, wird jede abweichende Meinung, und sei sie der ursprünglichen noch so ähnlich, zu einem blasphemischen Akt. Einem fragilen »Ich« dient das »Wir« als Prothese. Wer einen Mythos als Stütze braucht, empfindet den geringsten Dissens als Aggression und Rechtfertigung für eine heftige Reaktion, die er als legitime Verteidigung ausgibt. Weicht jemand von unserer Erzählung ab, dürfen wir ihn deportieren, verbrennen, exkommunizieren und umerziehen. Durch Veränderung der Auffassung zerstört er unseren Mythos und hindert uns am Zusammenleben: Tod dem Missetäter!

Der Mythos vom gewieften französischen Widerstandskämpfer, der dem deutschen Kartoffelkäfer ein Schnippchen schlug, veränderte sich in den siebziger Jahren. Damals begann meine Schimäre, sich weniger allein zu fühlen, denn viele andere Erzählungen sensibilisierten mein Umfeld für meine Erlebnisse (genauer, für die Erlebnisse von zwanzigtausend Menschen, die eine ähnliche Kindheit erlebt hatten wie ich[28]).

Gefrorene Worte

Die Fakten waren real, aber die Worte gefroren.

Rabelais hat aus dieser Idee eine Geschichte gemacht.[29] Sein Schiff fuhr durch die eisigen Meere des Nordens und näherte sich den warmen Gewässern des Südens: »Während wir nun auf offener See bankettierten, knabberten, schwätzten und artige kleine Gesprächlein führten, stund Pantagruel auf und ... sprach zu uns: ›Lieben Brüder, hört ihr nichts?‹ ... Panurg ... schrie laut auf: ›Potz, Höll und Tod! Flieht! ... Wahrlich, das sind Kanonenschläg! ...‹ Pantagruel, als er den Spuk hört' ... frug er: ... ›Wer ist die Memme da unten? ... Ferner sagt auch Antiphanes, die Lehr Platon glich den Worten ... die man ... bei harter Winterszeit nicht hört, wann sie gesprochen werden, weil sie die strenge Luft zu Eis gefriert ...‹ Der Steuermann gab zur Antwort: ›Herr, lasst euch nicht bang sein. Es ist hie die Grenz des Eismeers, wo zu Anfang vorigen Winters ein großes, blutiges Treffen zwischen den Asimaspern und Nephilibaten geliefert ward. Da sind die Wort und das Geschrei der Männer und Weiber, die Kolbenstöß, der Panzer und des Roßgeschmeides Klirren, das Pferdegewieher und aller andre Kriegslärm in Lüften zu Eis gefroren. Jetzt, da der strenge Winter zur Neig geht und die Wittrung wieder lau und schön wird, zerschmelzen sie und werden gehört ...‹ [Pantagruel] warf ... uns ganze Hände voll gefrorener Wort auf das Verdeck ... Da sahen wir ... Zötlein, Grünspan-Wort, azurne, schwarze, güldne Wort ...«

Damit wirft Rabelais zu Anfang des 16. Jahrhunderts eine Frage auf, die noch heute debattiert wird. Warum kann jemand, der eine Verwundung an seiner Seele erlitten hat, nur erzählen, was die Menschen in seiner Umgebung zu hören fähig sind? Wenn sein soziales Umfeld erfroren ist, bleibt der Verwundete allein mit dem in seinem Gedächtnis eingeschlossenen Trauma. Doch wenn der Winter vorbei ist und »die Wittrung wieder lau und schön wird«, kann der Verwundete sich äußern, er erfährt Zuwendung und kann seinen Platz unter den Angehörigen und Freunden wieder einnehmen.

Da wird deutlich, dass die Art und Weise, wie der andere sich präsentiert, darüber entscheidet, wie der Betroffene von seinem Trauma erzählt. Die Vorstellung, die ich von meiner Vergangenheit habe, richtet sich nach der Person, an die sich meine Erzählung richtet. Sie nimmt Teil an meiner Geschichte! Vielleicht gelingt es mir, ruhig von meinen Erlebnissen zu berichten, indem ich auf die Erzählungen meines Umfelds einwirke.

Als Anne Frank, als älteres Mädchen, während des Krieges ihr *Tagebuch*[30] führte, berichtete sie nur von Ereignissen, die schrecklich, aber auszuhalten waren. Der Leser weiß von ihnen, sieht sie aber nicht. Die emotionale Spannung entsteht durch die Erwartung des Todes, nicht durch die Anhäufung von Leichenbergen.

Zur gleichen Zeit beschloss Primo Levi, obwohl durchaus fähig zu Poesie und Reflexion, das Buch *Ist das ein Mensch* zu schreiben, weil er glaubte, durch sein Zeugnis könne er sich an den Verbrechern rächen: »[...] ein Buch wie ein Revolver an der Schläfe der Täter«[31].

Das Tagebuch der Anne Frank erzählt eine erträgliche und ergreifende Geschichte. Nachdem Primo Levi von mehreren Verlagen Absagen erhalten hatte, weil, wie es hieß, sich niemand für solche Gräueltaten interessiere, verkaufte er 1947, in dem Jahr, in dem das Buch dann doch noch erschien, lediglich 700 Exemplare.

Das Mädchen in Holland hat mit ihrem berührenden und traurigen Bericht die Worte weit besser aufgetaut als der Gelehrte, der mit den grausamen Einzelheiten seiner Erzählung bei seinen überforderten Lesern eisiges Entsetzen auslöste und dadurch deren Verleugnung noch verstärkte.

Mir scheint, dass der wachsende Bekanntheitsgrad der Gerechten die Atmosphäre erwärmte. 1953 verabschiedete das israelische Parlament ein Gesetz zur Ehrung der »Gerechten unter den Völkern, die ihr Leben wagten, um Juden zu helfen«. Bis 1961, als Eichmann der Prozess gemacht wurde, gab es kaum ein Echo darauf. Die Organisatoren, die fürchteten, die deutsche Regierung könne sich übergangen fühlen, zeichneten rasch einige Deutsche als »Gerechte unter den Völkern« aus, um zu zeigen, dass sie nicht einem ganzen Volk den Prozess machten. Im folgenden Jahr wollten zahlreiche jüdische Institutionen eine so große Zahl von Gerechten ehren, dass die Knesset eine Allee der Gerechten in Jerusalem einweihen musste.[32]

Anfang der achtziger Jahre wurde das Auftauen der Worte deutlich. Ich hörte ungewohnte Aussprüche in meiner Umgebung: »Offenbar haben sie sogar Kinder festgenommen ... Einige gingen im Sonntagsanzug und mit ihren Kriegsorden zur Sammelstelle ... man hat sie nie wieder gesehen.« In linken Milieus leistete die Religion keinen Beitrag zur Identität. Man sagte, in den Lagern seien Rumänen, Ungarn, Polen und Franzosen gewesen, aber nicht, es seien Juden oder Christen gewesen, da die Religion keine Bedeutung hatte.

Eines Tages brachte mir eine Krankenschwester von der Gesundheitsstation La Seyne-sur-Mer, wo ich als Arzt arbeitete, ein Exemplar der Zeitschrift *Historia*, in der Michel Slitinsky einen kurzen Artikel über die Razzien währen des Krieges geschrieben hatte. Dort las ich, dass der »tapfere Soldat Cyrulnik, der als Angehöriger der Fremdenlegion bei Soissons verwundet worden war, in seinem Lazarettbett von der Gestapo in Bordeaux verhaftet wurde.« – »Ist das jemand aus Ihrer Familie?«, fragte mich die Krankenschwester Madame Richard.

Da stand es also schwarz auf weiß in der Zeitschrift *Historia!* Mein Vater war tapfer, bei Soissons verwundet und zusammen mit einem ungarischen Soldaten aus demselben Regiment verhaftet worden. Diese Männer waren von der Polizei des Landes, für das sie kämpften, festgenommen und deportiert worden!

1981 vermittelte Paul Guimard in Hyères ein Treffen mit Jean-Pierre Énard, dem ich gerade mein erstes Manuskript geschickt hatte. Sie sagten, Maurice Papon, der in der Regierung Barre mitgewirkt habe, sei ein erklärter Gegner von François Mitterrand. Er werde erhebliche Pobleme bekommen, meinten sie, weil Serge Klarsfeld[33] Dokumente gefunden habe, die Maurice Papon stark belasteten.

Einige Wochen zuvor hatte mir Michel Slitinsky Fotokopien von Erlassen der Präfektur zugeschickt, aus denen hervorging, welche Kinder festgenommen werden sollten. Unter zahlreichen Dokumenten stand »für den Präfekten, der Generalsekretär« und die Unterschrift von Maurice Papon.

Als Slitinsky mir sein Dokument[34] schickte, entdeckte ich, dass Maurice Papon am 16. März 1943 die Überführung der Lagerhäftlinge von Mérignac in das Langer Drancy mit seiner Unterschrift besiegelt hatte. Möglicherweise ist mein Vater in diesem Konvoi nach Auschwitz gewesen.

Meine Festnahme war für den 16. Juli 1942 vorgesehen, doch der entging ich, weil meine Mutter mich in die Obhut der Fürsorge gegeben hatte. Sie selbst verließ Frankreich am 18. Juli 1942 in Richtung Auschwitz.

Der Vater von Philippe Brenot, Arzt in Mérignac, berichtete mir, er habe ein Lagerdokument gesehen, auf dem gestanden habe: »Boris Cyrulnik, 5 Jahre. Flüchtig.« Das ist unmöglich. Das Archiv irrt sich, ich war nicht fünf Jahre alt, ich bin nur ein einziges Mal im Lager Mérignac gewesen, um meinen Vater zu besuchen.

Margot hat mir kurz vor ihrem Tod erzählt, wie es war, als sie mich in ihre Obhut nahm. Da erfuhr ich, dass sie mich, bevor sie mich bei sich aufnahm, einer Familie in Villenave d'Ornon anvertraut hatte: nicht die geringste Erinnerung. Am Tag meiner Verhaftung war sie Lehrerin in Coutras: Das wusste ich nicht. Nach meiner Flucht kümmerte sich das Ehepaar André und Renée Monzie um mich: Das erfuhr ich 1985, bei dem Kolloquium über die Sprache, als Monsieur Monzie das Mikrofon ergriff und mir vor allen Zuhörern darüber berichtete.

Diese entscheidenden Ereignisse haben keine Spuren in meinem Gedächtnis hinterlassen. Dafür kann ich Ihnen in allen Einzelheiten erzählen, wie Margot mir Zuckerstücke zusteckte, als sie mich bei der Fürsorge abholte. Ich weiß noch, dass ich stand und mich an sie lehnte, um der Schachtel näher zu sein, die sie auf den Knien hielt. Ich weiß noch, welche Geste sie machte, als sie mir sagte, dass es vorbei sei. Möchten Sie noch andere Einzelheiten hören? Sie sind da, klar und deutlich in mein Gedächtnis eingeschrieben. »Die Besonderheit des traumatischen Ereignisses besteht darin, dass es dem Historisierungsprozess widersteht.«[35] Die traumatische Erinnerung ist ein erstarrter Gedächtnisinhalt, der sich nicht entwickelt. Völlig unerwartet taucht er auf, manchmal ausgelöst durch einen harmlosen Hinweis in der Umgebung. Nachts kann er auch in Gestalt von Albträumen auftreten, wie die Wiederholung einer schrecklichen Lektion, die die Erinnerung an den Schrecken verstärkt.

Der Historisierungsprozess ist etwas anderes. Er verläuft intentional, denn da gilt es, nach Erinnerungen zu suchen, Dokumente zu prüfen und Begegnungen herbeizuführen, die uns erlauben, die Vorstellung von der Vergangenheit zu revidieren, unsere Meinung zu ändern und eine neue Sicht der Dinge zu gewinnen.

Das historische Gedächtnis ist kein narratives Gedächtnis

Die historische Evidenz ist keine narrative Evidenz. Ich brauchte die Kohärenz meiner stummen Erzählung, um mich in einer feindlichen Welt zu behaupten. Doch sobald man mir meine Kindheit erzählte, entdeckte ich einen neuen Kontinent. Die Veränderung der gesellschaftlichen Erzählungen modifizierte meine private Erzählung – ich erzählte nicht mehr die gleiche Geschichte! Wenn das Klima milder wird, tauen die Worte auf. Ich konnte meine Vergangenheit anders hören und sie mit Tausenden von Vertrauten teilen. In gewisser Weise wurde es mir möglich, normal zu sprechen.

Gewiss, der Papon-Prozess hatte einen pädagogischen Beigeschmack. Die Medien verwandelten sich in Geschichtslehrer, die Stummen wurden aufgefordert zu sprechen. Sie erzählten, legten Zeugnis ab, stellten richtig, veränderten ihre traumatischen Erinnerungen. Führte sich die Justiz oberlehrerhaft auf? »Wurde der Gerichtssaal nicht mit einem Kolloquium oder einem Klassenzimmer verwechselt?«[36]

Ich hatte Probleme mit diesem Prozess, und doch profitierte ich von ihm. Es gefiel mir nicht, dass man einen alten

Mann vorführte. War es die Erinnerung an den Milizionär, der bei der Befreiung im September 1944 im Grand Hôtel von Bordeaux langsam zu Tode geprügelt wurde? Ich hätte mir mehr Großzügigkeit von meinen Befreiern gewünscht, ein bisschen Würde bei denen, denen ich mich nahe fühlte und die Papon verurteilt hatten, bevor sie über ihn urteilten.[37] 1981 wurden die Verbrechen der Vichy-Regierung noch nicht erwähnt. Unter diesen Umständen fiel es Papon nicht schwer, Zeugen beizubringen, die ihm eine vage Zusammenarbeit mit den kämpfenden französischen Streitkräften bescheinigten. Damals schöpften alle gesellschaftlichen Bewegungen ihre Kraft aus dem Konformismus. 1933 hatte sich die Mehrheit der Deutschen in den Reichstagswahlen gegen den Nationalsozialismus entschieden. Dann hatte die unermüdliche Propaganda dieses große Volk, diese bedeutende Kulturnation, einer stumpfsinnigen Ideologie unterworfen: Es war dies »mechanisch und automatisch weiterlaufende tägliche Leben, was es verhindern half, daß irgendwo eine kraftvolle, lebendige Reaktion gegen das Ungeheuerliche stattfand«.[38] Ähnlich äußert sich Primo Levi: »Gefährlich sind die ganz normalen Menschen.«[39] – »Es entsprach der Geisteshaltung eines Beamten jener Zeit, zu gehorchen, ohne Fragen zu stellen.«[40] Von Zeit zu Zeit zettelte man einen kleinen Aufstand an. Alle Beamten totalitärer Regime sind bereit, in dem Apparat mitzuwirken, melden aber regelmäßig geringfügigen Widerspruch an. »Fast alle hohen Beamten des Vichy-Regimes ließen es sich angelegen sein, der Résistance kleine Dienste zu erweisen.«[41] Sie protestierten ein wenig gegen die Festnahme von Kindern, sie baten ihre Vorgesetzten, etwas Stroh in die Viehwaggons zu legen, die die Häftlinge nach Drancy und von dort nach Auschwitz beförderten, sie setzten sich dafür ein, dass man die 1700 Menschen, die ermordet werden sollten, mit ein paar

Decken und Kartons Dosenmilch versorgte. Solches Verhalten ist üblich, wenn die hierarchischen Verhältnisse verlangen, dass man sich verbrecherischen Befehlen fügt. Man gehorcht, weil man Beamter ist, aber gönnt sich einen Anflug von Revolte, um seine Selbstachtung zu bewahren. Diese Form der Anpassung ermöglicht den Beamten, ihre Posten zu behalten und die verbrecherischen Befehle auszuführen, ohne Schuldgefühle zu empfinden.

Es ist schwer, auf diese Strategie zu verzichten. Wenn ein Beamter sich kritiklos fügt oder die Befehle der Henker sogar in vorauseilendem Gehorsam ausführt, muss er sich eingestehen, dass er sich an dem Verbrechen beteiligt. Wenn er die Befehle verweigert, lehnt er sich auf, läuft Gefahr, entlassen zu werden, muss seinen Abschied nehmen oder in den Widerstand flüchten. Alle hohen Beamten, die an einem verbrecherischen Regime mitwirkten, haben sich angepasst und von Zeit zu Zeit einen Anflug von Rebellion hinzugefügt, um sich weniger schuldig zu fühlen und eines Tages sagen zu können: »Ich habe nur meine Befehle ausgeführt.« Maurice Papon hat es genauso gemacht wie viele andere. Aber als pflichtgetreuer Beamter hat er die Befehle für Razzien erst eine Stunde vor der festgesetzten Zeit ausgegeben, damit niemand fliehen konnte.[42]

Im April 1998, als das Urteil gesprochen wurde, hatten einige Unruhestifter das Klima verändert. Einer von ihnen war Claude Lanzmann mit seinem Film *Shoah* aus dem Jahr 1985, in dem er das Verbrechen Gehorsam anklagte. Indem er Täter und Zeugen des Völkermords zu Wort kommen ließ, ging er weit über die Aufzählung der Tatsachen und die Sichtung von Dokumenten hinaus. Er gewährte Einblick in die Innenwelt der Massenmörder, die sich unschuldig fühlten. Am Ende des Films dachte ich, dass Schweigen eigentlich heiße, sich zu Komplizen der Mörder und ihrer Erben, der Holocaustleugner, zu machen.

Die Zeit der Verweigerung neigte sich dem Ende zu. Frankreich war wieder aufgebaut, die jungen Leute wussten, dass ihre Eltern in der Vergangenheit einen Krieg erlebt hatten. De Gaulle konnte nicht mehr sagen: »Über all dieses Unglück sollten wir lieber Schweigen und Vergessen breiten als Tränen vergießen« – die Juden wollten nicht mehr schweigen, um die anderen nicht in Verlegenheit zu bringen. Es musste gesprochen werden! Das gesellschaftliche Klima begann, milder zu werden und die Worte aufzutauen. Bousquet konnte nicht mehr angeklagt werden, weil er idiotischerweise erschossen worden war. Blieb nur noch Papon. Man verurteilte ihn wegen Beihilfe zu zehn Jahren Haft, wohl wissend, dass er sie nicht in Gänze würde absitzen müssen. So lief dann alles auf den Vorwurf hinaus, dass er beinahe ein Verbrechen gegen die Menschlichkeit begangen hätte.

Mehrere meiner Freunde arbeiteten mit ihm zusammen. Sie äußerten sich sehr positiv über ihn. Er sei ein fleißiger, verlässlicher, kultivierter und angenehmer Kollege gewesen. Gewiss, er sei etwas zu eifrig gewesen, habe Entscheidungen getroffen, die er hätte vermeiden können, aber er sei nicht der Einzige gewesen, und viele seien in ihren Ämtern geblieben.

Die Ich-Vorstellung ist eng mit dem sozialen Kontext verknüpft. Die Geschichten, die man erzählt, hängen von unserer sozialen Stellung und den Erzählungen unseres Umfelds ab.[43]

Um nicht während des Krieges zu sterben, musste ich schweigen, meine Geheimnisse bewahren. Um mich in der Nachkriegszeit der gesellschaftlichen Verleugnung anzuschließen, konnte ich mich kaum äußern, nur durch Anspielungen oder durch Schweigen, das in meiner Umgebung ein Gefühl der Fremdheit hervorrief. Ab den achtziger Jahren bin ich den Aufforderungen, mich zu äußern, mit Erleichterung nachgekommen. Ein und dasselbe Ereignis oder Faktum wandelte sich je nach den Erzählungen des sozialen Kontextes: Zuerst war es nicht mitteilbar, dann wurde es entstellt und schließlich preisgegeben.

Auftauen der Worte

Der Papon-Prozess leistete mir gute Dienste! Als die ersten Anschuldigungen kamen, als mein Name in einigen Berichten und Zeitschriften auftauchte, begannen mir erstaunte Freunde Fragen zu stellen. Ich antwortete sehr gern, aber es war nicht leicht, weil sie eine falsche Vorstellung von der Abfolge der Ereignisse hatten. Da sie überhaupt nichts über die Shoah wussten, waren ihre Fragen absurd: »Ein Kind kann den Krieg nicht begreifen«, behauptete eine liebenswürdige junge Frau, Professorin der Rechtswissenschaften. Eine andere fragte mich begierig, was die Pädophilen mit mir gemacht hätten – das Problem war in den neunziger Jahren ein Lieblingsthema der Medien. Ein Unternehmer erklärte mir mit Bewunderung, die Tatsache, dass ich damals entkommen sei, beweise meine hervorragenden biologischen Anlagen. Am Ende einer mündlichen Promotionsprüfung rief mich eine der anwesenden Frauen mit lauter Stimme an: »Ich habe Ihre Geschichte in dem Buch von Slitinsky[44] gelesen. Wie ist es Ihnen gelungen zu entkommen?« Ich hatte mich gerade von der frischgebackenen Doktorin verabschiedet und schickte mich an, zu meinem Wagen zu gehen. So blieben mir dreißig Sekunden für eine Antwort!

Ich kann diesen ungeschickten Fragestellern keinen Vorwurf machen, da ich mich durch mein Schweigen mitschuldig gemacht hatte an ihrer Unwissenheit.

Die Geschichte meiner Kindheit wurde publik, als ich 1997 dafür sorgte, dass Margot die Medaille der Gerechten bekam. In ihrer Bescheidenheit hatte sie um eine Feier ohne Aufsehen gebeten. Doch ihr Mann Joseph Lajugie war sehr bekannt in Bordeaux: ehemaliger Dekan der juristischen Fakultät, Stellvertreter von Chaban-Delmas und eine starke Persönlichkeit – da konnte der Festakt nicht unbemerkt bleiben. Als ich zum Rathaus kam, hatten sich dort etwa zwanzig ehemalige Widerstandskämpfer mit Orden und Fahnen, das Komitee von Yad-Vashem,[45] ein Dutzend Journalisten und ein Großteil des Stadtrats versammelt.

Auf Margots Bitte antwortete ich nur ausweichend auf die Fragen, was zur Folge hatte, dass sich einige Fehler in die Berichterstattung einschlichen und Menschen gekränkt wurden, die ich auf keinen Fall verletzen wollte. Deshalb meldete ich mich noch einmal zu Wort, um diese Missverständnisse richtigzustellen. Dadurch vermittelte ich den Eindruck, ich wolle nun öffentlich über eine Kindheit berichten, die ich verheimlicht hatte.

Dabei hatte ich lediglich in einem Kontext geschwiegen, in dem man schweigen musste. Seit den achtziger Jahren, als das gesellschaftliche Klima sich veränderte, weil in Filmen, Berichten und Dokumenten die Shoah mehr oder weniger aufgearbeitet wurde, ließ ich mich mit Freuden vom Auftauen der Worte anstecken. Deshalb war ich sehr erstaunt, dass man mich nicht zum Papon-Prozess eingeladen hatte. Offenbar überlebte das lange Schweigen die Nennung meines Namens. Dann wendete man sich anderen Fragen zu.

Ich glaubte, ich hätte als Einziger die Razzia vom 10. Januar

1944 überlebt, war ich doch der Meinung, die sterbende Frau über mir hätte es nicht geschafft. Zugang zu Archiven hatte ich nicht (jedenfalls hatte ich mich aufgrund meiner Verweigerung nicht darum bemüht).

Vor einigen Monaten rief Michel Schouker mich an: »Ich bin so alt wie Sie und war auch in der Synagoge von Bordeaux eingesperrt. Wollen wir uns nicht treffen?«

Warum habe ich Yoram Mouchenik[46] zu dem Treffen gebeten? Dieser junge Forscher hat sich mit der Psychologie der versteckten Kinder beschäftigt. Ich habe sein Buch mit Interesse gelesen. Ich hätte diesen Mitüberlebenden auch allein treffen können. Während ich diese Zeilen schreibe, wird mir klar, dass ich Yoram um sein Kommen gebeten habe, weil ich unbewusst fürchtete, man könnte mir wieder einmal nicht glauben! Jedes Mal, wenn ich ein Stückchen meiner Geschichte preisgab, stieß ich auf Zweifel und Ungläubigkeit.

Yoram kam, und wir plauderten fröhlich mit Michel. Sie haben richtig gelesen – »fröhlich« –, denn anders lässt sich darüber nicht sprechen. In den Jahren vor dem Krieg war Michels Vater im Viertel Faubourg-Poissonnière als Arzt niedergelassen. Er hatte ein altes Haus gekauft und von türkischen Arbeitern renovieren lassen. Als der Krieg ausbrach, hielt er Paris für zu gefährlich und schickte seinen Sohn deshalb zu einem befreundeten Pfarrer nach Bordeaux. Dort wurde das Kind festgenommen. Wir hatten genau die gleichen Erinnerungen an die Synagoge: die Selektion bei der Ankunft, den Stacheldraht mitten im Tempel, die Häftlinge, die auf der Erde lagen, die Brutalität der Soldaten. Weil er Vertrauen zu der Dame mit der Dosenmilch hatte, war er auf der Decke geblieben und mit den Viehwaggons nach Drancy geschafft worden. Sein Schicksal schien besiegelt.

Doch dann wurde er von einem Arbeiter seines Vaters erkannt, der für Reparaturarbeiten im Lager zwischen den Gebäuden dienstverpflichtet worden war. Der nahm das Kind an die Hand, ging zu einem Gendarmen und sagte zu ihm: »Dieser Junge ist kein Jude. Er ist mein Sohn. Er ist ein Muslim.« – »Wenn das Ihr Sohn ist«, sagte der Gendarm, »dann nehmen Sie ihn mit.«

Michel, der auch Arzt geworden war, erzählte mir, wie viel Schwierigkeiten es auch ihm bereitet habe, das alles zu erzählen. Als 1997 der Prozess in Bordeaux eröffnet wurde, meldete er sich deshalb als Zeuge. Doch ihm wurde mitgeteilt, dass man keine Verwendung für ihn habe.

Damals wusste ich noch nicht, dass die sterbende Dame über mir am Leben geblieben war. Später erfuhr ich, dass auch sie nicht als Zeugin geladen worden war. Trotzdem war sie von den Berichten so erschüttert gewesen, dass das verdrängte Trauma wieder wach geworden war.[47]

Fünfzig Jahre nach dem Krieg versuchte man noch immer, uns zum Schweigen zu bringen! Doch das Klima wurde milder, und die jungen Leute begannen, sich für die Shoah zu interessieren, wie man sich für alte Tragödien interessiert. Die Mitteilungen darüber blieben auch weiterhin schwierig, weil es nicht leicht ist, ein anomales Ereignis logisch darzustellen. Kaum ist von einer Tragödie die Rede, wird sie schon mit den Stereotypen des Kontextes verhüllt.

Gedächtnis und sozialer Kontext

1985 wurde ich zusammen mit Jean-Didier Vincent, dem namhaften Neurobiologen, an das NIMH[48] in San Diego eingeladen. Bei Kriegsende waren wir beide in der Schule von Monsieur Lafaye. Sein Vater, ein hochrangiger Widerstandskämpfer in der Résistance von Bordeaux, hatte eine wichtige Rolle bei der Befreiung von Castillon gespielt. Eines Abends saßen wir zu mehreren zusammen und erzählten uns gegenseitig von unserer ländlichen Jugend. Da rief er quer über den Tisch: »Du bist doch aus dem Fenster eines Zugs geworfen worden, Boris. Deshalb sind dir die Lager erspart geblieben.« Ich antwortete, ich sei dem Tod tatsächlich knapp entronnen, aber nicht aus dem Zug geworfen worden. Niemand stellte weitere Fragen. Wir haben über andere Dinge gelacht.

Jean-Didier wusste wahrscheinlich, dass ich in der Schule von Monsieur Lafaye versteckt worden war, da er dort selber Schüler war. Sein Vater, die Familie oder die Leute aus Castillon dürften ihm davon erzählt haben. Dann hatte er dieser partiellen Wahrheit ein gesellschaftliches Stereotyp aufgepfropft, das Bild aus einem Film wahrscheinlich, in dem man sieht, wie eine Mutter ihr Baby aus einem »Todeszug« wirft. Er hatte, wie das oft geschieht, zwei verschiedene Gedächtnisquellen miteinander verschmolzen: eine Familienerzählung und ein konventionelles Bild.

Nach dem Papon-Prozess bin ich vielen Menschen begegnet, die mir meine Kindheit erzählt haben. Georges Gheldman entdeckte die offiziellen Unterlagen des Transports Nr. 7, der seine und meine Mutter im selben Waggon in den Tod schickte.

Madame Yvette Moch schrieb mir einen Brief, in dem sie

mir mitteilte, sie habe mich fliehen sehen. Mit der Schürze einer Rotkreuzkrankenschwester verschaffte sie sich Zugang zur Synagoge, um ihren Vater zu retten, den Mann, über den sie im Papon-Prozess ausgesagt hatte. »Doch«, so fügte sie hinzu, »ich habe beobachtet, wie Sie unter dem Schutz des Schwesternkittels ›geflohen‹ sind.«[49] Als ich das der Krankenschwester Madame Descoubès berichtete, waren wir uns beide einig: Ich bin nie unter ihrem Kittel gewesen. Während ihres mutigen Eindringens in die Synagoge sah Madame Moch, wie ich versuchte, allein zu fliehen, denn ich habe mehrere Versuche unternommen, bis einer gelang. Dann erblickte sie mich zusammen mit der Krankenschwester.

Viele Menschen, die über meine Flucht sprachen, beschworen das naheliegende Bild des Schwesternkittels. Kühner noch die Phantasien anderer, die behaupteten, ich hätte mich unter dem Rock der Krankenschwester versteckt. Sie sind einer irreführenden Logik bei der Kondensation ihrer Erinnerungen erlegen. Wenn wir in der Wirklichkeit einen Tisch mit drei Beinen erblicken, sehen wir in Erinnerung vier Beine dieses Tischs. Das ist eine logische Vorstellung, selbst wenn das Möbelstück tatsächlich auf drei Beinen balancierte.

Das traumatische Gedächtnis ist eine erstarrte Erinnerung, die sich unablässig wiederholt. Es ist ein Stillstand der Geschichte, ein toter Gedächtisinhalt. Doch wenn wir die Erinnerung an eine durchlebte Not mitteilen können, bleibt das Gedächtnis lebendig. Dann staunen wir über die Maßnahmen, die der Vorstellung einer irrwitzigen Wirklichkeit Kohärenz verliehen haben, und entwickeln die Erinnerung weiter. Wir sehen die Dinge anders, wenn das Milieu Situationen schafft, in denen wir über unsere Erlebnisse sprechen können.

Mein Umfeld war noch nicht aufgetaut, als ich 1967 Pierre Marty begegnete. Ich war als junger Facharzt für Neurochirurgie am Krankenhaus La Pitié, als die Rettungssanitäter eines Morgens gegen acht Uhr eine Trage mit einer Dame, die eine Vielzahl von Brüchen erlitten hatte, bei uns auf den Fußboden stellten. Der Morgen ist ein sehr unruhiger Zeitraum in Krankenhäusern: Die Ärzte nehmen ihren Platz ein, die Krankenschwestern geben die Anweisungen weiter, der Fußboden wird aufgewischt, die Visite vorbereitet – mit dem Erfolg, dass ständig eilige Leute über die Bahre der Dame hinwegstiegen, die sichtlich Schmerzen hatte.

Die Oberschwester sagte zu mir, wir könnten die Verletzte nicht auf ihrer Trage lassen, sondern müssten eines der Sprechzimmer öffnen und sie auf einen Untersuchungstisch legen. Das war rasch geschehen. Als der Arzt, dessen Sprechzimmer wir in Beschlag genommen hatten, eintraf, erklärten wir ihm die Situation. Er setzte sich auf seinen Stuhl und wartete, bis wir die Untersuchung beendet hatten. Während wir uns an der Kranken zu schaffen machten, rief mich die Krankenschwester bei meinem Namen: »Monsieur Cyrulnik, wollen wir das auch untersuchen?« Kaum hatte der Arzt meinen Namen gehört, wurde er aufmerksam, trat näher und nahm mich genau in Augenschein. Sehr genau: Als wir fertig waren und wieder Ruhe herrschte, zeigte er mit dem Finger auf mich und fragte: »Hieß ihr Vater Aaron?« Woher kannte er den Namen meines Vaters? Erstaunt und glücklich bejahte ich das und fragte ihn, wieso er den Vornamen meines Vaters kenne. »Vor dem Krieg engagierten wir uns gemeinsam in der antifaschistischen Bewegung«, erklärte er. Endlich traf ich jemand, der mir von meinem Vater, dem realen Menschen, erzählen und von dem ich erfahren konnte, dass er mehr war als ein Croix de Guerre und ein Dokument, das sein Verschwinden in Auschwitz belegte.

Die Patienten trafen ein. Er gab mir seine Karte und bat

mich, ihn zu besuchen. Ich las: »Pierre Marty, Psychoanalytiker, Boulevard Saint-Germain.«[50]
Ich bin nie zu ihm gegangen.

Ich glaubte, ich wäre umso mehr mit dem Verlust meiner Familie konfrontiert gewesen, wenn ich mit ihm vom Tod meines Vaters sprechen würde ... Wie hätte ich mit all diesen verschwundenen Menschen, diesen Verlusten ohne Trauer, umgehen sollen? Hätte ich die Krypta meiner Seele mit Erinnerungen füllen sollen, von denen damals niemand etwas hören wollte? Was nützte es, eine Wunde aufzureißen, gegen die sich nichts machen ließ? Die Verweigerung schützte mich vor hohen emotionalen Kosten.

Heute würde ich ihn besuchen und es als Glück empfinden, meine verschwundene Familie kennenzulernen, so wie es mir mit Dora erging, als sie endlich über ihre Kindheit und den Krieg sprechen konnte. Auch sie freute sich, dass sie ihre Krypta öffnen konnte, als die gesellschaftliche Situation und ihr Alter die Möglichkeit boten, sich ruhig zu äußern.

Klimaveränderung

Als Nathalie Zajde 1988 nach Frankreich zurückkehrte, berichtete sie von ihren amerikanischen Erfahrungen, um zu verstehen, wie ein Trauma über Generationen weitergereicht wird. Bei der mündlichen Doktorprüfung, in deren Kommission ich saß, brachte sie mich zu der Erkenntnis, dass verheimlichte und abgekapselte Erinnerungen die Beziehungen beeinträchtigen können.[51]

Als Jacques Chirac 1995 das Verbrechen der Vichy-Regierung anerkannte, hat er die öffentliche Meinung über den Völkermord von Grund auf verändert. Und ich denke – das wird Sie überraschen –, dass auch Maurice Papon, als er 1998 wegen Beihilfe zu Verbrechen gegen die Menschlichkeit verurteilt wurde, an dieser Entwicklung mitwirkte! Sicherlich hätte er gern darauf verzichtet, aber hier wurde nicht über einen Menschen zu Gericht gesessen, sondern über das Rätsel eines Systems, das seinen hohen Beamten erlaubte, ihre Unterschrift auf ein Papier zu setzen, das 1600 unschuldige Menschen in den Tod schickte. Dann gingen diese Funktionäre in dem Bewusstsein, gute Arbeit geleistet zu haben und eine vielversprechende Karriere vor sich zu haben, nach Hause.

1944 trieben in Frankreich mehrere Hunderttausend kleine Papons ihr Unwesen. Musste man sie verurteilen – den einen zu zehn Tagen Haft, weil er den Bus fuhr, der die Häftlinge zum Todeszug brachte, den anderen zu einer Geldstrafe, weil er die Liste mit den Namen derer tippte, die verhaftet werden sollten?

Ich spreche nicht von denen, die in die Waffen-SS oder die französische Miliz eintraten.[52] Das waren Leute, die kämpften und damit rechnen mussten, dass sie ihr Leben verloren. Ich spreche auch nicht von den Millionen Briefen, in denen beispielsweise der Chef denunziert wurde, weil der Verfasser hoffte, nach dem Tod des rechtmäßigen Besitzers dessen Betrieb im Zuge der Arisierung jüdischen Vermögens zu erhalten, oder jemand einen Medizinprofessor als Juden verriet, weil er auf dessen Posten spekulierte.[53] Das waren Soldaten oder Straftäter, für die es entsprechende Gesetze gibt. Erstaunt bin ich vielmehr von der unglaublichen Gefügigkeit bestimmter Menschen, die aus reinem Gehorsam bereit waren zu töten.[54.]

Die Juden sind in den dreißiger Jahren nach Frankreich gekommen, weil sie es für den Mittelpunkt der Kultur und der Menschenrechte hielten. Ein Land, in dem es sich so herrlich lebte, dass sogar Gott stolz auf seine Werke war. Sie ahnten nicht, wie sehr der Antisemitismus dort das Denken beherrschte. Ende des 19. Jahrunderts hatten Gobineau und Drumont diese Entwicklung vorbereitet, indem sie behaupteten, der Rassismus sei eine unabänderliche Notwendigkeit.[55] Wegbereiter dieser Geisteshaltung waren Romane, Filme, Theaterstücke, Ausstellungen, Zeitungen und vor allem antisemitische Redensarten in der Alltagssprache.[56] Die in Pétain vernarrten Franzosen nahmen hin, als 1940 ein Gesetz – »Loi portant statut des Juifs« – erlassen wurde, das den Juden das Recht auf Arbeit und Schutz nahm. Damals zitierte man Maurras, begeisterte sich mit ihm für den »ruhigen Gehorsam«, sang fröhlich: »Maréchal, wir stehn bereit für dich, den Retter Frankreichs«, und beschwor die »Verjudung«: »Wenn die Schule einen Juden aufnimmt, kann er die Okzitanische Sprache besser als wir. Akzeptieren wir also diesen begabten Juden ... sind wir von vornherein erledigt.«[57] Tatsächlich diente dieser fadenscheinige Verweis auf eine Notwehrsituation nur zur Rechtfertigung der Judenfeindlichkeit.

Fast übergangslos kam es zu einem Sinneswandel, nachdem im Juni 1942 das Gesetz zum Tragen des Davidsterns erlassen worden war. Plötzlich veränderte sich das Bild der Juden in der französischen Öffentlichkeit. Plötzlich konnte man sich die Vorstellung von den Juden, deren Finger so krumm waren wie ihre Nasen, damit sie sich das Gold der Christen besser krallen konnten, nicht mehr zu eigen machen. Die Juden wurden ganz gewöhnliche Leute: Monsieur Blumen, der blonde Mathematiklehrer, Monsieur Cohen, der Schneider mit der kleinen, geraden Nase, oder Lévi, der Musiker mit den langen Händen. Diese realen Menschen boten keine Basis mehr für rassistischen Verfolgungswahn. Angesichts der Pflicht zum Tragen des Davidsterns änderte das christliche Frankreich seine Vorstellung und kam den Juden zu Hilfe. Das Gleiche geschah in den Niederlanden: Sobald dort im April 1943 das Tragen des gelben Sterns mit der Inschrift *Jood* zur Pflicht gemacht wurde, begann die Bevölkerung, die Juden zu schützen. Anders verhielt es sich in Deutschland und in anderen mitteleuropäischen Ländern, denn dort wurde diese Stigmatisierung erst verfügt, als die Vernichtung bereits abgeschlossen war.

Im Papon-Prozess wurde nicht über einen Menschen zu Gericht gesessen. Die Kollaborateure hatten sich bereits 1945 in dreihunderttausend dokumentierten Fällen verantworten müssen: hundertfünfundzwanzigtausend wurden verurteilt, davon fünfundzwanzigtausend Beamte (von siebenhunderttausend). Immerhin gab es zwölftausend Erschießungen. Doch die hochgestellten Kollaborateure in Verwaltung, Wirtschaft und Wissenschaft wurden mit großer Nachsicht behandelt. Wie gewöhnlich mussten die kleinen Leute die Zeche bezahlen.[58]

Allerdings hatte der Prozess nicht die erwartete pädagogische Wirkung: In einer Umfrage zeigte sich, dass 82 Prozent der Befragten wenig über diese Zeit der Besatzung erfahren hatten. Und 62 Prozent hatten am Ende des Prozesses unklarere Vorstellungen über Papons Rolle während des Krieges als vorher.[59]

Die Historiker, die in den Zeugenstand gerufen wurden, um zu sagen »die Wahrheit und nichts als die Wahrheit …«, fühlten sich den Erwartungen, die dort an sie gestellt wurden, nicht gewachsen. Einige weigerten sich wie Pierre Vidal-Naquet, Michel Rajsfus oder Henry Rousso. Andere willigten ein, allerdings nur unter der Bedingung, dass man sie lediglich als Fachleute ansah und nicht als Garanten der historischen Wahrheit.[60]

Trotz all dieser Vorbehalte veränderte der Prozess die öffentliche Meinung. Heute wird die Kollaboration anders beurteilt als 1945. Nach dem Krieg dachte man, die Profiteure hätten ihr Werk mit der Waffe in der Hand verrichtet. Sechzig Jahre später lösen die Kälte und technische Perfektion ihrer rassistischen Verbrechen Empörung aus. Der pädagogische Effekt machte sich mit Verzögerung bemerkbar. Die Fakten, die dieser Prozess zutage gefördert hatte, mussten erst einmal von Historikern, Philosophen, Zeugen und Künstlern aufgearbeitet werden, damit unsere Gesellschaft lernte, über sie zu sprechen.

Weder Hass noch Vergebung

Mir war dieser Prozess unangenehm. Trotzdem habe ich erheblich davon profitiert. Alle sprachen neugierig oder sogar entrüstet über ihn. Ich hörte: »Wozu wird Papon der Prozess gemacht, man sollte ihn auf der Stelle erschießen.« Woraufhin andere antworteten: »Er hat sich doch überhaupt nichts zuschulden kommen lassen. Er muss auf freien Fuß gesetzt werden.«

Endlich wurde darüber gesprochen!

Man stellte mir Fragen, war interessiert, erstaunt, voller Bewunderung und Mitleid: Meine Krypta verlor ihre Existenzberechtigung, denn mir war die Sprache zurückgegeben worden. Wenn sich die Gelegenheit ergab, konnte ich ein oder zwei Dinge erzählen von der Not meiner Kindheit und meiner Versuchen, ein normales Leben zu führen. Durch das Reden wurde ich wie alle anderen. Davon zu schreiben, ist merkwürdig, denn das Schweigen rief genauso ein unbehagliches Gefühl in mir hervor, wie darüber zu reden. Selbst beim Reden war ich nicht wie alle anderen. Wie sollte ich antworten auf Fragen wie: »Sind Sie von den Leuten, die Sie geschützt haben, sexuell missbraucht worden? Haben die Gerechten, die nicht deportiert wurden, kollaboriert? Hassen Sie Papon? Haben Sie vergeben?«

Weder Hass noch Vergebung.

Niemand hat mich um Vergebung gebeten, abgesehen vielleicht von den jungen Deutschen, die sich wegen der Verbrechen ihrer Großeltern schuldig fühlen. Warum bitten sie mich um Verzeihung? Wenn ein Mann eine Frau vergewaltigt, steckt man doch auch nicht seinen Sohn ins Gefängnis.

Alle Religionen bitten um Vergebung wegen der Dinge, die sie anderen absichtlich oder unabsichtlich angetan haben. Die Juden haben Jom Kippur (das Fest der Vergebung). Die Orthodoxen bitten einander um Verzeihung, telefonieren miteinander und laden sich zum Essen ein. Der Koran lehrt: »gütige Rede und Verzeihung sind besser als ein Almosen« (Sure 2, 263).

Wir verspüren kein Bedürfnis, der Naturkatastrophe zu vergeben, die unsere Wälder niedergebrannt oder unsere Ernten überschwemmt hat. Wir empfinden keinen Hass auf eine Naturerscheinung, wir hüten uns vor ihr, das ist alles. Und um sie in Zukunft zu verhindern, versuchen wir, sie besser zu verstehen, um sie besser kontrollieren zu können. Das ist etwas anderes als die Identifikation mit dem Aggressor, die einige Opfer vornehmen, weil sie den Henker um seine Position beneiden. Vielmehr ist es die Identifikation *des* Aggressors, so wie der Landwirt, der durch eine Überschwemmung ruiniert wurde und zu einem Fachmann für Hydrologie wird.

Etwa so geht es mir, wenn ich an den Nationalsozialismus oder den Rassismus denke. Diese Menschen begnügen sich mit einem verstümmelten Wirklichkeitsbild. Ihre Empörung entzündet sich an der Vorstellung, die sie sich von anderen machen: Tod den Parasiten, den Negern, den Juden, den Arabern, den Auvergnern und *Zazous*. Schließlich treibt sie diese absurde Vorstellung zum Handeln. Die Unterwerfung verleiht ihnen ein seltsames Gefühl der Stärke: »Unser geliebter Führer ist mächtig dank unseres Gehorsams.«

Für mich stellt sich nicht die Wahl zwischen Strafen und Vergeben, sondern zwischen Verstehen, um ein wenig Freiheit zu erlangen, oder Unterwerfung, um das Glück der Knechtschaft zu empfinden.[61] Wer hasst, bleibt ein Gefangener seiner Vergangenheit. Wer entkommen will, hält sich besser an das Verstehen als an das Vergeben.

Ich bin sehr erstaunt über das Buch, das ich geschrieben habe. Ich wollte keine Autobiographie schreiben, in der sich aus der Aneinanderreihung der Ereignisse ein Bericht über Siege oder ein Plädoyer ergeben hätte, aber ich habe auch nicht erwartet, dass es eine Verteidigung des Judentums würde, das in meinem Alltag kaum eine Rolle spielt.

Beginnend mit meiner Festnahme im Januar 1944, rollte ich den Faden wie von einem Wollknäuel ab. Das beginnt mit »die Präfektur ließ mich festnehmen« und endet mit »Papon wird verurteilt«. Zu schön, um ehrlich zu sein. Und doch versichere ich, dass ich die Quellen überprüft und mit den Aussagen anderer Zeitzeugen verglichen habe. Das hat mich zu dem Schluss gebracht, dass jedes Gedächtnis, jede Ich-Erzählung, eine Vorstellung der Vergangenheit ist. Doch sie ist keine Erfindung, die mit nichts beginnt, denn wir können nichts erzählen, wenn wir nichts erlebt haben. Wir brauchen Bruchstücke der Wahrheit, um im Ich-Theater eine Vorstellung zu inszenieren.

Das Unglück des Krieges lehrte mich die Kunst des Schweigens. Seit mir die Gesellschaft, in der ich lebe, die Sprache zurückgegeben hat, verstehe ich den Sinn des zurückgelegten Weges. Frau Loth kann sich heute umwenden, ihre Vergangenheit betrachten und sich dann dem Glück zuwenden, ohne in eine Salzsäule verwandelt zu werden.

Die Brände sind gelöscht ... vielleicht.

Anmerkungen

Kapitel eins

1 Dokumente aus dem Archiv Slitinsky, zur Verfügung gestellt von Dr. Erick Aouizerate.
2 Semprun, J., *Schreiben oder Leben*, Frankfurt a.M., Suhrkamp, S. 167.
3 Perec, G., *W oder die Kindheitserinnerung*, Zürich, Diophanes, 2012; Paris, Gallimard, 1993. Ein Buch, das dem Verschwinden gewidmet ist. »Verschwinden ist auch der Titel eines weiteren Buchs – *Disparition*, deutsch: *Anton Voyls Fortgang* –, in dem der Vokal »e« verschwindet, genau wie »sie, meine Eltern«.
4 Infanterie-Fremdenregiment. Am 8. Juni 1940 fielen vor Soissons von 11 000 Soldaten 7500.
5 Ein Wortspiel ohne Bedeutung: j'aborde – was unter anderem »ich gehe an Bord« heißen kann – klingt im Französischen fast wie *Jean Bordes*, und die Frage *Qu'est-ce que tu abordes, Jean?* – »Wo gehst du an Bord, Jean?« – ist einfach ein Jux.
6 STO: *Service du travail obligatoire* (Plichtarbeitsdienst). Mehrere Millionen Männer, Gefangene des NS-Regimes, wurden zur Zwangsarbeit verpflichtet. Außerdem wurden in Frankreich französische Männer auf Plakaten »eingeladen«, sich Arbeit in Deutschland zu suchen, um ihre Familien zu ernähren.
7 Viel später erfuhr ich, dass der Student Jacques de Léotard hieß und Anwalt geworden ist.

8 Das war eine Ausnahme. Praktisch alle Klöster und selbst die pétainistischen Einrichtungen versteckten jüdische Kinder. Vgl. »Les Enfants cachés«, *Mémorial de la Shoah*, 1. Juli 2012.
9 Pondaurat klingt im Französischen wie pont Dora, also wie ›Dorabrücke‹.
10 Kartoffelkäfer: gelber Blattkäfer mit schwarzen Längsstreifen auf den Flügeldecken, der sich von den Blättern der Kartoffelpflanze ernährt und die Äcker verwüstet wie die Deutschen, wenn sie die Ernte requirierten.
11 Mitglied der paramilitärischen Kollaborationstruppe Milice française.
12 Brenot, P. (Hg.), *Langages, De la cellule à l'homme*, Paris, L'Harmattan, 1989.
13 Valérie Blanché, »Le petit«, in: *Le Secret de Mamie*. Ein Text, den ich 2011 von Valérie bekommen habe.
14 Cyrulnik, B., *Je me souviens*, Paris, Odile Jacob, 2010.
15 Morris Gleitzman, zitiert von Rachel Drezdner, Dissertation, Toulon-Nantes, 2012.
16 Stewart, S., *Mémoire de l'inhumain. Du trauma à la créativité*, préface de Joyce McDougall, Paris, Campagne Première, 2009.
17 Braunschweig, M., Gidel, B., *Les Déportés d'Avon, Enquête autour du film de Louis Malle »Au revoir les enfants«*, Paris, La Découverte, 1989, S. 35.
18 Matot, B., *La Guerre des cancres, Un lycée au cœur de la Résistance*, Paris, Perrin, 2010, S. 221.
19 Aussage von Charles Louis La Caze, Schüler jener siebten Klasse, in die auch Louis Malle und »Jean Bonnet« gingen, in: M. Braunschweig und B. Gidel, *Les Déportés d'Avon*, a. a. O., S. 35.
20 Aussage von Guy de Vogüé, 1944 Schüler der neunten

Klasse des Internats. Recherche der Schüler der Realschule in Avon.
21 Matot, B., *La Guerre des cancres,* a. a. O., S. 221.
22 Louis Malle, privater Brief, Dezember 1988. Als ich in den Archiven Nachforschungen anstellte, entdeckte ich, dass »Jean Bonnet« Schüler am Gymnasium Jacques-Decour war, das ich nach dem Krieg besuchte, und am 15. Januar 1944 verhaftet wurde, fünf Tage, nachdem ich in die Fänge der Deutschen geriet.
23 Daniel L. Schacter, *Wir sind Erinnerung, Gedächtnis und Persönlichkeit,* Reinbek, Rowohlt, 1999, S. 29.
24 Dudley, K. J., Xiang, L., et al., »Epigenetic mecanisms mediating vulnerability and resilience to psychiatric disorders«, *Neuroscience and Biobehavioral Reviews,* 2011, 35, 7.
25 Bredy, T. W., Barad, M., »The histone deacetylase inhibitor valproic acid enhances acquisition, extinction, and reconsolidation of conditioned fear«, *Learning Memory,* 2008, 15, S. 39–45.
26 Ein Kind in sicherer Bindung hat auch dann ein Gefühl der Sicherheit, wenn es allein ist. Ein bindungsunsicheres Kind dagegen braucht die Nähe seiner Bindungsfigur, um sich wohl zu fühlen.
27 Gilbertson, M., L. A. Paulus, S. K. Williston, »Neurocognitive function in monozygotic twins discordant for combat exposure: Relationship to posttraumatic stress disorder«, *Journal of Abnormal Psychology,* 2006, 115, 3, S. 484–495.
28 Samuelson, K. W., »Post-traumatic stress disorder and declarative memory functioning: A review«, *Dialogues in Clinical Neuroscience,* 2011, 13, 3, S. 346–351.
29 Johnsen, G. E., A. E. Asbjørnsen, »Consistent impaired verbal memory in PTSD: A meta-analysis«, *Journal of Affective Disorders,* 2008, 111, 1, S. 74–82.

30 Bremner, J. D., Vythilingham, E. M., et al., »MRI and PET study of deficits in hippocampal structure and function in women with childhoodsexual abuse and posttraumatic stress disorder«, *The American Journal of Psychiatry,* 2003, 160, S. 924–932.
31 Williams, J. M., Baruhofert, T. et al., »Autobiographical memory specificity and emotional disorder«, *Psychological Bulletin,* 2007, 133 (1), S. 122–148.
32 Nowak, M., *La Banquière de l'espoir,* Paris, Albin Michel, 1994, S. 126.
33 Schacter, D. L., *Wir sind Gedächtnis,* a. a. O., 130.
34 Loftus, E. F., Pickrell, J. E., »The formation of false memories«, *Psychiatric Annals,* 1995, 25, S. 720–725.
35 Peschanski, D., Ardix-Tagung, Paris, 6. Februar 2012.

Kapitel zwei

1 Sie wurde am 18. Juli 1942 in Bordeaux verhaftet und hat Drancy mit dem Konvoi Nr. 7 in Richtung Auschwitz verlassen.
2 Ganz ähnlich spricht Janine Altounian vom »Leichentuch des Textes«, als sie über den Völkermord an den Armeniern schreibt. (Altounian, J., *La Survivance, Traduire le trauma collectif,* Paris, Dunod, 2000.)
3 Altounian, J., »Passion et oubli d'une mémoire collective mise au travail dans la cure et l'écriture«, in »Devoir de mémoire: entre passion et oubli«, *Revue française de psychanalyse,* 2000, 64, 1, S. 12.
4 Levi, P., *Si c'est un homme,* Paris, Robert Laffont, 1958, S. 22.

5 Levi, P., *Ist das ein Mensch*, a. a. O., S. 19.
6 Fraitag, A., »Un point d'histoire (sainte)«, *Avocats et droit*, 2007, Januar–Februar, 19, S. 64–65.
7 *Histoire de la Sainte Bible*, hg. von Abbé Cruchet, Tours, Alfred Mame et Fils, 1929.
8 Dieses Lied, das begeistert von Millionen Kindern und pétainistischen Erwachsenen gesungen wurde, stammt offiziell von André Montagnard und Charles Courtois. Tatsächlich soll es von Casimir Oberfeld geschrieben worden sein, einem Juden, der in Polen geboren wurde und 1945 in Auschwitz starb. Dieser Komponist hat auch Joséphine Baker, die Mistinguett und Fernandel beeindruckt, als sie *Félicie aussi* sangen.
9 In meinem Gedächtnis ist der Name Saint-Jean-Royan haftengeblieben. Sicherlich handelt es sich um die Ortschaft Saint-Jean-en-Royans im Norden des Département Drôme.
10 Kurban, M., Sweidy, N., »Les caractéristiques de l'intervention psychologique à Baalbeck«, in: Myrna Gannagé, Association pour la protection de l'enfant de la guerre, Réunion Beyrouth, 24. Februar 2012.
11 Ebd.
12 Main, M., »Epilogue. Attachment theory«, in: J. Cassidy und P. R. Shaver (Hg.), *Handbook of Attachment*, New York, The Guilford Press, 1999, S. 846.
13 Lemay, M., »Résister: rôle des déterminants affectifs et familiaux«, in: B. Cyrulnik, *Ces enfants qui tiennent le coup*, Revigny-sur-Ornain, Hommes et Perspectives, 1998, S. 40.
14 Duroux, R., Milkovitch-Rioux, C., *J'ai dessiné la guerre, Le regard de Françoise et Alfred Brauner*, Clermont-Ferrand, Presses universitaires Blaise-Pascal, 2011.
15 *Enfances en guerre, photos et dessins*, Unesco-Kolloquium,

Rose Duroux und Catherine Milkovitch-Rioux, 7.–9. décembre 2011.
16 Rithy Panh, *Auslöschung*, Hamburg, Hoffmann und Campe, 2013.
17 Abraham, N., Török, M., *L'Écorce et le Noyau*, Paris, Flammarion, 2009.
18 Betbeze, J., Ardix-Tagung, Paris, 1. Februar 2011.
19 Valéry. P., *Schlimme Gedanken und andere*, Frankfurt a.M., Insel, 1963, S. 5.
20 Barbin, M. G., persönliche Mitteilung, August 2010.
21 Boulard F., *Les Représentations résilientes »autotutorantes« dans l'échafaudage des savoirs d'un être socialement détruit*, Master 2 [der franz. Magister ist zweistufig], Nantes, Sciences de l'éducation, 2011.
22 Bialot, J., *Votre fumée montera vers le ciel*, Paris, L'Archipel, 2011, S. 262.
23 Die Berufsbezeichnung Erzieher *(éducateur)* gab es im Nachkriegsfrankreich noch nicht. Man sagte eher »Betreuer« *(moniteur)*. Ich verwende das Wort »Erzieher«, weil es heute üblich ist.
24 Gorwood, P. (Hg.), *Mesurer les événements de vie en psychiatrie*, Paris, Masson, 2004, S. 110.
25 Akiskal, H. S., »New insights into the nature and heterogeneity of mood disorders«, *The Journal of Clinical Psychiatry*, 1989, 50, S. 6–10.
26 Brown, G. W., Harris, T. O. et al., »Social factors and comorbidity of depressive and anxiety disorders«, *British Journal of Psychiatry Supplement*, 1996, 30, S. 50–57.
27 Sigmund Freud, »Einige psychische Folgen des anatomischen Geschlechterunterschieds«, *Gesammelte Schriften*, Bd. 11, Leipzig u.a., *Internationaler psychoanalytischer Verlag*, 1928, S. 13.

28 Nach Bee, H., Boyd, F., *Lifespan Development*, Boston, Allyn und Bacon, 2003.
29 Philippe Brenot, Psychiater, Anthropologe und Studiendirektor an der Universität Paris Descartes. Als ausgezeichneter Musiker verdiente er sich während des Musikstudiums ein wenig Geld, indem er auf den Dörfern Tanzmusik spielte.
30 Loftus, E. F., Palmer, J. C., »Reconstruction of automobile destruction: An example of the interaction between language and memory«, *Journal of Verbal Learning and Verbal Behavior*, 1974, 13, 5, S. 585–589.
31 Geschenk von Dr. Aouizerate, *La Synagogue de Bordeaux*, Bordeaux, Consis-toire israélite de Bordeaux, Éditions Le Bord de l'eau, 2002.
32 Slitinsky-Archiv: »Liste der in der Nacht vom 1. auf den 16. Juli 1942 festgenommenen Kinder. Mutter zu Hause verhaftet. Vater verwundet, verhaftet im Krankenhaus Saint-André.«
33 *La Synagogue de Bordeaux*, a. a. O., S. 44.
34 Groupe de recherches historiques et de sauvetage archéologique du Castillonnais (Grhesac), *Castillon à l'heure allemande (1939–1945)*, 2005; und Lormier, D., *Aquitaine 1940–1945, Histoire de la Résistance*, Montreuil-Bellay, CMD, 2000.
35 Aussage von Philippe Naud, in: Grhesac, *Castillon à l'heure allemande (1939–1945)*, a. a. O., S. 190–191.
36 Aussage von Armand Rebeyrol, in: Grhesac, *Castillon à l'heure allemande (1939–1945)*, a. a. O., S. 193.
37 Ebd., S. 188.
38 Tillion, G., *Le Verfügbarkeit aux Enfers, Une opérette à Ravensbrück*, Paris, Éditions de La Martinière, 2005, S. 5.

Kapitel drei

1 Schank, R. C., Abelson, R. P., *Scripts, Plans, Goals and Understanding: An Inquiry Into Human Knowledge Structures*, Hillsdale, Erlbaum, 1977.
2 Nelson, K., *Event Knowledge, Structure and Function in Development*, Hillsdale, Erlbaum, 1986.
3 Ionescu, S., Jacquet, M. M., et al., *Les Mécanismes de défense. Théorie et clinique*, Paris, Nathan Université, 1997, S. 148.
4 Lejeune, A., Ploton, L., »Résilience et vieillissement«, in: B. Cyrulnik und G. Jorland, *Résilience, Connaissances de base*, Paris, Odile Jacob, 2012, S. 127–128.
5 Offer, D., Kaiz, M., et al., »The altering of reported experiences«, J. Am. Acad. *Child Adolesc. Psychiatry*, 2000, 39, 6, S. 735–742.
6 Tadié, J.-Y., Tadié, M., *Im Gedächtnispalast, Eine Kulturgeschichte des Denkens*, Stuttgart, Klett-Cotta, 2003.
7 Thompson, S. C., Janigian, A. S., »Life schemes: A framework for understanding the search of meaning«, *Journal of Social and Clinical Psychology*, 1988, 7, S. 260–280.
8 Houzel, D., M. Emmanuelli und F. Moggio (Hg.), *Dictionnaire de psychopathologie de l'enfant et de l'adolescent*, Paris, PUF, 2000, S. 470.
9 Was häufig an Kindern von Juden, Ruandern oder spanischen Republikanern zu beobachten war, die, nachdem sie Völkermord und Verfolgung in Verstecken überlebt hatten, durch ihre plötzlich erwachende Intelligenz verblüfften. Geistig zurückgeblieben, als das Chaos ihr Milieu zerstörte, kehrte ihre geistige Beweglichkeit zurück, sobald sie sich wieder in einem emotional sicheren Umfeld bewegten.

10 Ferenczi, S., *Le Traumatisme*, Paris, Payot, Petite Bibliothèque Payot, 2006.
11 Perec, G., *W oder die Kindheitserinnerung*, Zürich, Diophanes, 2012, S. 76f.
12 Bialot, J., *Votre fumée montera vers le ciel*, a. a. O., S. 166.
13 Patsalides-Hofmann, B., »Traversées de silences«, *Mémoires*, 2012, März, 55, S. 9.
14 Delbo, C., *Trilogie*, Band 1: *Keine von uns wird zurückkehren*, Band 2: *Eine nutzlose Bekanntschaft*, Band 3: *Maß unserer Tage*, Basel, Stroemfeld/Roter Stern, 1990, S. 320.
15 Georges Perec ist der König der Auslassungspunkte. Jedes Mal, wenn der Autor zu einer unerträglichen Erinnerung kommt, schreibt er (…).
16 Zajde, N., *Les Enfants cachés en France*, Paris, Odile Jacob, 2012.
17 (nicht immer).
18 200 000 Überlebende in ganz Europa.
19 FTP-MOI: *Francs-tireurs partisans-Main-d'oeuvre immigrée*, die internationale Abteilung der kommunistischen Widerstandsbewegung in Frankreich. Viele kommunistische Juden aus Mitteleuropa und Armenien haben gemeinsam gekämpft. Ihre Anschläge auf militärisches Gerät und höhere deutsche Offiziere waren bewaffneter Widerstand und kein Terrorismus gegen Unschuldige. Am bekanntesten war die Gruppe Manouchian.
20 1985 hat Claude Lanzmann mit seinem Film das hebräische Wort zur Bezeichnung des Massenmords an den europäischen Juden vorgeschlagen. Es handelt sich um einen Dokumentarfilm mit einer Länge von neuneinviertel Stunden, der mit allen bis dahin üblichen Darstellungsweisen bricht.
21 *Le Père tranquille,* Film von René Clément, 1946.

22 Bensoussan, G., J.-M Dreyfus, E. Husson und J. Kotek (Hg.), *Dictionnaire de la Shoah*, Paris, Larousse, 2009, S. 229.
23 *Les Juifs ont résisté en France*, 1940–1945, Kolloquium mit Historikern und Zeitzeugen, AACCE, 14, rue Paradis, Paris, 2009.
24 Fontenay, E. de, *Actes de naissance, Entretiens avec Stéphane Bou*, Paris, Seuil, 2011.
25 Zajde, N., *Guérir de la Shoah*, Paris, Odile Jacob, 2005.
26 Der *Dibbuk* ist eine aschkenasische Geistererscheinung: ein Toter, der daran gehindert wird, sich den Toten anzuschließen. Daher »heftet« er sich an die Seele eines nahestehenden Menschen und verlangt von diesem, seine Verfehlungen wiedergutzumachen. Er ist weder tot noch lebendig – er ist verschwunden.
27 *Schienenschlacht*, Film von René Clément, 1946.
28 Bialot, J., *Votre fumée montera vers le ciel*, a. a. O., S. 262.
29 Aus den Archiven geht hervor, dass sich die Zahl der Erschossenen auf elftausend beläuft.
30 Carasso, J.-G., Nous étions des enfants, DVD, Komitee »École de la rue Tlemcen«, L'Oizeau rare, 2012.
31 *Nacht und Nebel (Nuit et Brouillard)*, Film von Alain Resnais, 1955.
32 *Der große Diktator*, Film von Charlie Chaplin, der 1940 in den Vereinigten Staaten und 1945 in Frankreich in die Kinos kam.
33 *Das Tagebuch der Anne Frank*, Film von George Stevens, 1959.
34 Schwarz-Bart, A., *Der letzte der Gerechten*, Frankfurt a.M., Fischer, 1960, S. 376.
35 Proust, M., *In Swanns Welt, Auf der Suche nach der verlorenen Zeit*, Bd. 1., Frankfurt, Suhrkamp, 1979, S. 67.
36 Sieh an! Ich habe nicht gewagt, »meine Festnahme, meine

Verfolgung, meine seelischen Verletzungen« zu schreiben! Es ist viel leichter, von sich selbst in der dritten Person zu sprechen. Das hält die Emotionen auf Distanz.

37 Schacter, D. L., »Constructive memory: Past and future«, *Dialogues in Clinical Neuroscience*, 2012, 14, 1, S. 7–18.
38 Addis, D. R., Pan L., et al., »Constructive episodic simulation of the future and the past: Distinct subsystems of a core brain network mediate imagining and remembering«, *Neuropsychologia*, 2009, 47, 11, S. 2222–2258.
39 Abraham, N., Török, M., *L'Écorce et le Noyau*, a. a. O. Dieses Buch bietet die beste theoretische Darstellung des psychoanalytischen Begriffs der »Krypta«.
40 Am 7. November 1938 verübte ein 17-jähriger, aus Deutschland vertriebener Jude in Paris ein tödliches Attentat auf einen Legationssekretär der deutschen Botschaft. In der Nacht vom 9. auf den 10. November 1938 organisierte Goebbels mit Hitlers Billigung landesweite Pogrome, die Novemberpogrome, bei denen 319 Synagogen niedergebrannt, mehrere Tausend Menschen gelyncht und dreißigtausend Juden in die ersten Konzentrationslager verschleppt wurden. Die unzähligen geplünderten Geschäfte mit ihren zerschlagenen Schaufenstern erklären den Namen, den der Volksmund diesen Pogromen gab: »Kristallnacht«.
41 Zitiert in: Dayan Rosenman, A., *Les Alphabets de la Shoah, Survivre, Témoigner, Écrire*, Paris, CNRS. Éditions, 2007.
42 Semprun, J., *Schreiben oder Leben*, a. a. O., S. 295f.
43 Ka.Tzetrnik, *Les Visions d'un rescapé ou le Syndrome d'Auschwitz*, Paris, Hachette, 1990.
44 Perec, G., *Entretiens et conférences*, Bd. 2, 1979–1981, D. Bertelli und M. Ribière (Hg.), Nantes, Joseph K., 2003, S. 172.

45 Reggiani, C., »Perec avant l'Oulipo«, in: »Georges Perec«, *Revue Europe*, Januar–Februar 2012, S. 30.
46 Perec, G., *W oder die Kindheitserinnerung*, a. a. O.
47 Delemazure, R., Seité, Y., »Perec dans le XVIIIe siècle«, in: »Georges Perec«, *Revue Europe*, Januar-Februar 2012, S. 212.
48 Bellos, D., *Georges Perec. Une vie dans les mots*, Paris, Seuil, 1994, S. 85.
49 Cyrulnik, B., »Les muets parlent aux sourds«, *Le Nouvel Observateur*, Sonderausgabe, »La mémoire de la Shoah«, Dezember 2003–Januar 2004, S. 52–55; und Waintrater, R., *Sortir du génocide. Témoigner pour réapprendre à vivre*, Paris, Payot, 2003.
50 Cioran, E., *Cahiers, 1957–1972*, Paris, Gallimard, 1997.
51 Cioran, E., *Lehre vom Zerfall*, Stuttgart, Klett-Cotta, 1978, S.207.
52 Rosenblum, R., »Peut-on mourir de dire?«, *Revue française de psychanalyse*, 2000, Bd. 64, Nr. 1.
53 Vincent, G., »Die Kommunisten: Eingriff und Realitätsverleugnung«, in: P. Ariès und G. Duby, *Geschichte des privaten Lebens*, Bd. 5: *Vom Ersten Weltkrieg zur Gegenwart*, Paris, Seuil, 1987, S. 385.
54 Adelman, A., »Mémoire traumatique et transmission intergénérationnelle des récits de l'Holocauste«, in »Devoir de mémoire: entre passion et oubli«, *Revue française de psychanalyse*, 2000, 64, 1, S. 221–245.
55 Monteil, J.-M., *Soi et le contexte*, Paris, Armand Colin, 1993, S. 56.
56 Waintrater, R., *Sortir du génocide*, a. a. O., S. 189.

Kapitel vier

1 Pennebaker, J. W., *Sag, was dich bedrückt, die befreiende Kraft des Redens*, Düsseldorf, Econ, 1991.
2 Vitry, M., Duchet, C., »Résilience après de grandes catastrophes: articulation du singulier et du collectif«, in: S. Ionescu (Hg.), *Traité de résilience assistée*, Paris, PUF, 2011.
3 Duchet, C., Payen, A., »Intervention médico-psychologique in situ lors de la guerre civile du Congo par la cellule d'urgence médico-psychologique de Paris: octobre 1997«, *Médecine de catastrophe-Urgences collectives*, 1999, 2, 5–6, S. 192–196.
4 Der Palästinakrieg begann am 29. November 1947 mit dem UN-Teilungsplan zur Schaffung eines palästinensischen und eines israelischen Staats. Am 7. Januar 1949 endete er, nachdem zweitausend Araber und sechstausend Juden getötet sowie sechshunderttausend Palästinenser aus ihrer Heimat vertrieben waren.
5 Barnavi, E. (Hg.), *Universalgeschichte der Juden*, München, dtv, 2004, S. 230–231.
6 Adolf Eichmann organisierte die Ausplünderung und Deportation der europäischen Juden in die polnischen Vernichtungszentren. Nach Argentinien geflohen, wurde er vom israelischen Geheimdienst gefangen genommen und 1962 in Jerusalem zum Tode verurteilt.
7 Anspielung auf die *Alija*; dieses hebräische Wort bedeutet »Aufstieg« und ist ein metaphorischer Ausdruck für die Auswanderung nach Israel, einem spirituell höher stehenden Ort.
8 Saul Friedländer, *Wenn die Erinnerung kommt ...*, Stuttgart, DVA, 1979, S. 63 und 70.

9 OSE: Œuvre de secours aux enfants. Dieses Kinderhilfswerk hat während des Krieges sehr viele Kinder gerettet. Dort beschäftigte man sich mit dem Problem der Judenverfolgung, während man in anderen Institutionen wie der CCE (Commission centrale de l'enfance) lieber eine strahlende Zukunft beschwor.
10 Parens H., *Le Retour à la vie, Guérir de la Shoah, Entre témoignage et résilience*, Paris, Tallandier, 2010.
11 Rimé B., »Mental rumination, social sharing, and the recovery from emotional exposure«, in: J. W. Pennebaker (Hg.), *Emotion, Disclosure and Health*, American Psychological Association, 1995, S. 271–292.
12 Slitinsky, M., *L'Affaire Papon*, Paris, Alain Moreau, 1983, S. 131.
13 Pennebaker, J. W., Banasik, B. L., »On the creation and maintenance of collective memories: History as social psychology«, in: J. W. Pennebaker, J. Paez und B. Rimé (Hg.), *Collective Memory of Political Events*, New York/London, Psychology Press, 1997, S. 3–18.
14 Im Frühjahr 1967 zieht Nasser, der ägyptische Staatschef, seine Streitkräfte auf der Sinai-Halbinsel zusammen, um Syrien Beistand zu leisten. Er erzwingt den Abzug der UNEF-Truppen, sperrt die Straße von Tiran und schließt einen Beistandspakt mit Jordanien und dem Irak. Israel ist international isoliert. In wenigen Tagen zerschlägt Israel das arabische Bündnis und besetzt die Sinai-Halbinsel, die Golanhöhen, das Westjordanland und das arabische Ostjerusalem.
15 Frischer, D., *Les Enfants du silence et de la reconstruction, La Shoah en partage*, Paris, Grasset, 2008, S. 104–105.
16 Snyders, J.-C., *Drames enfouis*, Paris, Buchet-Chastel, 1997.

17 Rajsfus, M., *Opération étoile jaune*, Paris, Le Cherche Midi, 2012, S. 78.
18 Ebd.
19 Ionescu, S., Muntean, A., »La résilience en situation de dictature«, in: S. Ionescu (Hg.), *Traité de résilience assistée*, a.a.O, S. 531.
20 Die Mutter von Georges Perec hieß Sulewicz, was auf Jiddisch »Schule« und »Witz« (Geist, Klugheit) bedeutet.
21 *Gringoire*, Wochenzeitung, die in den dreißiger Jahren gegründet wurde, um die dem Faschismus nahestehende Action française zu unterstützen. Dieses Hetzblatt behauptete, die Juden hätten den Weltkrieg aus Profitgründen angezettelt.
22 Maurice Papon (1913–2009), hoher Beamter, 1998 wegen »Mittäterschaft an Verbrechen gegen die Menschlichkeit« verurteilt.
23 Bensoussan, G., J.-M. Dreyfus, E. Husson und J. Kotek, *Dictionnaire de la Shoah*, a.a.O., S. 427.
24 Boulanger, G., *Maurice Papon, Un technocrate français dans la collaboration*, Paris, Seuil, 1994.
25 Ionescu, S., Jacquet, M.-M. et al., *Les Mécanismes de défense, Théorie et clinique*, a.a.O., S. 247–256.
26 Bègue, L., *Psychologie du bien et du mal*, Paris, Odile Jacob, 2011, S. 47.
27 Welzer, H., *Les Exécuteurs, Des hommes normaux aux meurtriers de masse*, Paris, Gallimard, 2007, S. 222.
28 Palacz, A., *Il fait jour à Jérusalem suivi de L'Exil des orphelins*, Jérusalem, Ivriout, 2004.
29 *Der alte Mann und das Kind*, Film von Claude Berri, mit Michel Simon, 1966.
30 Cyrulnik, B., »Mon père était un dictateur …«, *Le Figaro Magazine*, 17. Juni 2006, S. 35–40.

31 Ebd.
32 Rejas-Martin, M. C., *Témoigner du trauma par l'écriture*, Dissertation, Universität Reims, 9.Juni 2011, S. 55.
33 »Les bébés volés sous Franco«, *La Libre Belgique*, 2 février 2011.
34 Vor kurzem ist es mir in meiner Bibliothek wieder in die Hände gefallen: Duhamel, G., *Biographie de mes fantômes*, Paris, Paul Hartmann, 1948. Es handelt sich um das Tagebuch eines Medizinstudenten.
35 Jiddisch: »Schöner Junge«.
36 Grappe M., »Les enfants et la guerre, un regard clinique«, »Enfances en guerre«, *Vingtième siècle, Revue d'histoire*, Januar-März 2006, 89, S. 93–98.
37 Grappe, M., »Les enfants et la guerre, un regard clinique«, a. a. O.
38 Duroux, R., Milkovitch-Rioux, C., *J'ai dessiné la guerre, Le regard de Françoise et Alfred Brauner*, a. a. O.
39 O'Connor, T. G., Rutter, M., the English and Romanian adoptees Study Team, »Attachment disorder behavior following early severe deprivation: Extension and longitudinal follow-up«, *Journal of the American Academy of Child and Adolescent Psychiatry*, 2000, 39, 6, S. 703–712.
40 Bachelard, G., *Le Poétique et la Rêverie*, Paris, PUF, 1960.
41 Modiano, P., Vorwort zu: Matot, B., *La Guerre des cancres*, a. a. O.
42 Ein altes Haus, in dem neben anderen Malern auch einmal Picasso gewohnt hat.
43 Kabarett, in dem unter anderem Verlaine und Apollinaire verkehrten. Auch unter dem Namen »Lapin agile« bekannt.
44 Lendemains, OSE, *Lettres d'enfants publiées de juin 1946 à avril 1948*, Paris, 2000, Bd. I, S. 31.

45 Morin, E., *Mes démons*, Paris, Stock, 1994.
46 Rufo, M., zitiert in: N. Mascret, *N'oublions pas les bons profs*, Paris, Anne Carrière, 2012, S. 81.
47 JEC: Jeunesses étudiantes chrétiennes (Christlicher Studentenbund).
48 Thema des Films *Lacombe Lucien* von Louis Malle. Dieser Film wurde heftig kritisiert, trotzdem zeigt er eine Situation, die es so gegeben hat.
49 Matot, B., *La Guerre des cancres*, a. a. O. Kapitel fünf.

Kapitel fünf

1 Beo: schwarzer Sperlingsvogel aus Malaysia mit orangefarbenem Schnabel. Er kann die Marseillaise singen und menschliche Stimmen mit erstaunlichem Talent nachahmen.
2 Jeammet, P., »Souffrir pour exister: conduites pathologiques à l'adolescence«, *Abstract Psychiatrie*, April 2005, 6.
3 Weill, M., »Camps de la mort: 50 ans après«, *Abstract Neurologie et Psychiatrie*, 120, September–Oktober 1994.
4 Erlinger, S., Parcours d'un enfant caché (1941–1945). *Une enfance aux Mardelles*, Paris, Éditions Le Manuscrit, 2012.
5 Weill, M., »Camps de la mort: 50 ans après«, a. a. O.
6 Robinson, R., et al., »The present state of people who survived the Holocaust as children«, *Acta Psychiatrica Scandinavia*, 1994, 89, S. 242–245.
7 Pourtois, J.-P., Desmet H., *L'Éducation implicite*, Paris, PUF, 2004.

8 Emilio Salguiero (Lissabon) unterscheidet zwischen expliziten Resilienzfaktoren (Psychologen, Erziehern), die sich dem Kind anbieten, während die impliziten Resilienzfaktoren eher von dem Kind gewählt werden (Sportler, Künstler oder Gleichaltrige).
9 Ich habe Dubout geschrieben, weil ich es so in Erinnerung habe. Ich sehe mich bei Gilbert, wie ich ein großes Buch mit diesen speziellen Zeichnungen durchblättere. Aber ich glaube, Dubout hat nur Rabelais, Villon und Pagnol illustriert. Offenbar habe ich hier, wie es allen Leuten hin und wieder passiert, zwei verschiedene Quellen meines Bildgedächtnisses zusammengefasst.
10 Kirkpatrick, L. A., Hazan, C., »Attachment styles and close relationships: A four-year prospective study«, *Personal Relationships,* 1994, 1, 2, S. 123–142.
11 Warum die Verabredung hier im Regen,/Kleine mit den sanften Augen, Schatz, den ich liebe./Alleine wartend, wie ein Idiot, langweil ich mich/Und stell mir selber Rechenaufgaben.
12 CCE: *Commission centrale de l'enfance.* Nach dem Krieg gegründet, um jüdische Waisenkinder unterzubringen und um Ferienkolonien zu organisieren. Dort sind etwa fünfzehntausend Kinder versorgt worden.
13 *Chant des Marais,* Im Deutschen bekannt als »Die Moorsoldaten«, wo die entsprechenden Zeilen lauten:
Wir sind die Moorsoldaten
Und ziehen mit dem Spaten
Ins Moor
… Ewig kann's nicht Winter sein,
Einmal werden froh wir sagen:
Heimat, du bist wieder mein!
14 FTP: Francs-tireurs partisans, kommunistische Wider-

standsbewegung, die zu 90 Prozent aus Juden und zu 10 Prozent aus Armeniern und anderen Christen bestand.
15 Hörst du, Freund den schwarzen Flug der Raben über unsren Ebenen/Hörst du, Freund, den dumpfen Schrei der Länder, die in Ketten liegen/Auf, auf, ihr Partisanen, Arbeiter und Bauern, das ist das Signal.
16 Bekannter Maler und Schriftsteller.
17 PCB: *physique, chimie, biologie.* In etwa vergleichbar mit den beiden ersten vorklinischen Semestern des deutschen Medizinstudiums bis zum Vorphysikum.
18 Vaillant, F., *Roland Topor ou le Rire étranglé,* Paris, Buchet-Chastel, 2007.
19 UJRF, *Union des jeunesses républicaines de France,* seit 1956 die kommunistische Jugendorganisation Frankreichs.
20 Drama von Alfred de Musset und George Sand.
21 Bustany, P., »Neurobiologie de la résilience«, in: B. Cyrulnik und G. Jorland, *Résilience. Connaissances de base,* a. a. O., S. 59.
22 Wir nahmen diese Behauptung hin, was uns ersparte, die Existenz von Filmen wie *Robin Hood* (1938), *Der Zauberer von Oz* und *Vom Winde verweht* (1939) zu erklären.
23 »Georghiu Dedj, Verteidiger des Friedens und des Volkes.«
24 Lecourt, D., *Der »Fall Lyssenko« und der Lyssenkismus,* Berlin, VSA, 1976. In seinem erstaunlichen Vorwort spricht Louis Althusser von dem »gigantischem Irrtum [des Marxismus], der nach seinen Millionen Opfern unter dem staatlichen Schweigen begraben wurde« (S. 12).
25 Für die Inszenierung dieser Anschuldigung war nicht Berija verantwortlich, denn er war die eigentliche Zielscheibe. Stalin brachte die Affäre 1952 ins Rollen, ließ aber die

»Verschwörung« in einem *Prawda*-Artikel vom 13. Januar 1953 aufdecken. Persönliche Mitteilung, Denis Peschanski.

26 *Clarté* – eine Zeitschrift der Union des étudiants communistes, des Nachfolgeorgans der von der UJRF herausgegebenen Wochenzeitung *L'Avant-Garde* der l'UJRF. In *Clarté* konnte man auch antistalinistische Artikel lesen.

27 Hachet, P., »Le mensonge indispensable: le mythe«, *Le Journal des psychologues*, April 2012, 296; und Hachet, P., *Le Mensonge indispensable, Du traumatisme social au mythe*, Paris, L'Harmattan, 2009.

28 Zajde, N., *Les Enfants cachés en France*, Paris, Odile Jacob, 2012, S. 14.

29 Rabelais, *Gargantua und Pantagruel*, Frankfurt a.M., Zweitausendeins, o.D., Bd.II, 4. Buch, 55. und 56. Kapitel, S. 158–160.

30 Anne Frank führte ihr Tagebuch von Juni 1942, dem Zeitpunkt, da sie sich mit ihrer Familie vor der Gestapo versteckte, bis August 1944, als sie von der Gestapo festgenommen wurde.

31 Nicht in der deutschen Ausgabe enthalten: Levi, P., *Ist das ein Mensch*, a. a. O. (B.C. verweist auf die erste italienische Ausgabe aus dem Jahr 1947).

32 Bensoussan, G., Dreyfus, J.-M., et al., *Dictionnaire de la Shoah*, a. a. O., S. 309–311.

33 Serge Klarsfeld, Rechtsanwalt, Vizepräsident der Organisation »Söhne und Töchter deportierter französischer Juden«.

34 Slitinsky, M., *L'Affaire Papon*, a. a. O., S. 137.

35 Waintrater, R., »Ouvrir les images. Les dangers du témoignage«, in: J. Ménéchal et coll., *Le Risque de l'étranger, Soin psychique et politique*, Paris, Dunod, 1999.

36 Poirot-Delpech, B., *Papon: un crime de bureau,* Paris, Stock, 1998, p. 83.
37 Von Mai 1981, als das Problem in der satirischen Wochenzeitschrift *Le Canard enchaîné* aufgedeckt wurde, bis April 1998, als das Schwurgericht in Bordeaux Papon wegen Beihilfe zu Verbrechen gegen die Menschlichkeit verurteilte, verstrich praktisch der Zeitraum einer Generation, in der sich die gesellschaftliche Auffassung veränderte.
38 Haffner, S., *Geschichte eines Deutschen,* Stuttgart, DVA, 2000, S. 134.
39 Levi, P., *Si c'est un homme,* a. a. O., S. 262. (Aus einem Nachwort, das in der deutschen Ausgabe – *Ist das ein Mensch,* a. a. O. – nicht enthalten ist.)
40 Baruch, M. O., »La culture d'un fonctionnaire est d'obéir sans se poser de questions«, *Le Monde,* 1. Oktober 1997.
41 Ebd.
42 Zeugenaussage von Yvette Moch. Viele Präfekten schickten die Befehle zu Razzien lange vorher hinaus, damit ein Gendarm Zeit hatte, die Juden oder die Widerstandskämpfer zu benachrichtigen. Chérif Mécheri, der erste muslimische Präfekt Frankreichs, wurde nach der Befreiung zum Kommandeur der Ehrenlegion ernannt, weil er sich geweigert hatte, Namenslisten für die Festnahmen aufzustellen. Er hatte in Limoges den gleichen Posten wie Papon.
43 Marques, J., Paez, D. et al., »Social sharing, emotional climate, and the transgenerational transmission of memories: The Portuguese colonial war«, in: J. W. Pennebaker, D. Paez und B. Rimé (Hg.), *Collective Memory of Political Events,* a. a. O., S. 258.
44 Slitinsky, M., *L'Affaire Papon,* a. a. O., S. 131.
45 Institut Yad-Vashem, »Gesetz zum Gedenken an die Mär-

tyrer und Helden, Jerusalem (1953)«. Eine Kommission prüft die Vorschläge für die Verleihung des Titels »Gerechter unter den Völkern«.

46 Mouchenik, Y., *Ce n'est qu'un nom sur une liste, mais c'est mon cimetière*, Grenoble, La Pensée sauvage, 2006.

47 Mitteilungen seines Sohns und seiner Enkelin Valérie Blanché.

48 NIMH, National Institute of Mental Health, San Diego, USA.

49 Yvette Moch, Brief vom Februar 2001.

50 Pierre Marty, Michel de M'Uzan, Christian David, Michel Fain, Gründer der sogenannten Pariser psychosomatischen Schule. Sie haben als Erste gezeigt, dass ein Mangel an Mentalisierung zu operativem Denken oder Gefühlsblindheit, das heißt, zu einer phantasiearmen und affektlosen Form des Denkens führt, das am Ende organische Störungen hervorruft.

51 Zajde, N., *Transmission du traumatisme chez les descendants de survivants juifs de l'Holocauste*, Habilitationsschrift, Paris–VIII, 22. Januar 1993.

52 Terrisse, R., *La Milice à Bordeaux, La collaboration en uniforme*, Bordeaux, Aubéron, 1997.

53 Epstein, H., *Le Traumatisme en héritage*, Paris, Gallimard, 2010.

54 Welzer, H., *Les Exécuteurs. Des hommes normaux aux meurtriers de masse*, a. a. O.

55 Eine entscheidende Rolle für die Entwicklung des deutschen Nationalsozialismus spielten Arthur Gobineau mit *L'Inégalité des races humaines* und Édouard Drumont mit *La France juive*.

56 Klemperer, V., LTI, Notizbuch eines Philologen, Berlin, Aufbau, 1947.

57 Giocanti, S., *Maurras, Le chaos et l'ordre,* Paris, Flammarion, 2008, S. 161.
58 Wieviorka, O., »L'épuration a-t-elle eu lieu ?«, *L'Histoire,* Juni 1998, 222, S. 81–82.
59 Umfrage Sofres-Libération, Libération, 24. März 1998.
60 Jeanneney, J.-N., *Le Passé dans le prétoire, L'historien, le juge et le journaliste,* Paris, Seuil, 1998.
61 Étienne de La Boétie, *Über freiwillige Knechtschaft,* Berlin, Malik-Verlag, 1924.

Hosea Dutschke
Rudi und ich

Aus dem Dänischen von Nina Hoyer
280 Seiten mit zahlreichen Fotos
Gebunden mit Schutzumschlag
ISBN 978-3-550-08841-4
www.ullstein-verlag.de

Ein einzigartiges Vater-Sohn-Buch

»Ich komme mit einem Schrei zur Welt. Im selben Moment wird mein Vater mit einem Stock niedergeschlagen, einem kräftigen Stock, aus einem alten, schweren Stück Eiche gedrechselt.«

Hosea Dutschkes sehr persönliche Annäherung an seinen Vater, der eine Ikone der deutschen Studentenbewegung war. Er erzählt von seiner Zeit mit Rudi Dutschke, von der Trauer über dessen Tod und vom Versuch, seinen eigenen Weg zu finden.

Jana Simon
Sei dennoch unverzagt

Gespräche mit meinen Großeltern Christa und Gerhard Wolf

288 Seiten. Gebunden mit Schutzumschlag
ISBN 978-3-550-08040-1
www.ullstein-verlag.de

Zwei Generationen, zwei Wirklichkeiten

Es beginnt im Sommer 1998. Jana Simon ist 25, wird gerade Journalistin und fängt an, ihre Großeltern Christa und Gerhard Wolf über die Vergangenheit zu befragen. Über zehn Jahre hinweg sprechen Enkelin und Großeltern über Politik, Liebe, Freundschaft, Literatur, Emanzipation, Sex, Geld, Erfolg, Enttäuschungen und Verrat.

Markus Gabriel
Warum es die Welt nicht gibt

272 Seiten. Gebunden mit Schutzumschlag
ISBN 978-3-550-08010-4
www.ullstein-verlag.de

»Eine großartige Gedankenübung.« *Slavoj Žižek*

Woher kommen wir? Sind wir nur eine Anhäufung von Elementarteilchen in einem riesigen Weltbehälter? Und was soll das Ganze eigentlich?

Die Welt gibt es nicht. Aber das bedeutet nicht, dass es überhaupt nichts gibt. Mit Freude an geistreichen Gedankenspielen, Sprachwitz und Mut zur Provokation legt der Philosoph Markus Gabriel dar, dass es zwar nichts gibt, was es nicht gibt – die Welt aber unvollständig ist. Wobei noch längst nicht alles gut ist, nur weil es alles gibt. Und Humor hilft durchaus dabei, sich mit den Abgründen des menschlichen Seins auseinanderzusetzen.